U0861787

财经
法治

投服中心系列丛书
China Securities Investor Services Center

纠纷调解案例评析

2020年

郭文英◎主编

Cases Review of Dispute Mediation

法律出版社
LAW PRESS · CHINA

编辑委员会

主　　编：郭文英

副 主 编：黄　勇　刘　磊

执行主编：蔡素梅

本辑主编：姜　皓

撰稿人员：（按姓氏笔画排序）

丁　楠　王爱宾　王燕玲

叶　翩　冯　睿　朱怡妙

刘　璐　江琳彬　苏美丽

李东方　李仕婷　李祥文

杨　喆　杨宗林　杨统海

连　环　佟　宇　张志旺

张晓芙　张晨晖　张燕伟

陈光卓　陈志刚　陈春熙

陈熠昕　范壮壮　金　啸

周秦达　郑　冬　赵文忠

胡海平　姚彬彬　姚常宇

姚新战　黄　祎　曹赫男

潘　炼　戴嘉锋　魏亭玮

本辑编辑：连　环　胡海平　周秦达

李仕婷　汤　沸

纠纷调解案例评析

Cases Review of Dispute Mediation

总　序

2018 年金秋，中证中小投资者服务中心（以下简称投服中心）主编的“投服中心系列丛书”终于与大家见面了。投服中心是中国证监会直属的证券金融类公益机构，成立 3 年来，不忘初心，始终坚守保护中小投资者合法权益的使命，积极探索投资者保护新路径，努力引导投资者理性投资、全面知权、积极行权、依法维权。“投服中心系列丛书”的出版是对“知权、行权、维权”工作的一个总结，希望借此契机能凝聚一批法学学者、市场实务人士等专家对资本市场的热点难点问题进行长期的探讨研究。

自 2014 年成立以来，投服中心在中国证监会党委的领导和部署下，在证监会投资者保护局的指导和相关部门、各派出机构的支持下，在证监会系统兄弟单位和社会各界的大力支持下，从中小投资者权益保护和救济诉讼的实际需求出发，创新了一套适合我国资本市场中小投资者保护的机制和实现路径——以投资者教育工作为基础，通过事前持股行权、事中纠纷调解、事后支持诉讼来切实维护广大中小投资者的合法权益。投资者是资本市场发展的重要基石，培育良好的投资者群体，保护好广大中小投资者合法权益，是促进资本市场健康发展的重要一环，直接关系维护社会的公平正义，直接关乎亿万人民群众的切身利益。但中国资本市场的中小投资者既是数量上的多数，又是专业知识、投资理念、维权能力等方面的“弱势少数”，因此，中小投资者合法权益时常受到漠视甚至侵害。长期以来，中小投资者权益保护问题既是资本市场的一个宏观问题，又是要落实到每位投资者身上的微观问题。如何从立法层面更细致地规定中小投资者保护的内容，形成法律、行政法规、部门规章及操作性指引；如何从司法层面推动示范判决制度、探索强制调解机制等制度的建设；如何从监管层面创新机制，加大对侵害中小投资者合法权益的违法违规行为的打击和惩罚力度,更多地保护中小投资者的合法权益;如何帮助中小投资者树立权利意识,建立长期投资、价值投资理念,强化风险意识,提高维权能力。这些问题的解决都不是一蹴而就的,我们需要扎根于中国资本市场的土壤,需要政策、法律的研究,需要投保机制的创新,需要与广大中小投资者面对面的交流。为此,投服中心出版系列丛书,以投服中心工作为蓝本,研究了一些热点问题,探索了一条"投服模式"的投资者保护道路,积累了一些经验分享给读者。

"投服中心系列丛书"由《投资者权益知识读本》《重大资产重组行权案例评析》《纠纷调解案例评析》《支持诉讼维权案例评析》《投服研究》等书组成。其中《投资者权益知识读本》登载的"权益360"系列文章,根据我国资本市场和广大投资者的实际情况,接地气、聚人气,本着知识性、实用性、趣味性的宗旨,为投资者普及权益知识。《重大资产重组行权案例评析》《纠纷调解案例评析》《支持诉讼维权案例评析》汇集了投服中心持股行权、纠纷调解及支持诉讼工作中具有代表性的实际案例,旨在进一步发挥投服中心示范引领作用,唤醒广大中小投资者的股东意识,督促上市公司提高依法运营水平;以及进一步探讨在全国范围内的建立调解合作、小额速调、诉调对接、证券支持诉讼示范判决等机制。《投服研究》选取了投服中心课题中较突出的研究报告,包含投资者交易行为研究、上市公司章程反收购条款效力研究、证券市场投资者保护条例等一系列资本市场热点、难点问题的研究。"投服中心系列丛书"综合了普及性、专业性及学术性的特点,面向广大投资者、上市公司及专家学者等群体,期望与其一道共同推动中小投资者权益保护工作。

我们希望,"投服中心系列丛书"是一涓细流,能不断汇集中国资本市场土壤上的经验与创新机制,不断丰富学术理论,不断普及权益知识。我们相信,中国中小投资者保护事业能在资本市场各方的努力下,共同谱写新的篇章。

2018年8月

前　言

截至2020年10月底，我国资本市场投资者已达1.75亿，其中超过95%为中小投资者，他们风险识别和自我保护能力较弱，加之多层次资本市场快速发展、规模不断扩大、新业务大量增加，投资者与市场主体之间的纠纷持续增多。一方面，投资者习惯采用的向监管部门投诉解决纠纷的方式面临监管资源有限、监管部门直接处理民事纠纷于法无据的问题；另一方面，投资者通过诉讼、仲裁解决纠纷存在门槛高、成本高、耗时长的问题。可见，资本市场中小投资者纠纷化解渠道亟须拓宽。

在众多纠纷化解方式中，调解具有保密性强、方式灵活、程序便捷的特点，且我国有着崇尚调解的深厚文化，调解制度的源头可以追溯到古代中国的儒家文化，调解更是因“东方经验”的美誉享誉全球。因此，充分发挥调解化解资本市场纠纷的优势，能够有效促进监管转型，节约司法资源，提高解纷效率，实现保护广大中小投资者合法权益的目的。在新的历史时期我们更应该大力发扬调解止纷的优良传统。

中国特色社会主义进入新时代，党中央、国务院多次对创新社会治理方式、建立纠纷多元化解机制作出重要指示。党的十九大报告明确提出要打造共建、共治、共享的社会治理格局，发挥社会组织的作用，党的十九届四中全会提出要“坚持和发展新时代‘枫桥经验’”，习近平总书记在中央政法工作会议上更是作出了“把非诉讼纠纷解决机制挺在前面”的重要指示。与此相适应，自2020年3月1日起施行的新《证券法》也将普通投资者同证券公司强制调解的制度上升到了法律层面，为调解应用于资本市场投资者与市场主体的纠纷化解提供了有力遵循。

纠纷调解是监管工作的有效延伸，是投资者保护工作的重要抓手，中国证监会对此项工作十分重视。在2020年5月15日“全国投资者保护宣传日”，中国证监会批准设立的我国唯一跨区域跨市场的全国性证券期货纠纷公益调解机构——中证资本市场法律服务中心在上海揭牌成立。中证资本市场法律服务中心主要职能包括:受投资者委托提供资本市场调解等纠纷解决服务;进行虚假陈述损失核算;开展调解业务统计、研究和宣传交流;为投资者自主维权提供法律服务;构建投资者服务平台等。中证资本市场法律服务中心建立后,原投服中心纠纷调解及损失核算工作全部由新成立的中证资本市场法律服务中心承担。

通过几年的调解实践,在证监会党委的正确领导下,投服中心积极践行“以人民为中心”的发展理念,大力开展证券期货纠纷调解工作,为中证资本市场法律服务中心的成立奠定了良好基础:一是构建了一张覆盖全国的调解网络,与各辖区证监局、行业协会合作设立了 35 个调解工作站;二是建立了一套较完善的证券期货纠纷多元化解机制,与 42 家高中级法院建立了诉调对接合作,推动“示范判决 + 纠纷调解”机制落地;三是组建了一支包括各行业专家学者在内的 500 余人的专业调解员队伍;四是建成了一个便捷的在线纠纷解决平台。

我们有理由相信,中证资本市场法律服务中心的成立将推动形成资本市场专业、权威、高效的纠纷多元解决机制,有利于化解日益复杂的证券期货纠纷尤其是跨区域、跨市场、涉众型案件;有利于增强调解工作实力,发挥示范引领作用,提高调解工作整体规范化水平;有利于更好地保护中小投资者合法权益,优化资本市场营商环境。新时代,新使命,新征程,中证资本市场法律服务中心将认真落实新《证券法》,秉承“为民、奉献、专业、引领”理念,坚持“依法、中立、专业、便捷”原则,发展资本市场特色“枫桥经验”,努力开创证券期货纠纷多元化解新局面,力争把法律服务中心打造成纠纷调解的承办中心、创新中心、示范中心。

截至 2020 年 10 月底,中证资本市场法律服务中心共登记纠纷 16,617 件,受理 11,725 件,成功 8598 件,争议金额 80.19 亿元,投资者获赔金额 26.69 亿元,发挥了资本市场纠纷化解的主渠道作用。本书选取了近年来在调解工作开展过程中比较典型的案例进行剖析研究,旨在通过案例分析来阐明法律适用、剖析交易规则、交流调解技巧、提示投资风险等。案例类型覆盖证券纠纷、基金纠纷、期货纠纷、上市公司虚假陈述纠纷等各领域,希望对中小投资者维权、经营主体规范经营以及今后的纠纷调解工作具有一定的借鉴作用。由于编者水平有限,本书难免出现错漏之处,敬请各位读者、同行及专家批评指正。

目　　录

第一篇

证券专题

Cases
Review of Dispute Mediation

案例1:“适”说新“投”

——金融机构适当性义务与投资者注意义务

佟　宇[*]　杨宗林[**]

我国证券市场起步较晚,发展速度却飞快。虽然市场的调节作用具有自发性,缺乏国家的强制力,未形成稳定的监管体制。由于法律的规范性和严密性,其制定和出台往往具有延后性。近年来,金融纠纷案件爆发,且复杂多变,“同案不同判”的情况也时有发生,这不利于整个金融市场的长久健康发展。因此,《全国法院民商事审判工作会议纪要》(以下简称《九民纪要》)和新《证券法》对金融机构的适当性义务与投资者的注意义务作出明确规定,全面统一了裁判思路。

随着我国金融市场改革发展不断深化,各金融机构为快速占领市场、扩大市场份额,在法律允许的框架范围内不断丰富和创新金融产品与服务,促进了我国金融市场的健全与繁荣,为金融消费者带来便利和投资机会。原中国证券监督管理委员会(以下简称证监会)主席助理黄炜曾指出,中国证券市场的投资者以自然人居多,占比超过99%,其中持股市值不足50万元的中小投资者更高达95%。① 但由于金融市场活动的专业性,信息获得方式的不对称,导致投资者与金融机构之间的地位不对等,再加上投资性金融产品的误导性销售,金融中介提供服务的行为失范,以及行为人在证券交易市场上实施虚假陈述、内幕交易和市场操纵等行为,导致中小投资者成为权益最容易受到损害的投资者群体。

---

* 北京大成(合肥)律师事务所高级合伙人、中证资本市场法律服务中心调解员。

** 北京大成(合肥)律师事务所实习律师。

① 参见江聃:《黄炜:体系化构建中小投资者损害赔偿救济制度》,载《证券时报》2017年9月2日,第A002版。

通过在威科先行法律信息库以“证券纠纷”为关键字搜索,案件数量从2001~2015年的千余件激增到2019年的4000余件。矛盾的急剧增长,使我们把眼光放向资本市场的监管方面。

习近平总书记曾在讲话中指出,加强统筹协调,改革并完善适应现代金融市场发展的金融监管框架。[①] 在市场层面,需要“防范化解金融风险,加快形成融资功能完备、基础制度扎实、市场监管有效、投资者权益得到充分保护的股票市场”。

国家监管机构一直将推动形成公开公平公正的市场环境和市场秩序、进一步提升金融消费者信心、维护国家的金融安全和稳定作为第一要务,相应地,关于证券的法律法规也在不断健全和修订。法律法规的演变体现出监管思路的变化,同时也影响司法裁判的审理理念。

一、金融机构适当性义务的内涵

适当性义务最初是美国证券市场为了公平保护投资者确立的一个原则,后来逐渐从一种纯粹的商业道德演变成普遍遵守的规范。我国法律此前未对适当性义务进行明确定义。

2015年12月24日,最高人民法院发布的《关于当前商事审判工作中的若干具体问题》(以下简称《若干具体问题》),对“关于证券投资类金融纠纷案件的审理问题”作出了规定,最高人民法院强调在“证券投资类金融纠纷案件”中保护的对象是“投资者”,金融机构应尽到的义务重点是“告知说明义务”。

2018年4月27日,央行、银保监会、证监会、外汇局联合发布的《关于规范金融机构资产管理业务的指导意见》(以下简称《资管新规》)第6条规定,“金融机构发行和销售资产管理产品,应当坚持‘了解产品’和‘了解客户’的经营理念,加强投资者适当性管理,向投资者销售与其风险识别能力和风险承担能力相适应的资产管理产品”。禁止欺诈或者误导投资者购买与其风险承担能力不匹配的资产管理产品。可见,监管部门逐渐加强“投资者适当性管理”。可以说《资管新规》的出台应

① 参见习近平:《关于〈中共中央关于制定国民经济和社会发展第十三个五年规划的建议〉的说明》,载《宁夏画报》(时政版)2015年第6期。

该是金融投资监管的一个重要里程碑。

《九民纪要》对适当性义务作出了较为全面的释义，其第72条规定：适当性义务是指卖方机构在向金融消费者推介、销售银行理财产品、保险投资产品、信托理财产品、券商集合理财计划、杠杆基金份额、期权及其他场外衍生品等高风险等级金融产品，以及在为金融消费者参与融资融券、“新三板”、创业板、科创板、期货等高风险等级投资活动提供服务的过程中，必须履行的了解客户、了解产品，及将适当的产品（或者服务）销售（或者提供）给适合的金融消费者等义务。

随后，2020年3月1日起施行的新《证券法》首次将适当性义务写入法条，其第88条规定：证券公司向投资者销售证券、提供服务时，应当按照规定充分了解投资者的基本情况、财产状况、金融资产状况、投资知识和经验、专业能力等相关信息；如实说明证券、服务的重要内容，充分揭示投资风险；销售、提供与投资者上述状况相匹配的证券、服务。

具体分析来看适当性主要包括三个方面：

1. 了解产品和服务。适当性义务要求证券经营机构在推荐和销售前，应当对产品或服务进行科学有效的调查评估，根据其特征划分风险等级。

2. 了解客户。适当性义务要求证券经营机构在推荐和销售产品或服务时，应当充分考察投资者的基本情况、财产状况、金融资产状况、投资知识和经验、专业能力等相关信息。

3. 适当推介。这是适当性义务的核心内容，充分揭示风险且风险匹配，即要求证券公司等金融机构推荐的产品或服务的风险与投资者状况相匹配。

那么在新《证券法》施行和《九民纪要》发布的大背景下，是否就意味着加重卖方机构的责任，利益向普通投资者倾斜，在案件审理中卖方机构处于劣势地位？笔者认为并非如此。《九民纪要》第78条明确规定了卖方机构的免责事由。相关法律法规的进一步完善，目的是让整个金融市场做到买者尽责、买者自负，不过分放大卖方机构的责任承担，利于培养投资者逐步摒弃过去无视项目风险、盲目投机的投资方式。即强化机构适当性义务，同时加强投资者风险意识教育。

二、金融机构履行适当性义务的尽责标准

在之前的司法实践中,机构违反适当性义务涉及侵权责任、违约责任、缔约过失责任三种民事责任,投资者可以选择进行主张,法律并没有统一的请求权基础。《九民纪要(征求意见稿)》将适当性义务的法律性质定性为《合同法》第 60 条第 2 款规定的先合同义务(正式稿未对性质进行规定),即合同订立过程中合同当事人基于诚实信用等原则而应承担的法律义务。卖方机构违反这一先合同义务给金融消费者带来损失的,应当根据《合同法》第 42 条第 3 项之规定,承担缔约过失责任。即明确了卖方机构在承担民事赔偿责任方面的依据,为投资者索赔案件统一了案由及法律关系,有利于投资者明确诉讼请求并进行民事索赔。

《九民纪要》第 72 条规定:卖方机构承担适当性义务的目的是确保金融消费者能够在充分了解相关金融产品、投资活动的性质及风险的基础上作出自主决定,并承受由此产生的收益和风险。在推介、销售高风险等级金融产品和提供高风险等级金融服务领域,适当性义务的履行是"卖者尽责"的主要内容,也是"买者自负"的前提和基础。即确定适当性义务的主客观一致原则。所谓主观标准,实际上是指根据投资人的个人特点来确定告知说明义务的标准;所谓客观标准,是指根据一般理性人普遍适用的标准来确定告知说明义务的标准。

(一)告知说明义务的履行——一般理性人普遍适用的客观标准

告知说明义务强调的是"信息披露",指金融机构在推销金融产品时,应当向金融消费者充分说明与金融产品相关的市场风险、信用风险、合同的主要内容等重要事项,使金融消费者对所要投资的金融产品有足够的认识来作出投资决定。《若干具体问题》"关于证券投资类金融纠纷案件的审理问题"一节中,对"告知说明义务的衡量标准"作了明确的指引:"告知说明义务"是"适当性义务"的核心,是金融消费者能够真正了解产品和服务的投资风险和受益的关键。应当根据产品的风险和投资者的实际状况,综合一般人能够理解的客观标准和投资者能够理解的主观标准来确定告知说明义务。

同时,《九民纪要》第 76 条规定:告知说明义务的履行是金融消费者能够真正了解各类高风险等级金融产品和高风险等级投资活动的投资风险和收益的关键,

人民法院应当根据产品、投资活动的风险和金融消费者的实际情况，综合理性人能够理解的客观标准和金融消费者能力理解的主观标准来确定卖方机构是否已经履行了告知说明义务。

案情：张某是A银行客户，从2014年起多次在A银行购买保本型理财产品。2017年5月11日，在理财经理的推介下，张某购买了一款股票型理财产品。产品到期后，张某发现该理财产品发生亏损，至此才知道所购理财产品为非保本型理财产品。张某认为，A银行在销售理财产品过程中隐瞒相关事实，未尽合理风险告知义务，给自己造成财产损失，应予赔偿。双方协商未果，张某向法院提起诉讼，请求法院判令A银行赔偿其本金及相应利息损失。法院经审理认定，A银行无法提供充分证据证明，其已以张某能够充分了解的方式向其告知所购买产品的风险情况和运作方式等，特别是以显著、必要的方式提示客户此款产品与其既往购买的理财产品风险等级存在较大区别，无法证明该行在销售过程中履行适当推介义务，因而认定银行具有侵权过错。[①]

合肥市中级人民法院(2019)皖01民终8545号民事判决书认定“马鞍山路支行没有向已达65周岁的韩某充分揭示投资风险”。该院的(2019)皖01民终8546号判决书亦认定“马鞍山路支行没有向已达72周岁的刘某充分揭示投资风险”。该机构未尽到投资者的适当性管理义务，应当就投资者损失承担赔偿责任。

因此，金融机构除制定标准化、格式化的产品文书外，还应当通过投资者教育、风险案例讲解、创新告知说明形式、增加回访率等方式，进一步强化针对诸如老年人、教育经历缺乏、身体残障等特殊群体的告知说明。通过线上App开展业务时，应限制线上销售对象(年龄、教育背景、既往投资经验)并加入人工语音服务等其他辅助功能。

此外，在争议处理中，应尽可能详尽、完整地提供所有告知说明的录音录像记录和书面记录，书面材料中应有投资者本人的签字确认及手书关于明确知悉风险的记录。必要时，可提供整个金融产品推介及服务过程中的微信及电话记录。

(二)充分了解投资者——根据投资者的个人特点的主观标准

《九民纪要》第76条规定：卖方机构简单地以金融消费者手写了如“本人明确

① 参见林万宝：《商业银行理财产品销售适当性义务典型案例分析》，载《中国城市金融》2019年第8期。

知悉可能存在本金损失风险”等内容主张其已经履行了告知说明义务，不能提供其他相关证据的，人民法院对其抗辩理由不予支持。这里需要强调的是，仅单纯通过提供普通投资者填写的《风险承受能力调查问卷》上的风险评级来举证已充分了解投资者，实务中，人民法院对这一抗辩理由一般不予支持。因此，卖方机构在举证履行告知说明义务的同时，另一核心答辩点是充分了解投资者。

卖方机构在答辩过程中，应充分搜集普通投资者的年龄、家庭状况、工作性质、固定收入、教育背景、过往投资经历、财产状况、金融资产状况（具体如首次开户的时间）等证据以证明股龄及炒股经验；搜集投资者的账户交易资金、购买的金融产品和接受的金融服务类型等，以证明其金融资产状况和一贯的风险偏好；搜集投资者的家庭情况、工作性质、出国旅游、高消费、不动产持有、年龄等证明财产状况，以证明其相应的风险承受能力。

再结合案涉纠纷的金融产品风险等级，举证已经建立了金融产品（或者服务）的风险评估及相应管理制度，对金融消费者的风险认知、风险偏好和风险承受能力进行了测试等。以达到最终的证明目的，即金融产品的风险等级与投资者的风险偏好和风险承受能力相匹配，是将适当的产品（或服务）销售（或者提供）给合适的金融消费者。

案情：2011 年 3 月中旬，胡某欲购买与其之前所购买的 8 号基金类似的理财产品并向 B 银行上海市田林路支行（以下简称田林路支行）员工询问，田林路支行员工向胡某介绍了产品特点及基本情况，经田林路支行风险测试及风险提示后认购。田林路支行在此次认购中并未对胡某进行新的风险评估，而是采用了其之前为胡某作的风险评估报告和《信息确认表》。虽然风险评估报告显示胡某不适合购买该理财产品，但其仍在《信息确认表》上签字确认其愿意承担相关风险。在胡某与田林路支行签订的《资产管理合同》中约定，投资范围为主要投资于股票、股指期货、基金、债券、权证等金融工具。合同文本后附《股指期货交易风险提示函》1 份，该函右下方资产委托人落款处空白。

法院认为，商业银行首先应在推介投资产品之前对客户评估，之后依照评估结果确定客户的类别，并在正确评估客户、了解相关情况的基础上，向客户推荐合适的理财产品，且不得主动向投资者推荐不适宜的理财产品。在本案中，被上诉人在向上诉人推介系争理财产品前未对上诉人进行评估，已有过错；而依据此前被上诉人的评估结果，上诉人属稳健型投资者，风险承受能力较弱，一般仅希望在保证本金安全的基础上能有增值收入，本案系争理财产品为非保本型理财产品，存在净值下跌的可能性，显然并不适宜上诉人，但被上诉人仍主动向上诉人推介此种产品，故可认定被上诉人未履行上述正确评估及适当推介的义务，具有相应过错。

根据此案，法院对于适当性义务的理解还包括金融机构具有适当推荐的义务。不能仅凭当事人是完全民事行为能力人、自愿签字等理由就表明金融机构已做到适当性义务的评判标准。缺乏专业知识的投资者会因为对利益的追求而盲目投资，金融机构此时应当做到对投资者进行充分评估后，推荐适合其的投资方式。

三、金融机构的免责事由抗辩及金融消费者的注意义务

虽然监管机构一直强调加强普通投资者的保护，但是并非所有投资者主张金融机构未履行适当性义务承担损害赔偿责任的案例都能获得胜诉，实践中同样存在大量的投资者败诉案例。这也是广大普通投资者应当高度重视的，并非因为自己处于弱势地位，就可以主张基于重大误解与显失公平随意解除合同，当然地获得损失赔偿。法律在明确保护金融消费者的同时，也明确规定了机构的免责事由。

（一）金融机构的免责事由抗辩

《若干具体问题》规定：在卖方机构未尽适当性义务的情况下，除金融消费者故意提供虚假信息这一抗辩事由外，如果根据投资者的既往投资经验、受教育程度等事实，卖方机构能够证明“适当性义务”的违反并未影响投资者的自主决定的，也应当认为免责抗辩事由成立，由金融消费者自负投资风险。

《九民纪要》第 78 条规定：因金融消费者故意提供虚假信息、拒绝听取卖方机构的建议等自身原因导致其购买产品或者接受服务不适当，卖方机构请求免除相应责任的，人民法院依法予以支持，但金融消费者能够证明虚假信息的出具系卖方机构误导的除外，卖方机构能够举证证明根据金融消费者的既往投资经验、受教育程度等事实，适当性义务的违反并不影响金融消费者作出自主决定的，对其关于应当由金融消费者自负投资风险的抗辩理由，人民法院依法应予支持。

以上规定给卖方机构的责任免除提供了具体的法条依据，也在实务纠纷中，为卖方机构提供了抗辩的空间。如果没有卖方机构的过错行为，投资者就不会作出

投资决策,亦不会遭受损失,则可认定卖方机构的过错行为与投资者遭受的损失之间存在因果关系。如果不当展业行为尚不足以影响投资者的投资决策,也不足以对其构成误导,则可认定过错行为与损失之间不存在因果关系。实务中,卖方机构能够举证证明适当性义务已充分履行或者适当性义务的违反并不影响金融消费者的自主决定,应当认为免责抗辩事由成立,由金融消费者自负投资风险。

在(2018)京01 民终7058 号案中,一审法院、二审法院结合投资者的个人特点,即康某作为“某医院的离休干部”,“自 2012 年以来多次在银行购买理财产品,并不仅仅是本案所涉及的 5 例基金产品”,“虽然其年事已高,但在本案庭审中仍然逻辑思维清楚、语言表达准确,因而应确认其具备相应的投资知识和经验,在购买相关基金产品时其应具有辨别和判断能力”,在投资者已签字确认《投资人风险提示书》的情形下,认定“银行工作人员代为抄录部分内容并不影响投资者购买基金产品的真实意思表示”,因而免除了银行的责任。(2018)苏 01 民终 1641 号案与该案类似。

因此,实务中卖方机构存在业务员代替投资者签字等过错并不必然导致败诉,可以举证不影响投资者的自主决定,从而免除责任。

在(2017)苏 0623 民初 3826 号案中,即钱某与 C 证券股份有限公司南通如东人民路证券营业部欺诈客户责任纠纷案的一审民事判决书中,法院认为:融资融券作为证券市场中业务之一,具有明显的“高风险高收益”的特点,投资者在进行融资融券业务时应审慎参与该业务,并充分理解和认识自身权利和业务以及其中可能存在的风险。原告与被告签订了《融资融券合同》,被告亦就相关风险进行了相应的揭示,合同双方均应按照合同的约定行使权利、履行义务。鉴于此,原告钱某认为被告 C 证券如东营业部存在欺诈行为,要求被告消除影响、赔偿损失的诉讼请求证据不足,本院不予支持。最终驳回普通投资者钱某的诉讼请求。

(二)金融消费者的注意义务

《中国人民银行金融消费者权益保护实施办法》对金融消费者作了明确定义:金融消费者,是指购买、使用金融机构提供的金融产品和服务的自然人。金融消费者既是金融市场的重要参与者,也是金融业持续健康发展的推动者。

但是,随着我国金融市场改革发展不断深化,存在提供金融产品和服务的行为不规范,金融消费纠纷频发,金融消费者权益保护意识不强,识别风险能力亟待提高等问题。例如，实务中比较常见的委托理财合同纠纷，很多普通投资者轻信微信、微博及电话营销类宣传，部分是基于同学、朋友间的信任与推介，将大量资金委托他人进行投资交易，口头或者书面形式约定分红比例。在面对市场大幅震荡时损失惨重，从而产生纠纷。或者过分依赖某国有大行等品牌背景，而不注重分析投资产品特点，盲目选择了与自身风险承受能力不匹配的投资产品。另有部分从事融资融券和期货等高风险交易的投资者，对于此类创新性金融产品并不十分了解，甚至连交易规则都不甚掌握，便投入大量资金，最终导致血本无归被强制平仓的悲剧。这类均是金融消费者权益保护意识不强，识别风险能力亟待提高的典型表现。

普通自然人相对机构而言，自身金融知识及能力有限，尤其是对于融资融券、期货交易等高风险的金融创新产品，对理财产品信息的掌握能力较弱，甚至对交易规则都不甚了解，在交易选择上更多依赖机构的推介和说明。但是，作为购买理财产品的客户或者进行股票的融资融券、期货等高风险交易，是以营利为目的的投资行为，而不是普通的消费行为，应当具备更高的审慎注意义务，注重对投资风险的评估与防范，应充分结合自身财务状况、理财需要和风险承受能力，对理财产品的特点进行深入了解，充分了解理财产品中的各种风险与收益，并在此基础上，自主作出决定，选择合理的资产投资组合。具体而言，包括如下方面。

1. 符合市场对于投资者履行适当性义务的要求，如实向金融机构提供各类身份证明材料、资产证明等文件，并对所提交的各类文件、资料、信息的真实性、准确性、完整性和合法性负责。在相关文件、资料、信息等发生变更时，应及时通知金融机构。

2. 投资者应妥善保管信用账户卡、身份证件和交易密码等资料，不得将信用账户、身份证件、交易密码等出借给他人使用。

3. 充分了解自身经济状况和理财需要，充分了解投资产品的风险等级和交易规则，选择匹配自身风险承受能力的投资产品，而不盲目相信金融机构的品牌背景和朋友等的推介。

4. 加强自身学习，在监管机构逐步打破刚性兑付的背景下，不盲目追求保本的高收益。

四、总　　结

资本市场的治理,就是一场公平与效率的持续性斗争。[1] 我国证券期货市场起步较晚,发展并不成熟。参与者中个人投资者所占比例大,其中大部分投资者为中小投资者,投资知识、投资经验不足,风险意识薄弱,在市场上选择产品和服务时缺乏独立判断能力,多依赖金融机构、相关销售渠道、销售人员的投资建议或营销推介,且承担投资损失的能力较低。而机构则通过销售产品提供服务获取收入,更多地销售产品提供服务实现利益最大化是其内在经营动力。面对日益复杂的金融市场和产品,投资者尤其是普通投资者处于明显的弱势地位,证券基金期货经营机构是投资者进入证券期货市场的中介服务机构,必须切实承担起"卖者有责"的义务,切实执行一系列适当性安排,有效管理风险,优化投资服务,全面提高其差异化的经营和竞争能力,这也是证券期货行业健康发展的前提与基础。此外,应该加强普通投资者的教育,逐步打破刚性兑付的思维模式,如果过分追求"高风险高收益",应对其自身不理性交易发生的损失自负其责,即"买者自负、风险自担"。

金融机构充分履行适当性义务,金融消费者严格履行注意义务,市场形成统一的规范共识,既有利于证券期货市场规范成熟,也利于我国经济更加繁荣稳健发展,更利于金融机构和金融消费者切实享受经济发展的红利。

① 参见侯东德:《证券服务机构自律治理机制研究》,载《法商研究》2020年第1期。

案例2:两类特殊投资者纠纷调解案例

陈志刚[*]　潘　炼[**]

一、引　言

我国股票市场中小投资者占投资者总数的90%以上。尽管人数众多,但始终是股票市场中的弱势群体。研究保护中小投资者合法权益,在法律的基础上从机制与方法上向中小投资者倾斜,是投资者保护工作的重要使命。本文试图关注证券期货纠纷中两类特殊的群体,包括老年投资者与非理性投资者,他们是我国股市中的特殊人群,人数众多但力量弱小,对市场影响不大但社会影响较大。通过对这两类特殊群体行为特点与调解机制的研究,尝试为化解相关纠纷提供一些启示。

(一)老年投资者

2020年,我国65岁及以上人口达到2.55亿左右,占总人口的17.8%左右。不断增加的老年人口在参与证券投资时,面对快速变化的市场环境,日新月异的金融科技手段,以及证券投资产品和投资服务持续创新、日益复杂等情形,时刻面临进行不适当投资的风险。

老年投资者的弱势在于:一是体能下降。随着年龄增长,老年投资者群体面临体能持续下降等问题,有时即使在投资经验相对充分的情况下,也可能存在作出适当投资决策的能力降低的情况。二是适应能力降低。由于退休等原因导致老年投资者与社会相对隔离,在一定程度上影响其针对证券市场环境快速变化而作出相

* 财信证券有限责任公司综合管理部总经理,中证资本市场法律服务中心公益调解员。

** 湖南省证券业协会,调解中心主任,中证资本市场法律服务中心公益调解员。

应调整和适应的能力。三是认知能力减弱。随着年龄增长,老年投资者对证券市场投资产品及投资风险等的认知能力局限性日趋明显,难以识别适合自己的投资产品等情形有所增加,因而更可能成为证券市场中的受害者。

(二)非理性投资者

较成熟市场而言,我国股市以个人投资者为主,且大多数个人投资者缺乏系统的金融知识训练,且抱持赌博的心态参与股市。特殊的投资者结构决定了我国股票市场的投资者群体的决策模式与理性经济人假设相去甚远。

非理性投资者包括:盲目胆大型,未认真系统地学习过投资理论技巧,也没有经过任何模拟训练,甚至连最基础的证券基础知识都不明白,就贸然进入股市,参与投资,其资金账户的迅速缩水将是必然的;盲目跟风型,一旦发现股价飙升或股评家推荐,就不假思索大胆追涨,常常因此被套牢在高位;急切焦躁型,对于风云莫测的股市心浮气躁,缺乏耐心,恨不得股票刚一买入就立即上涨,在不可避免的洗盘、震荡、回档、盘整的过程中追涨杀跌,得不偿失;侥幸幻想型,不加以理性分析,而只在平静的市场中幻想手中的股票一夜间成为"黑马",在"山雨欲来风满楼"之时幻想着奇迹出现而作出错误的选择;等等。

二、案例描述

(一)某证券营业部与余某配售股份跨市场转登记业务纠纷

1. 纠纷起因

投资者余某系退休教师,今年 73 岁。余某于 2006 年 8 月 25 日获得华夏银行(600015)发行的配售股份(003015)260 股。根据《关于沪深证券交易所跨市场市值配售股份转登记的通知》的要求,证券公司与投资者需要进行"跨市场转登记"操作。因未在规定时间内办理转登记,余某账户上的 260 股华夏银行配售股份被强制转登记至中国证券登记结算有限责任公司上海分公司进行挂账处理。2006 年以来,余某多次到营业部询问股票"不翼而飞"的情况,营业部无法核实,认为余某在无理取闹。2017 年 1 月,营业部核查到余某的配售股情况,发觉其确实有过错。余某以营业部工作失职、客户服务不到位、多年来不被理解重视等为由,要求营业部在新浪网、证券时报公开刊登事件真实原委并赔礼道歉,就其损失与精神损害赔偿总计20万元整。营业部认为金额过大，矛盾无法化解，申请由中证湖南调解工作站介入调解。

2. 主要争议

某证券营业部变迁与工作人员变动等因素导致无法核实清楚投资者余某260股配售股份的下落，现年73岁的余某5次前往营业部现场咨询情况，每次工作人员都以投资者是否记错（因投资者年龄大记性不好）、系统查询不到作为结果答复投资者。某证券营业部未对该事项足够重视，未深入落实情况，未及时解决问题，甚至报警驱赶投资者，导致投资者越来越不满，多年来情绪无法平复，双方矛盾逐步激化，以致无法化解。

3. 调解过程及结果

在了解案情后，调解员考虑当事人年事已高行动不便，主动前往当事人余某家中进行现场调解。在表明身份，介绍第三方公益调解组织、调解过程中双方当事人享有的权利义务等情况后，从当事人的教师身份出发，逐步引导当事人余某敞开心扉讲出纠纷背后的故事。在讲述到其前往营业部询问股票账户情况不受重视、工作人员质疑其年事高健忘、认为其无理取闹等场景，余某心情激动，在调解员的劝慰下久久沉默抚心。调解员站在第三方中立立场，从客户角度出发，就该纠纷中营业部客户服务态度与水平，主体责任意识与担当等方面进行了剖析，并主动提出将该纠纷编成案例，对其他的营业部与员工进行警示教育。至此，营业部及分公司负责人真诚致歉，余某心情稍为缓和。在详细解答了2006年中国证券登记结算有限责任公司和上海证券交易所、深圳证券交易所联合发布的《关于沪深证券交易所跨市场市值配售股份转登记的通知》的相关工作要求中营业部与客户双方的权利义务后，调解员分析了营业部的过错、客户的损失以及过错损失间的因果关系，提出了简要但明确的赔偿思路。调解员的一番解释使投资者余某与营业部欣然接受，表示愿意坦诚地就纠纷解决进行协商。在调解员的主导下，投资者余某主动提出与营业部原方案接近的诉求金额，营业部表示同意，双方达成和解。余某还提出，希望不要对当事营业部员工进行处分，警示教育即可，让营业部当事员工倍感温暖。

（二）贺某与某证券营业部的佣金纠纷

1. 纠纷起因

投资者贺某系国有企业下岗职工，于1997年在某证券营业部开户炒股，其间共投资 30 多万元,净亏损 27 万元。贺某 1997 年开户时账户佣金率为 0.3%,一直到 2019 年未予调整。2019 年 12 月底,贺某从朋友口中得知 2014 年起各大券商就已经下降佣金比例,于是向营业部提出佣金过高,要求调佣,并以营业部未主动告知可以降佣为由,要求返还已发生佣金。营业部则认为贺某之前从未提交过降佣申请,同意现有佣金比例调整为 0.03%,但不同意返还已发生佣金。贺某认为,其自 1997 年在该营业部开户以来,账户资金从 30 多万元变为 3 万元,差额大多转化成了营业部的佣金收入,不认可营业部的意见,甚至多次拦堵营业部大门并扬言对营业部负责人采取过激行为等。鉴于矛盾无法化解,营业部申请由中证湖南调解工作站介入调解。

2. 双方争议

本案双方主要争议是营业部同贺某约定的佣金费率是否合理。贺某认为,自己是营业部的老客户,各券商很多年前便开始调佣,营业部未主动调佣存在过错,需要返还。营业部则认为,贺某 0.3% 的佣金标准既符合政策规定,又已在双方的开户协议中明确约定,不同意退还佣金。

3. 调解过程及结果

临近年终,天气寒冷,为了双方出行方便,调解员将调解地点安排在营业部现场。当天,3 位调解员带着资料驱车两小时前往该营业部,到达后立即展开工作,先是在大厅查看佣金公示信息,核查留存的开户协议。依据证监会发布的《关于调整证券交易佣金收取标准的通知》(证监发〔2002〕21 号),“A 股、B 股、证券投资基金的交易佣金实行最高上限向下浮动制度,证券公司向客户收取的佣金(包括代收的证券交易监管费和证券交易所手续费等)不得高于证券交易金额的千分之三,也不得低于代收的证券交易监管费和证券交易所手续费等”的规定,营业部目前收取 0.3% 的佣金并没有违反规定。

在调解过程中,调解员请双方当事人介绍情况。一开始,贺某表现出不信任的态度,欲言又止,只是一直说营业部对其亏损有责任,应该赔偿他的亏损等。为此,调解员与贺某进行了单独沟通,贺某详细介绍了多年来投资的过程,对于投资失败感到悔恨,认为无法向家人交代。根据贺某的叙述,调解员历数贺某投资多年主要标的亏损经过,引导贺某分析其投资失败的原因。贺某承认自己投资非理性,存在盲目冲动、心浮气躁等问题,赌博心态较重,习惯快进快出、高吸低抛,自身原因是亏损的主因。对于营业部收取佣金的事,贺某透露出对佣金政策还是有所了解,知道自己没有提交调佣申请营业部未调佣金也不存在违规。但是,鉴于自己投资失败导致家庭破裂,对未来感到渺茫,希望能从营业部这里得到至少 7 万元的补偿。

鉴于双方意见差距太大,第一次调解双方未能达成一致。后续贺某与营业部冲突不断,言辞激烈。调解员没有放弃:一方面,根据“资金对账单”按照平均佣金率进行佣金总额计算,降低了贺某的索赔预期;另一方面,针对营业部负责人认为客户贺某开户至今并未就佣金收取不满意,佣金收取完全系营业部的合规收入无须返还等说法,调解员提出了严肃的批评。从投资者适当性角度,调解员提醒营业部,是否对针对贺某的这种赌博心态,根据投资者适当性的要求,全面了解投资者情况,科学有效评估,充分揭示风险?是否存在一定的过错?对于本案,调解员始终采取折中调和策略,告诫投资者贺某摆正心态,保持冷静,理性维权。另外,调解员指出营业部工作中存在瑕疵,建议营业部适当让步给予补偿。最终这场持续了一个月的拉锯战后,双方握手言和。

三、评析与启示

(一)市场主体应建立有针对性的服务机制

证券经营机构提升客户服务是提高客户信任度、满意度的重要环节。在某证券营业部与余某配售股份跨市场转登记业务纠纷中,客户余某退休前为教师,年龄为 73 岁,10 余年来多次向营业部反映情况,营业部工作人员针对这种特殊情况,如果多一分关心与理解,多一点耐心与责任,多一个内部纠错机制,包括向有关部门进行查询,也不会造成这么深的误会。2017 年错误呈现后,营业部没有足够理解客户的内心感受,没有主动真诚地沟通道歉,也没有及时与监管部门、行业协会及调解组织沟通,导致纠纷迟迟无法化解。在贺某与某证券营业部的佣金纠纷中,证券经营机构没有按照投资者适当性的要求,针对贺某的性格特点提供有针对性的服务,包括及时提示风险、适时减少融资服务等。在双方产生纠纷后,没有深刻认识到自身在投资者适当性管理方面的过错,一味强调对方没有申请调佣,自身没有过错,不愿意正面解决问题。事实上,对于贺某的投资失败,营业部是有一定过错的,证券公司内部没有相应的纠错机制,导致纠纷处理相当被动,投资者巨额亏损已造成,如真的发生过激行为,营业部无法承受由此造成的社会影响。

《证券期货投资者适当性管理办法》规定,向投资者销售证券期货产品或者提供证券期货服务的机构,应当遵守法律、行政法规、本办法及其他有关规定,在销售产品或者提供服务的过程中,勤勉尽责,审慎履职,全面了解投资者情况,深入调查分析产品或者服务信息,科学有效评估,充分揭示风险,基于投资者的不同风险承受能力以及产品或者服务的不同风险等级等因素,提出明确的适当性匹配意见,将适当的产品或者服务销售或者提供给适合的投资者,并对违法违规行为承担法律责任。经营机构应当妥善处理适当性相关的纠纷,与投资者协商解决争议,采取必要措施支持和配合投资者提出的调解请求。经营机构履行适当性义务存在过错并造成投资者损失的,应当依法承担相应法律责任。经营机构与普通投资者发生纠纷的,经营机构应当提供相关资料,证明其已向投资者履行相应义务。这是证券期货机构投资者适当性管理的基础。但是,我国的投资者适当性制度只将投资者分为专业投资者与普通投资者,在专业投资者与普通投资者中按风险承受能力再次划分等级,而没有针对特殊人群量身定制特殊的政策,由此导致本文所述的一些特殊投资者,由于得不到特殊的关注与服务,酿成纠纷,无法化解。

针对特殊投资者的保护工作,一些国家及地区有些成熟的经验可资借鉴。在美国,美国证监会(U. S. Securities and Exchange Commission,SEC)和金融业监管局(The Financial Industry Regulatory Authority,FINRA)发布联合报告,帮助证券经纪人评估、起草或完善其向已退休或准备退休的投资者销售证券产品的政策和程序;另外,修订FINRA的相关规则,规定经纪人应采取合理努力以获取老年投资者账户的受信任联系人姓名和联系方式等信息。此外,FINRA还修改了裁决指引,新增了关于"为弱势客户着想"(consideration for vulnerable customer)的原则性思考,明确涉及老年投资者群体的纠纷裁决指引。在我国香港特别行政区,香港金融管理局(Hong Kong Monetary Authority,HKMA)和银行业协会合作推出相关规则,要求经授权的机构应向投资衍生产品的老年投资者提供额外保护,包括为参与投资的老年投资者设置为期两天的冷静期,以便其更好理解投资产品,思考其投资的合适性。

(二)行业调解机构可发挥更大的作用

行业调解,一般指各行业协会设立的调解机构或平台,通过专业优势促进当事人的沟通协调,并最终促成纠纷双方达成和解协议的专业性纠纷解决过程。对于本文所述老年投资者以及非理性投资者有关的纠纷,成因和过程往往较为特殊,当事人情况较为特殊,采取诉讼和仲裁的方式不能快捷高效解决纠纷,也会造成大量司法资源的耗费,行业示范效应也不会太好。行业调解在解决与中小投资者有关的纠纷,特别是老年投资者和非理性投资者与证券公司之间的纠纷中,由于它的专业性、权威性以及高效灵活、成本低廉的特点,更有利于实现"案结、事了、人和"。

从目的和动机出发,行业组织出于行业整体健康发展的考虑,更加倾向于促进纠纷双方达成合意,也就更加有可能"一揽子"地解决双方之间的各种纠纷。从能力和资源上,行业协会具有专业性强的调解员队伍,掌握更多行业资源,能够有更多筹码促进纠纷双方有效地进行沟通,并且为纠纷双方提供切合实际的建议或纠纷解决方案。从成本和支出上,不管是社会成本(如声誉成本和关系成本),还是经济成本(如时间、人力、物力、精力、财力和各种机会成本),诉讼的成本都更高。如果双方利用行业协会进行调解,社会成本和经济成本都会相对小得多。

近年来,证券行业包括中国期货业协会内设的调解专业委员会、中国证券投资基金业协会内设的调解专业委员会,还有由上海市证券同业公会、上海市基金同业公会、上海市期货同业公会共同发起成立的上海市证券、基金、期货业纠纷联合人民调解委员会,以及中国证券投资者保护基金有限责任公司、中证资本市场法律服务中心等,逐步建立,为行业调解工作作出了突出的贡献。2019 年新修订的《证券法》规定,投资者与发行人、证券公司等发生纠纷的,双方可以向投资者保护机构申请调解,由此为行业调解机构赋予了正式身份。下一步,随着《证券法》的落实,相关细则的出台将进一步推动组织健全、制度完善、工作规范、经费保障等,相信行业调解组织将发挥更大的作用。

(三)调解员应具备一定的调解技巧

一是建立信任。作为调解员,既是居中的协调者,有时又是居中的裁判者,需要平等对待任何一方当事人,建立与调解当事人的信任。在调解方式、调解地点的选择等方面,可以考虑当事人的关切,通过与当事人的反复沟通,设身处地替各方考虑,以自己的真诚让调解各方感受到温暖。在本文所述案例中,之所以投资者余某与贺某与证券营业部之间纠纷长期无法化解,就是因为双方缺乏这种信任,纯粹从利益关系角度衡量对错。该案在调解员与投资者间建立信任时,事实上调解已经成功了一半。

二是找准心结。对于中小投资者,特别是老年投资者和非理性投资者,其诉求往往不是表面上呈现出来的,仅从表面现象看待问题则可能事倍功半。投资者余某终身任教,把个人声誉看得很重,证券公司不作深入调查,误以为余某没事找事,多年来对余某进行排斥,甚至报警,给余某造成了难以平息的内心伤害,这种伤害是金钱无法弥补的。因此,余某提出证券公司补偿20 万元,实质上是希望得到应有的尊重和一声“对不起”。调解员准确把握住了这一实情,对投资者表面诉求背后的核心需求清清楚楚,最后才做到有的放矢。

三是保持耐心。对于调解过程中烦琐的沟通、反复的衔接工作,调解员要有足够的耐心,对双方不断出现的反复,甚至出尔反尔要有足够的心理准备。本文案例中的贺某一开始对于对方以及调解员并不信任,调解过程中也因为自身的原因,寄希望于证券公司补偿其几十万亏损。事实上,贺某的心态调整是需要一个过程的。如调解员没有耐心,该案例是无法达成一致的。如贺某孤注一掷,完全有可能造成无法挽回的后果。所以,对于调解员而言,在遇到调解的“瓶颈”时,不气馁、不放弃,坚持不懈地寻求解决方案,才能最终达到完美的结果。

(四)灵活而又有针对性的机制安排

调解相对诉讼与仲裁,有其专业、灵活便捷、成本低等优点。但是,毕竟不是司法程序,没有公权力作为依靠,遇到个别复杂案件时有抓手不够的问题。因此,面对特殊的投资者群体,特殊灵活的机制安排是必不可少的。

1. 小额速调机制。对于与中小投资者有关的纠纷,大部分涉及金额不大,案情比较简单,该类案件如久拖不决,既占用调解资源,又耗费双方时间精力。为此,有必要针对小额纠纷设置单独调处机制。中证资本市场法律服务中心借鉴国际经验,创新实行了倾斜保护中小投资者的小额速调机制,即针对诉求金额较少(实践中主要为 1 万元以下,个别地方 5 万元以下)的证券期货纠纷,市场机构通过自律承诺、自愿加入、签署合作协议等方式,作出配合调解工作的承诺:一是只要投资者提出申请,机构就积极配合调解工作;二是调解建议只需投资者同意,机构就无条件接受并自觉履行;三是如投资者不同意调解结果,则调解协议对争议双方均无约束力,投资者可寻求其他救济途径。该项机制为纠纷解决和投资者快速获得赔偿提供了新的路径,提高了调解效率,也对行政救济、司法救济等投资者维权途径起到了有益的补充作用，在实践中已取得较好的效果。

2. 中立评估机制。即对纠纷事实、责任认定、解决方案有较大分歧的案件，由独立的专家，基于各方陈述和证据，依据相关法律法规和其他规范性文件，作出中立的专业评估意见。该项机制是对国际成熟经验和实践的良好借鉴，引入这一机制有助于双方更加理性清醒地对纠纷处理结果作出预判，有助于调解员较为容易找到双方的利益平衡点，更好地促使双方达成一致方案。

3. 协议确认机制。大部分的调解机构都是以书面调解协议的方式进行结案，中证资本市场法律服务中心规定，“网络调解达成的调解协议可采用电子签名或视频录像的形式进行确认，该协议与书面调解协议具有相同的法律效力”。在互联网时代，“云协议”“云确认”的机制方便了当事人，也可以免去线下送达环节，节省调解资源，方便参与调解的各方，特别是为中小投资者提供了较大便利，具有借鉴意义和推广必要性。

4. 履行惩戒机制。履行惩戒机制可在司法确认之外，真正赋予调解协议严肃性，为中小投资者通过调解保障权益提供了强大的后盾。例如，中证资本市场法律服务中心依托诚信监管协作机制和强制执行机制，将不履行调解协议的主体纳入资本市场诚信监管范围，依法予以诚信约束。又如，根据中国期货业协会理事会调解委员会制定的《调解规则》第 26 条的规定，“会员不履行调解协议的，协会视情形给予其批评警示或纪律惩戒”。

总之，为顺利化解与两类特殊投资者有关的纠纷，有必要从市场主体、调解机构、调解员、调解机制等多角度着手，找到有针对性的系统解决方案。本文所述或挂一漏万，也需要在实践中逐步完善，但如果能为两类特殊投资者相关纠纷解决提供一些启示，也就足矣。

案例3:面对突发系统故障引起的大量投诉的处理及思考

朱怡妙[*]　金　啸[**]

一、案例背景

综观近几年,每当行情大起大落交易集中时,券商系统故障时有发生。对于承载着大量投资者交易需求的券商而言,交易系统故障引起的纠纷也成为目前券商处理投诉纠纷工作中一种常见的投诉类型。以下述案例为例。

某日上午开盘后,某券商的小部分投资者发现自己使用的App软件无法正常进行交易,纷纷致电开户营业部及证券公司客服热线,短短几分钟内,致使该券商所有的对外服务电话均爆满。"我的网络都是好的,为什么就你家软件登录不上?""我现在要买入某某股票,你们软件登录不上,必须要对我的损失进行赔偿""我已经保存了系统截图,请你们尽快出具赔偿方案,否则我将投诉至你们的监管部门",突发的软件登录不上引起了投资者情绪激动和强烈的不满,各种质疑、责备和投诉纷沓而至,一线服务人员面对巨大的心理压力。虽然券商在遇到问题后进行了紧急处理,系统也在10分钟内恢复了正常使用,但是除事中来电的投资者外,在事发后的几天内,仍有投资者陆续致电券商或其监管部门进行投诉,要求给说法或对其交易影响进行补偿。

* 湘财证券股份有限公司客户服务中心总经理。
** 湘财证券股份有限公司客户服务中心总经理助理。

二、处理中的难点

面对这类情况，根据《证券期货业网络与信息安全事件应急预案》的规定，券商均建立了网络与信息安全事件应急预案，除按照预案做好应急处理外，还需要考虑可能出现的突发问题和集中性投诉。如何在事中、事后向投资者进行原因解释、情绪安抚及诉求的妥善处理，对于券商的应急处理能力及服务技巧是一种考验。在类似突发事件中，常常会出现以下棘手的情况。

1. 突发事件发生后，在短时间会有大量的咨询进入营业部或总部热线，面对电话爆满的情况下，一些接待人员可能会因为没有过硬的心理素质无法镇定，不知如何安抚投资者情绪。

2. 投资者可能会在联系服务人员的同时，通过客服电话或在线咨询等方式咨询事件情况，若遇到从不同渠道获得不同说法的情况，可能会引起投资者更多的不满。

3. 营业部可能会直接面对现场投资者不满的情绪，如在业务办理的场所直接大声质问、几名投资者一起对同一员工提出质疑等情况，如何合理妥善处理现场投诉也对营业部负责人及一线员工提出考验。

4. 如今处于信息时代，话题传播速度远高于以往。投资者可能通过微博、贴吧、微信群等渠道发布不利于投诉处理的言论看法。

5. 有时候投资者往往不清楚故障产生的具体原因，片面地认为都是券商的过失，面对投资者无理投诉，如何做好投诉处理及安抚工作是一种考验。

三、分析与思考

随着时代的发展，我们的生活已经离不开网络。在享受网上购物、移动支付等各种便利生活方式的同时，突然中断的网络也会让我们瞬间手足无措。现今通过电脑、手机进行证券交易，已成为中小投资者的主要交易方式。那么，如何有效应对突发事件引起的大量投资者咨询和投诉呢？

以下几点措施是基于上述案例处理过程中的一些经验总结：

(一)防患未然,完善应急处理机制

面对突发事件时,考验的不仅仅是决策层的领导能力,更多在于与投资者沟通的员工的自身能力。当事故发生时,如果没有一条通畅的沟通传达机制和行之有效的处理方案,一线的员工在面对突如其来的大量质疑和投诉时,不免手忙脚乱、晕头转向。有些员工会由于没有过硬的心理素质,可能在投资者的追问下擅自承认过失或与投资者扯皮推诿,给后续的处理带来很大隐患。这时一套完善的事故应急处理机制,就体现出它的重要作用和意义。

先稳定员工的情绪,才能通过员工去稳定投资者的情绪。在应急处理机制中,由公司高级管理人员牵头的应急处理小组有着上传下达的重要战略意义。通过技术部发现故障后,应急小组须第一时间将事故影响范围、预计影响时间、应急处理方案,沟通话术等重要信息传达至下属各分支机构负责人,层层传达给需要面对投资者的员工手中。做到让一线员工心里有底气,手中有方案,口中有话术,这样才能更好地去面对和处理紧急事件。同时,应急小组也要时时关注从下至上反馈的情况,掌握事态发展方向及轻重程度,便于决策层更好地进行判断,形成一个处理闭环。

日常的应急演练也是不可缺少的。应急处理机制不仅仅是纸上谈兵,更多的是需要进行日常演练,需在实战中积累处理突发事件的经验,这样才能临危不乱。

(二)功在平时,做好投资者教育

交易软件的正常运行与投资者的切身利益密不可分,所以在遇到软件登录问题的时候,投资者通常焦急万分。虽然在网上委托协议的风险揭示条款中,已列明了"不可预测或无法控制的系统故障、设备故障、通信故障等突发事故及非人为因素或管理不当"等免责情形,但由于投资者无法准确判断故障发生的原因,往往笼统地认为都是机构方的问题,故而情绪比较激动。对此,券商也应在开户后的入场服务过程中明确向投资者说明网上交易的特点和风险。

在大部分情况下,无法正常登录交易软件的原因,可能仅是某条线路或某个交易站点暂时的网络拥堵,或者是投资者自身网络环境的原因所导致的。在这种情况下只需要投资者自己去切换站点或使用其他委托方式即可解决问题。但实践中,当投资者遇到这种问题时可能不知道如何操作,所以在日常的投资者教育工作中,券商应充分提示投资者多种委托途径:在手机或电脑上安装多种交易软件,当一个软件无法登录时及时切换至另一种;或当网络不通畅时优先使用电话委托进行操作,避免错过交易时机。

(三)积极面对,不逃避不推诿

根据以往纠纷处理的经验,很多时候,误会的发生在于一方的推诿和逃避,投诉产生的诱因也在于没有渠道去保障通畅的沟通。当遇到此类事故时,面对蜂拥而至的电话、现场情绪激动的人群,难免出现逃避心理。在上述案例的事后交流经验环节中,某位员工也表达了当时看到系统显示几百个等待接听的电话时内心抗拒的情形。但在实际情况中,正因为在当下尽可能多的接待投资者的咨询,让其有渠道了解情况并发泄情绪,在故障恢复时大部分投资者已趋于冷静,坚持投诉的也只剩下一小部分。这也为后续的纠纷处理提供了很大程度的帮助。

如今人们身处于发达的信息时代,各类自媒体如雨后春笋般涌现,人们有更多的渠道发表自己的言论,如微博、贴吧、论坛等。面对这些声音,避而不见、保持沉默不是最好的选择。正面应对正规媒体记者的提问,拿出积极处理的态度,才是券商作为金融机构应有的担当。

(四)统一口径,查明事因前勿急于答复投资者

在处理投诉事件时,投诉人可能会分别与公司总部和分支机构进行沟通,如果得到的答复口径不一致,会让投资者感到不专业,或认为一方存在欺骗行为,从而加大投诉处理的难度。在类似软件故障等情况中,无论是分支机构的员工还是总部的客服热线,在面对投资者询问或接待投诉时都应保持统一的答复口径。在公司对故障原因未完全排查清楚前,不能出于急于安抚客户情绪或迫于客户质疑压力等心理,随意编造理由搪塞或擅自承认责任、承诺赔偿,以免好心办坏事。

(五)坚持原则,冷静应对不合理的投诉威胁

随着证券市场的不断发展,各类金融制度的不断完善,法治意识逐渐深入人心,中小投资者的维权意识也被逐渐唤醒,券商对于投诉的重视程度越来越高。这本是件值得高兴的事,但行业中还是会存在过分追求零投诉,或将投诉个数与公司绩效考核挂钩的情况,导致有时候营业部可能会选择面对投诉用钱解决问题、息事宁人的做法。

在上述案例中,也有个别投资者以不予赔偿就要到营业部现场闹事、召集媒体大肆宣传等方法来威胁公司。面对这样的威胁,如果只是一味妥协,反而助长了这

种过度维权的不良风气。处理不当，甚至会发生投资者反复投诉、多次讹钱或引导更多投资者集体投诉讹钱的情况，给公司带来更为严重的风险。

在一般情况下，之所以会有投诉，说明经营机构存在问题，使投资者产生了不满。而处理投诉一是解决投资者的情绪问题，二是解决自身服务中存在的问题。但如果出现上述案例中类似不可抗力因素造成的问题，或面对投资者无理投诉时，投诉处理的重心更多在于处理投资者的情绪问题，而非简单花钱了事。不管是公司的考核要求、监管部门的管理要求或是国家的维稳要求，对于投诉处理都会均衡看待诉求的正当性和合理性。故面对不合理的投诉或威胁时，在积极处理投资者情绪问题的同时也要坚持原则。

（六）分析判断，明确投资者的交易意向

在软件故障投诉中，较难达成一致意见的就是如何界定投资者的损失。在有些情况下，投资者可能并不一定在软件故障时会发生真实的交易，但在投诉中他们往往会夸大自己的操作意愿，要求更多赔偿。券商在遇到突发性质的大面积软件故障时，对于有强烈交易意愿的投资者以可采用现场填写纸质委托单、录音电话或文字确认投资者委托内容等措施，作为系统恢复后认定事实，分清责任的证据。此外，也可以通过客户以往的交易习惯、故障时段投资者登录软件的数据来判断其下单意愿。

在上述案例中，有一位唐先生就软件故障导致其无法交易向公司索赔，金额为2万元。在投诉处理过程中，通过查询当日后台数据日志，发现投资者当天没有通过公司任何一种委托渠道登录账号的行为。通过历史委托查看投资者交易习惯，该账户近1年仅操作过3次新股申购，账户中资金为3万元且没有证券持仓。结合上述实际情况，判断故障发生时投资者并没有实际的投资意愿。最终，通过营业部及总部投诉处理专员多番沟通说明后达成了一致意见，投资者也放弃了赔偿诉求。

（七）当面沟通，动之以情晓之以理

有时候通过冰冷的电话线，无法看到双方的表情，无法通过眼神、动作来识别对方真实的情绪。在电话中无法安抚对方时，不妨上门拜访。上门拜访可以更多地给投资者带去一种受重视的感受，在当面沟通后反而会有很大转折。

在当面沟通中，可以动之以情、晓之以理。必须注意的一点是，要将“情”放在前头,让投资者感受真诚,这样也能有效帮助对方更好地发泄负面情绪。当情绪趋于稳定后,再拿出"理"。"理"一定要讲透,让对方权衡利弊,在理性的状态下作出决定。

(八)区分情况,适当冷处理

对于一些提出无理诉求的或已经达成一致处理意见后又反悔的投诉人来说,还可以尝试使用冷处理的方法。冷处理不等于不处理,面对理性的投资者,在发生投诉时积极处理是维护公司形象,提升客户体验的方法;但面对沟通僵局和无理投诉时,一味主动联系反而会让对方存在"你那么积极联系,那我肯定是占理的""我还能获得更好的赔偿方案"的幻想。这时,不要急于回复,维持原处理方案,也不失为一种让怀有侥幸心理的客户打消不切实际的幻想、回归理性的方法。

(九)借力解纷,充分发挥专业调解组织作用

在投诉处理的过程中,投资者很容易将券商作为一个对立方,可能会抱有不信任的态度,但也不愿意通过诉讼仲裁等方法来解决问题,这往往将纠纷处理推向了一个僵局。

中证资本市场法律服务中心有限公司(以下简称中证资本市场法律服务中心)是经中国证监会批准设立的、我国唯一跨区域跨市场的全国性证券期货纠纷专业调解组织,秉承"依法、中立、专业、便捷"的宗旨,致力于中国证券期货市场纠纷化解工作。券商也可以在纠纷化解遇到"瓶颈"时,向投资者宣传中证资本市场法律服务中心纠纷调解的途径,由其从中立的第三方角度来解释规则制度,梳理双方矛盾焦点,降低投资者的过高预期,从而促成双方达成一致意见。

案例4:关于某投资者与证券公司营业部的交易佣金收取纠纷

中证北京调解工作站

一、引　言

证券交易佣金,是证券公司为投资者提供证券代理买卖服务收取的报酬,关系投资者、证券公司客户经理及证券公司三方的利益,如何处理好三方之间的关系,是需要从多方位、多角度去考虑,才能妥善解决的问题。

二、纠纷介绍

投资者投诉某证券公司营业部未按照其要求降低佣金,要求证券公司营业部退还多收取的佣金。

投资者Y在证券公司营业部开立账户后,双方对佣金收取标准进行了约定。之后投资者Y通过其朋友X得知行业内的佣金标准要低于自己与证券公司营业部约定的标准,由于投资者Y的资金量较大,X便建议Y联系证券公司营业部调整佣金。于是投资者Y联系证券公司营业部客户经理Z要求调整佣金收取标准,之后被客户经理Z告知佣金已经调整完成。

近期投资者Y查询交易记录时发现,从其调整佣金之日起,证券公司营业部对其交易佣金一直是按照原约定标准进行收取的,并未实际进行调整,便就此事联系客户经理Z问询,并要求退还多收取的佣金。

客户经理Z告知Y“我们不会退还您的佣金,但可以给您将佣金再次下调”。

投资者Y对此不满，并称若营业部不退还，便将此事在网上进行公布，客户经理Z则告知“您要是到网上公布，我们就向法院起诉您，反正您也没有证据”。

投资者Y称其通过其他券商了解到目前的佣金标准低于自己的水平，而且有的券商是主动联系投资者问询是否需要调整的。就此，投资者Y认为证券公司营业部未按照投资者的要求降低佣金不合理，要求证券公司营业部退还从其申请佣金调整之日起多收取的佣金。

三、处理过程及结果

本案争议的焦点在于投资者Y调整佣金的要求，是否通过客户经理Z上报给证券公司营业部并得到执行。

中证北京调解工作站受理该纠纷后，通过对证券公司营业部的问询得知，投资者Y于开户当日申请调整佣金，证券公司营业部在调佣前与投资者Y电话确认的过程中，向投资者Y明确了账户佣金设置是多少，投资者Y也在电话中表示认可佣金调整结果，并提供了身份证号码验证了身份，事后证券公司营业部再未接到投资者Y进一步调整佣金的要求或申请。

但中证北京调解工作站从对投资者Y的问询中得知，投资者Y开户时首次调整佣金之后，又曾多次向其客户经理Z申请再次调整佣金，但客户经理Z均以已经向公司提出申请但公司未批准为由拒绝，投资者Y也提供了与客户经理Z沟通录音的证据。投资者Y认为，自己明确提出过佣金调整要求，理应得到回应，证券公司营业部应按照市场的最低佣金水平予以退回佣金差价。

经过调解员的沟通，证券公司营业部考虑到客户经理Z确实未向公司递交投资者Y的调佣申请，而告知投资者Y申请被拒绝，也未能在之后的服务过程中与投资者Y在佣金问题上达成一致，未能妥善处理好投资者Y的降佣诉求，愿意补偿部分佣金以达成和解。但每家证券公司的服务经营情况均不同，无法按照市场的最低佣金水平作为标准进行补偿。

在此基础上，调解员与投资者Y进行了进一步沟通，向其解释尽管录音表明投资者Y确实曾提出过佣金调整，但无法举证具体日期。且投资者Y除向证券公司营业部客户经理Z提出过调整佣金的要求外，完全也可以通过其他途径提出调佣申请,因此投资者Y自身也应承担一定责任。同时,每家证券公司的服务和佣金政策确实不同,证券公司营业部提出的佣金价格属于市场上的正常范围。

最终,双方均自愿接受调解员给出的佣金差额算法解决方案,投资者Y和证券公司营业部双方最终达成合意,签订了调解协议。

四、案例分析

尽管本案最终得到妥善解决,但是从这个案例中可以发现,由于证券交易佣金会影响投资者、证券公司客户经理及证券公司三方的利益,如何能够达成平衡使三方共赢,需要从多方位、多角度去考虑才行。

在此,笔者从佣金的定义、佣金的收取标准、佣金的历史等几个方面尝试进行以下分析,并提出部分解决思路。

1. 佣金的定义

根据《关于调整证券交易佣金收取标准的通知》的规定,证券公司收取的证券交易佣金是证券公司为客户提供证券代理买卖服务收取的报酬。证券公司营业部正是通过客户经理为投资者提供服务,并赚取交易佣金提成。由此可见,佣金的本质是体现了证券公司通过其客户经理向投资者提供的服务,提供了多少服务,就收取多少佣金,这是通常的理解。

而在本案中,投资者Y是在交易获利之后,向其朋友X展示利润时,被告知行业内的佣金标准要低于自己与证券公司营业部约定的标准,进而要求证券公司营业部再次调整佣金。

交易佣金收取多少,本是证券公司与客户之间双方的约定,为何投资者Y受到其朋友X的影响就要求改变约定,而客户经理Z与投资者Y的交流却只能用欺骗的方式来推搪呢?尽管投资者Y与客户经理Z都在追寻自身利益最大化,但由此也可以看出,客户经理Z提供的服务,并不能直观的与佣金挂钩,所以投资者Y才会更相信自己的朋友X而不是证券公司。

2. 佣金的收取标准

根据《关于调整证券交易佣金收取标准的通知》的规定,证券交易佣金可由证券公司与客户双方本着平等、自愿、公平、诚实信用的原则协商确定收取标准。各证券公司应根据自身的实际情况制定本公司的佣金收取标准。

由此可见，佣金的设置应当以证券公司及客户双方的实际情况为准。但在实际操作过程中，因为佣金标准的不够公开、透明，导致证券公司营业部与投资者往往会陷入纠缠，再加上客户经理自身利益诉求，最终无法达成共赢。

加之证券行业服务同质化、增量客户不足等情况，证券公司经常只能以降低佣金的方式来争夺存量市场，而不是致力于提高服务水平，最终使交易佣金的收取陷入"囚徒困境"。

3. 佣金的历史

从证券行业发展的历史来看，根据《关于调整证券交易佣金收取标准的通知》的规定，A 股、B 股、证券投资基金的交易佣金实行最高上限向下浮动制度，证券公司向客户收取的佣金（包括代收的证券交易监管费和证券交易所手续费等）不得高于证券交易金额的 3‰，也不得低于代收的证券交易监管费和证券交易所手续费等。A 股、证券投资基金每笔交易佣金不足人民币 5 元的，按 5 元收取；B 股每笔交易佣金不足 1 美元或 5 港元的，按 1 美元或 5 港元收取。

由于通知是设置最高上限向下浮动制度，加之当时的证券行业属于卖方市场，证券公司无须提供服务也不缺少客户，因此往往是按照上限的 3‰来设置佣金。

随着证券行业市场化的逐步推进，佣金逐步下滑，为避免恶性竞争，各地方会根据当地情况采用"划红线""一刀切"等方式规定佣金标准。

随着多层次证券市场的形成、投资产品的丰富、营销方式的改变，证券公司客户数量迅速增长，客户结构、客户需求日趋复杂和多样，处于同质化竞争阶段的证券经纪业务客户服务和证券交易佣金管理面临严峻的挑战。

为推动证券公司增强合规经营意识，提升客户服务水平，保护投资者合法权益，促进证券经纪业务健康、持续发展，中国证券业协会于 2010 年发布了《关于进一步加强证券公司客户服务和证券交易佣金管理工作的通知》，规定证券公司向客户收取的证券交易佣金应当以证券经纪业务服务成本为基础，证券经纪业务服务成本应采取全成本核算的方式。

而随着部分证券经营机构利用互联网（含移动互联网）等新技术开展证券经纪业务活动，在提高客户服务能力、降低市场交易成本的同时，也暴露了一些问题。为进一步支持证券公司依法、合规、稳健开展业务，切实保护投资者合法权益，中国证监会于 2014 年发布了《关于进一步规范证券经纪业务活动有关事项的通知》,要求严格依照《反垄断法》、《反不正当竞争法》及《关于调整证券交易佣金收取标准的通知》的规定,确定佣金收费标准、实施佣金自律管理,强调不得以任何形式实施垄断,不得以任何形式开展不正当竞争,不得过度宣传、虚假宣传误导投资者。

尽管随着证券行业的发展,佣金收取的标准越来越市场化,但是收取机制却没有太大的改变,也一直未能完善解决投资者、证券公司客户经理及证券公司三方利益不一致的问题。

如何改善交易佣金收取机制,协调投资者、证券公司客户经理及证券公司三方利益,努力实现共赢,笔者建议可从以下几个角度进行尝试。

1. 加强从业人员职业道德培养

根据 2020 年施行的《证券法》第 57 条的规定,禁止证券公司及其从业人员从事其他违背客户真实意思表示,损害客户利益的行为,给客户造成损失的,应当依法承担赔偿责任。

2018 年施行的《证券期货经营机构及其工作人员廉洁从业规定》(证监会令第 145 号)第 2 条规定:廉洁从业,是指证券期货经营机构及其工作人员在开展证券期货业务及相关活动中,严格遵守法律法规、中国证监会的规定和行业自律规则,遵守社会公德、商业道德、职业道德和行为规范,公平竞争,合规经营,忠实勤勉,诚实守信,不直接或者间接向他人输送不正当利益或者谋取不正当利益。

加强从业人员职业道德培养,树立以客户利益优先的职业素养,是证券经营机构最重要的工作。

2. 设置灵活多样的佣金收取机制

2020 年施行的《证券投资顾问业务暂行规定》(证监会公告〔2020〕20 号)第 23 条规定:证券公司、证券投资咨询机构应当按照公平、合理、自愿的原则,与客户协商并书面约定收取证券投资顾问服务费用的安排,可以按照服务期限、客户资产规模收取服务费用,也可以采用差别佣金等其他方式收取服务费用。

交易佣金的设置,完全可以参考这个规定,根据客户资金量、交易量等多种指标设置佣金水平,并可以根据时间长短进行佣金调整,改变过去千人同面、“一调定终身”的固定佣金服务制。

3. 建立公开有效的客户支持系统

道德约束是底线，为了不损害客户利益，还需要通过技术手段来进行保证。

不仅应在营业场所公布佣金收取标准，还需通过交易软件、App 等渠道，公开发布交易佣金的计算指标，让客户能够直观地看到自己申请佣金设置的权限，并可以发起调佣申请，同时通知客户经理和营业部后台，保证投资者需求的有效送达。

4. 加强投资者教育，打造理性投资的成熟资本市场

随着“投资者保护”作为专章写入《证券法》并于 2020 年正式施行，建立起了“以结果为导向”的投资者保护制度，强调了投资者权益保护，实现了我国投资者保护证券立法集中规定从无到有的进步，是重大的制度创新。

新《证券法》中“投资者”一词出现了 84 次，远高于修订前《证券法》中的 28 次，“投资者保护”专章包括第 88 条至第 95 条共计 8 条的内容，体现了立法者对投资者保护的重视，可以说新《证券法》对投资者的保护是全面且丰富的。

但投资者保护，不是一味地限制证券经营机构，而是要培养理性投资者，建立成熟的资本市场。因此，投资者教育工作成为社会、监管、证券法、投资者及证券公司的共同要求，是证券行业从业人员开展各类业务的基础。

面对不确定的市场，投资者的买卖行为往往是在情绪的驱动下作出的，所以需要投资者教育不断地调整投资者的情绪，使其作出理性的决策。投资者教育就是建立证券公司与投资者的信任关系，有了信任才有资本市场的未来。

证券公司需要把投资者教育工作由监管部门要求向证券公司自主需求转变。积极探索建立以客户需求为导向、以财富管理为目的、以适当性制度为基础、以强化咨询服务能力为内容的投资者教育和服务体系。

倡导理性投资、价值投资、长期投资可能短期内会对证券公司盈利产生一定的影响，但从长远来看，投资者的利益、证券公司的发展壮大在根本上是一致的。因此，改善市场生态和投资文化，进一步巩固市场基础，促进市场不断走向成熟，不仅有利于实现资本市场作为居民理财场所作用的发挥，而且有利于建立证券公司和投资者之间更长期、更稳固的关系，从而实现可持续的发展。

资本市场的持续健康发展与投资者的成长成熟紧密相关，投资者群体的理念、行为、结构，在很大程度上决定着资本市场的整体发展水平。

尊重投资者、敬畏投资者、保护投资者，是证券公司义不容辞的责任。

案例5:证券从业人员违规代客炒股纠纷案例分析

李祥文*

一、案情提要

投资者X某一直被股市的高收益率吸引,希望能借着二级市场的东风实现高额回报。但因其对股市了解不深,一直没有成行。后来经人介绍认识了任职于某知名证券公司的W某,两人相谈十分投机,于是X某在W某的帮助下,到该证券公司某营业部开通了个人股票账户。

账户开通后,X某因忙于生意无暇兼顾,在股票买卖操作中完全跟随W某的建议买进卖出。初期恰逢牛市,X某在W某的建议下频频营利,两人关系更加亲密,X某索性将账户密码交给W某,由W某全权负责股票买进卖出事宜,并口头约定了盈利分配比例。而证券公司在发现X某账户登录异常后,多次致电X某回访,X某均承诺是由本人亲自操作账户。

没过多久,股市进入"寒冬期"。涌入市场的杠杆资金入市推动了牛市,但因投资者杠杆配比过高,引起了监管部门的注意、重视,严查杠杆资金入市。监管部门介入后,行情迅速转向,短短几个交易日内,无数加了杠杆的账户爆仓,很多在实业界打拼了多年的成功企业主一夜之间身家归零。据中国证券登记结算有限责任公司的统计,股灾期间平均每个投资者市值缩水接近24万元。X某的账户也没有躲过这轮亏损暴击,半年的时间亏损了50余万元。眼看短时间翻盘无望,X某与W

* 中证河南调解工作站公益调解员。

某的友好关系也逐渐淡化、恶劣,失去对W某的信任后还曾将自己的账户委托过其他几个朋友进行操作,但仍然无法挽回损失。两人关系逐渐降至冰点,直到某天,X某正式提出,股票赔钱是因为W某操作失误,要求W某赔偿X某炒股的损失。W某认为自己不应当赔偿X某损失,双方发生纠纷,X某向W某所在证券公司营业部投诉,要求证券公司承担全部损失并按银行理财收益赔偿。证券公司解雇了W某,并向中证河南调解工作站申请调解。

二、双方诉求

X某认为W某作为证券从业人员,违背职业道德及相关规定代客理财,应当赔偿其所有损失。

W某认为自己因难抵朋友X某再三请求,才帮其进行一些操作,并且在几次新股申购中还挣了些钱。X某将自己的账户委托过好几个朋友操作,不能将所有损失都让W某一人承担。W某因X某的投诉被证券公司解聘后,更是无力负担X某的损失。

证券公司认为,W某的行为系个人行为,与公司无关,且证券公司已经对X某进行过充分的风险告知,在监测到其账户出现异常后也多次电话回访、一再强调不能将账户密码交给他人,不应当承担X某的损失。

三、调解经过

中证河南调解工作站接到调解请求后,迅速响应,指定专门工作人员与纠纷双方取得联系、倾听诉求。在确认了基础事实后,在争议双方的要求下,组建了由执业律师作为主调解员的案件调解小组,并商定时间进行现场调解。现场调解参考了民事诉讼的流程,一共进行了将近4个小时。调解小组主要把握了以下几个调解原则。

首先,给予双方充分表达的机会。调解员们要求争议双方轮次发言,一方发言过程中另外一方不得打断,且发言过程中不得使用侮辱、贬损对方人格的语言,尽量只讲客观事实,不推测、不揣测。

其次,重大争议事实的确认应当结合证据。在双方关系融洽时,很多事情都心照不宣,过后逐渐淡忘。调解员要求双方提供对自己有利的证据,尽快确认事实,并帮助对方回忆当时的真实情况。在本次纠纷中,X 某一直埋怨 W 某操盘不当,未把握好买入、卖出时机才造成损失;W 某当场展示了其与 X 某部分聊天记录,证实在半年多的时间里,X 某还将其证券账号密码告诉过其他两三个朋友进行操作。此外,证券公司在 X 某开户时,也通过录音录像的方式固定了向 X 某揭示投资风险以及多次提示 X 某不得向任何人泄露其账户信息的事实。

再次,为双方沟通营造良好氛围。为了缓解双方之间的对立气氛,调解小组借鉴了法院家事调解法庭设置,选择了圆桌调解,拉近了双方的心理距离。此外,调解员在调解过程中时刻关注双方情绪状态,适时引导争议双方理性表达,及时中断容易引发冲突的无关话题。当双方情绪激动、需要冷静的时候,暂停当面调解,采取背靠背调解方式缓和矛盾。

最后,调解工作需要投入极大的耐心。争议的发生是日积月累的,想要化解矛盾需要时间和精力,更需要调解员们的智慧和技巧。在调解过程中,主调解员适时向纠纷双方当事人诉说了自己的炒股经历,以出色的共情技巧赢得了双方的信任;随后又利用自己的专业优势,从法律规定的角度剖理析法,分析了调解不成、进入诉讼程序后,双方可能面临的诉讼风险。最终,通过晓之以理、动之以情的方式,使双方达成了一致意见:W 某同意以个人名义补偿 X 某自开户炒股以来产生的损失的 30%;X 某不得再以本案事由纠缠、投诉 W 某或 W 某曾经任职的证券公司。纠纷双方当事人对调解小组的调解过程及结果均表示认可,最终签署了和解协议。

四、案例剖析

本案纠纷在中证河南调解工作站调解员们耐心、细心的调解中得到化解,取得了良好的效果。但从法律角度仔细剖析各方行为,有许多经验教训需要吸取。

(一)W 某的责任

《证券法》第 40 条明文规定,除实施股权激励计划或者员工持股计划的证券公司的从业人员外,"证券交易场所、证券公司和证券登记结算机构的从业人员,证券监督管理机构的工作人员以及法律、行政法规规定禁止参与股票交易的其他人员,在任期或者法定限期内,不得直接或者以化名、借他人名义持有、买卖股票或者其他具有股权性质的证券,也不得收受他人赠送的股票或者其他具有股权性质的证券”。

《证券法》第221条规定:“违反法律、行政法规或者国务院证券监督管理机构的有关规定,情节严重的,国务院证券监督管理机构可以对有关责任人员采取证券市场禁入的措施。前款所称证券市场禁入,是指在一定期限内直至终身不得从事证券业务、证券服务业务,不得担任证券发行人的董事、监事、高级管理人员,或者一定期限内不得在证券交易所、国务院批准的其他全国性证券交易场所交易证券的制度。”

也就是说,W某作为证券公司的从业人员,是不得进入二级市场进行股票买卖交易的。W某帮助X某在自己供职的证券公司开设股票账户,本身是合法的职务行为;但其代客炒股,并收取分成的行为,就违反了《证券法》的规定。如果情节达到严重的程度,证监会还可对W某作出市场禁入的处罚,以实现对证券市场秩序的清理,减少不法行为对市场的重复、长期侵害。

(二)X某的责任

X某作为有完全民事行为能力的自然人,应当对股票二级市场投资的风险有充分的了解和认知。一旦作出了进入股市的决定,就应当端正心态,盈亏自负。X某不仅将股票账户密码委托给W某,还泄露给其他数人进行操作,这不仅是对证券市场环境的侵害,也是对自己的不负责。造成大额亏损的结果,其应当承担主要责任。

(三)证券公司的责任

《证券法》第136条第1款规定:“证券公司的从业人员在证券交易活动中,执行所属的证券公司的指令或者利用职务违反交易规则的,由所属的证券公司承担全部责任。”因此,本案中证券公司是否应当承担赔偿责任的关键在于W某职务行为的认定。在判断W某行为是否职务行为时,应当就W某是否履行了单位规章制度的要求、职务的范围、实施行为的名义和目的等方面综合判断。

在本案中,W某帮助X某开设股票账户的行为属于职务行为。但后期接受X某委托代为炒股、约定分成等行为,明显违反了《证券法》及证券公司规章制度的要求,追求目标是自己获利,而不是为了公司。且证券公司在为X某开设股票账户过程中,多次向其告知投资风险,并进行了录音录像。录像显示,证券公司曾多次提示 X 某,不得将其账户信息向任何人泄露。在证券公司发现 X 某账户登录异常时,还多次电话回访并继续提示账户应当保密。证券公司已竭尽所能履行提示义务,不存在过错。

五、案件启示

(一)投资者:股市有风险,入市需谨慎

1. 投资者应增强风险意识

中小投资者缺乏对股市的了解,容易盲目相信身边熟人掌握的“内幕消息”,相信自己能成为随着牛市冲上高峰的那一小撮“幸运儿”,而完全忽视了股票投资收益高但是风险更高的常识。这都是缺乏对市场的正确认识和对自己的客观评价的表现。

投资者应当客观评估自己的风险承受能力,对自己能承受多少损失有理性的判断。在此基础上,注意风险把控优先于可得利益,尽可能控制损失规模,不要等到发现“输不起”的时候才悔之晚矣;更不能加高杠杆借钱炒股。

2. 保持平常心,知足自律

炒股的核心是买入卖出的时机把控,需要技术和经验,更需要保持平常心。摆正心态后才能克服恐惧、贪婪和急功近利,更好地识别风险、甄别机遇,从而在实战中提高自己的技术水平。一旦被贪婪和恐惧占据,就容易因为举棋不定而错失最佳时机,不能及时出局。很多投资者为自己制订了科学的投资计划,但真正进入股市后就把计划抛诸脑后,一旦盈利就想再赚一点点;亏损了又不能做到及时止损,最终造成损失扩大。

(二)证券公司:谨守职业道德,约束员工行为

1. 加强对员工的约束管理

证券资产管理业务是证券公司与客户签订书面资产管理合同后,证券公司接受客户的委托、使用客户资产进行投资的证券资产管理业务;投资所产生的收益由客户享有,损失由客户承担,证券公司可以按照约定收取管理费用。与证券公司资产管理业务不同,代客理财属于证券从业人员的个人行为,违反了《证券法》关于证

券从业人员职业禁止性规定。为了配合监管机构规范市场秩序，证券公司严禁从业人员代客理财，并以电话回访方式对投资者进行风险揭示。由于代客理财的行为十分常见，证券公司除对从业人员进行日常的员工培训外，通常会采取开展合规培训、进行合规管理、组织签署廉洁合规承诺书等综合方式，对从业人员进行管理。

2. 履行通知告知义务

证券公司通常会建立完善的通知、告知流程。本案中的证券公司，正是因为严格遵守对投资人的告知制度，才成功免除了赔偿责任。随着通信科技的不断进步，通知告知方式也在不断丰富。为了突破传统单一通知送达的局限性，证券公司需要及时跟进新的通信方式，在尊重用户体验的前提下，将风险告知内容问候化、日常化。

(三)调解机构：做好充分准备，响应市场需求

1. 建立证券纠纷调解工作人才库

随着证券市场的发展，中小投资者权益受损的案件越来越多，纠纷调解需求不断增加。调解机构通常会邀请法官、律师、证券监督管理部门或其他具有丰富证券专业知识的人员组成调解团队对个案进行调解。但是目前调解团队成员大部分都是兼职调解，主要精力还是集中在其本职工作上。在安排个案调解、组建调解团队时，各个调解员之间通常并不相熟，互相配合缺乏默契。这样调解团队将无法满足市场需求，也不利于将证券调解工作专业化。

专业的团队需要专业的人才。证券纠纷通常具有一定的专业性、复杂性，纠纷的调解必须要有法律、金融、证券等各个领域的专业知识。而拥有行业知识的行业专家通常无法担任专业调解员职务，因此有必要在建立行业专家库的同时，培养专业的证券调解团队，专职从事证券纠纷调解。以"专业调解员＋行业专家"的结构搭建个案调解团队，以满足市场需要。

2. 善用司法确认、调执对接

虽然调解具有各种优点，也无法弥补协议性质的缺陷。以调解方式化解证券纠纷，究其实质是纠纷当事人对自身权益的自愿处置。调解协议本质是合同，不具备生效裁判文书的既判力和强制执行力。因此，实践中存在因担心对方反悔而难以达成一致意见的情况。只有经由人民法院司法确认的具有给付内容的调解协议才能获得强制执行力。

为此,我国《民事诉讼法》第 194 条专门规定了调解协议的司法确认制度。2018 年 11 月 13 日,最高人民法院、中国证监会下发了《关于全面推进证券期货纠纷多元化解机制建设的意见》(法〔2018〕305 号),特别强调了证券期货监管机构、调解组织的非诉讼调解、先行赔付等,均可与司法诉讼对接。经调解组织主持调解达成的调解协议,具有民事合同性质;在调解员和调解组织签字盖章后,当事人可以申请有管辖权的人民法院确认其效力。经人民法院确认有效的具有明确给付主体和给付内容的调解协议,可向人民法院申请强制执行。

在调解协议司法确认的管辖方面,最高人民法院发布的《关于建立健全诉讼与非诉讼相衔接的矛盾纠纷解决机制的若干意见》第 21 条明确规定,当事人可以在调解协议中选择当事人住所地、调解协议履行地、调解协议签订地、标的物所在地基层人民法院对调解协议进行司法确认,但不得违反法律关于专属管辖的规定。

3. 加强调解经验沟通交流

自 2016 年 5 月 25 日最高人民法院、中国证监会共同发布《关于在全国部分地区开展证券期货纠纷多元化解机制试点工作的通知》以来,中小投资者纠纷调解制度已经运营了 4 年。这 4 年中有过未能调解成功的遗憾,而更多的是成功化解纠纷的宝贵经验,应当时常交流传播。例如,纠纷双方敌对情绪强烈、互相失去信任的时候,要想推进调解工作就必须让双方重建信任。但在双方都不愿意让步的情况下,可以尝试通过以下途径"破冰"。

第一,资金提存公证。由可能承担赔偿责任的一方在愿意承担的范围内,先拿出部分资金进行提存公证,以表示调解诚意,使投资者得到现实的心理安慰,进而放下执念、缓和关系。资金提存公证通常对化解冲突激烈的纠纷有奇效,因为办理提存公证首先需要双方共同签订资金提存协议书,这个过程需要双方互相配合,在配合的过程中增加合作性接触,促使双方逐步恢复信任,创造一个良好的调解氛围。此外,提存资金也是对调解协议的执行的一种保障。经过公证后,投资者就能在完成调解协议约定义务后依照公证文书提取资金,方便快捷。

第二,设立调解共管账户。由纠纷双方与银行签订协议建立共管账户,委托银行对指定账户内的资金用途进行专项管理,在双方就账户资金的使用方式达成一致意见后,由银行按照约定拨付。如果调解失败,双方无法达成一致意见,纠纷双方亦可在后续民事诉讼过程中请求法院依法裁判。

案例6:利益诱惑不着迷　代客理财莫沾边　投资决策靠自己　全权委托要担责

——基于证券从业人员“代客理财”纠纷调解实践

陈熠昕[*]　张晓芙[**]

一、引　　言

什么是代客理财？代客理财通俗地说就是专业的理财机构或个人为客户提供理财服务,并收取酬金。依照我国的法律法规,基金公司从事的基金业务,证券公司、期货公司开展的资产管理业务均具有“受人之托、代客理财”的业务本质,但对于证券期货从业人员个人接受投资者全权委托,代客操作、代客理财及约定收益分成等则是明令禁止的违法违规行为。

《证券法》第136条规定:“证券公司的从业人员在证券交易活动中,执行所属的证券公司的指令或者利用职务违反交易规则的,由所属的证券公司承担全部责任。证券公司的从业人员不得私下接受客户委托买卖证券。”

中国证券业协会发布的《证券业从业人员执业行为准则》中明确要求从业人员不得从事涉及“代客理财”的活动有:“(七)买卖法律明文禁止买卖的证券”及“(九)违规向客户做出投资不受损失或保证最低收益的承诺”。

中国期货业协会发布的《期货从业人员执业行为准则》中也明确规定“期货公司的从业人员不得以个人名义接受客户委托代理客户从事期货交易”。

从以上法律、规章的明示条款中不难看出,证券期货监管部门与行业自律组织

---

* 甘肃证券期货业协会副秘书长。

** 甘肃证券期货业协会纠纷调解部副主任(主持工作)。

规范行业健康有序稳定发展,保护投资者合法权益的初衷与决心。

近年来,个别从业人员为贪图不正当利益,罔顾法律禁令,淡漠职业道德,挖空心思,规避监管,绕开禁止性规定,为客户介绍亲戚、朋友或他人代理交易,甚或铤而走险,通过征用客户名义开通的电子设备明里暗里亲自操盘。上述行为如出现交易亏损产生纠纷,往往因缺少从业人员直接"代客理财"的相关证据,在性质认定与责任划分上存在难度,导致纠纷不易化解。

中证甘肃调解工作站在借鉴相关司法判例的基础上,成功调解了2起证券从业人员虽未直接代客操作但仍牵涉其中的"代客理财"纠纷,通过分享实践案例,与读者共同探讨,希望对中小投资者维权、经营主体规范经营、从业人员汲取教训及以后的案件调解工作有所帮助,不妥之处还望批评指正。

二、案例一:从业人员家属"代客理财"案例

(一)案件概要

投资者贺某是某证券营业部从业人员杨某开发的客户,在杨某建立的微信服务群里结识成某,并与成某私下口头约定由成某全权代理证券交易及盈利分成。成某于2017年7月底开始操作贺某账户,至2019年年初,在未告知贺某的情况下清仓账户股票,最终亏损23万余元,其间杨某因个人原因从营业部离职。贺某获悉成某与杨某系夫妻关系,非常恼火并与其发生争执,多次要求赔偿未果,向营业部及公司总部投诉均未得到妥善解决,由此产生纠纷。

(二)主要争议

贺某认为,杨某作为从业人员,有意将配偶成某推荐给自己进行代客理财,成某擅自清仓导致实际亏损,应该由成、杨夫妻二人赔偿全部损失;杨某现已离职,营业部对杨某任职期间具有管理义务应承担连带责任。营业部认为,投资者贺某系手机开户,开户界面有不能全权委托从业人员或他人代理账户操作的风险提示,营业部对员工也进行过相关合规培训,对双方都已经尽到了风险警示和教育义务,不应承担赔偿责任。杨某坚称自己从未亲自参与对贺某证券账户的操作,投资决策和收益分成均系贺某与成某私下约定,自己之前尚不知情,现在出现纠纷仅愿意按贺某与成某约定的分成比例(一九分成)补偿部分损失。

（三）调解过程及结果

在接到调解申请后，中证甘肃调解工作站征询三方当事人同意，正式进入调解程序。调解员首先就贺某反映的情况向杨某和营业部进行了解，调解员向杨某分析指出，现有证据无法帮助其洗清“从业人员代客理财”嫌疑，其与成某系夫妻关系，作为牵线人和知情人，杨某应承担相应的责任。在调解员耐心的释法明理下，杨某表示愿意与配偶商议尽力与贺某达成和解。对于营业部，调解员列举了近期类似的监管处罚案例，说明营业部即便能自证不知情，仍可能会因“未能有效防范员工不当行为、未能及时发现并有效实施合规管理”被采取监管措施。杨某虽已离职，营业部应积极协调，促成和解才是三方损失最小化的解决途径。最终营业部表示会积极配合。

接下来，调解员向贺某指出，其未遵守开户协议与风险提示相关要求，主动将自己的账户和密码提供给他人，全权委托他人进行操作，就不得不面临由他人操作账户带来的风险，承担部分损失。同时，调解员帮助贺某分析了其面临的困境：（1）定性难，从业人员代客理财明令禁止，但在本案中具有隐蔽性，虽然不排除员工亲自参与的可能性，但尚无直接证据；（2）获赔难，即便事件定性有利于贺某，杨某因此受到行政处罚，但罚金无助于弥补贺某实际损失；（3）诉讼难，如采取诉讼渠道，借鉴已有判例，贺某与成某之间很可能会被认定为民间代客理财行为，贺某与成某为口头约定，难以提供有效证据；（4）追偿难，杨某现已离职，如果贺某不依不饶，双方反目，将很难顺利拿到赔偿。调解员也向贺某分析了有利因素：营业部在积极配合，主动协调杨某化解纠纷；杨某也认识到不能免责，愿意适当提高和解金额。贺某表示认可，愿意作出适当让步。

通过多次电话沟通及现场调解，最后确定了由杨某一次性补偿成某操作贺某股票账户实际亏损额的30%这一调解方案，三方最终签署了调解协议。为防止纠纷反复，经三方当事人申请，人民法院为调解协议作出民事裁定，确认协议有效。

三、案例二：介绍他人代客理财案例

（一）案件概要

李某被委派至某新设营业部担任总经理，扭亏为赢心切，2016年10月，在结识王某后得知其手头有闲置资金,希望王某在自己营业部开立证券账户。王某称自己不太懂股票投资,投资多年一直未能盈利。李某于是介绍王某与投资者刘某认识,并多次向王某展示刘某股票账户的盈利情况。此后三人兄弟相称,关系甚好。2016 年 11 月,王某在李某任职营业部开立证券账户,向账户转入资金 80 万元,并将账号及密码告知刘某,由刘某全权代理操作,双方口头约定分成比例(二八分成)。刘某初始操作盈利 5 万元后,王某按约定将 1 万元分成款交付给李某,由李某转交刘某。随后持仓股票开始下跌,亏损不断加大。刘某提出与王某分别向账户增资 15 万元,通过再次操作弥补之前亏损并进行盈利分成,如若再次亏损自己出资的 15 万元就权当是贴补亏空,王某欣然接受刘某提议。但最终只有王某向账户转入了 15 万元,而刘某则出尔反尔背弃约定,甚至不再操作任由王某账户亏损持续扩大。心急如焚的王某找李某协商才得知刘某原系做生意的外地人,如今已人去屋空,不知所踪。王某无奈只好自行止损,最终亏损 47 万余元。

王某与李某协商解决方案,希望能通过李某找到刘某追回损失。李某多次联系刘某未果,王某直接向李某索赔。李某向其支付了 3700 元后拒绝就此事再作沟通,双方矛盾不断升级,往日“兄弟情分”化为乌有。王某于是向地方监管部门投诉,要求李某赔偿刘某操作自己账户的全部亏损 47.1 万元。监管部门将投诉转办至调解工作站。

(二)主要争议

调解工作站在接到转办单后,向李某所在公司总部告知了相关情况,公司总部高度重视,立即对李某作出了停职处理,并责成相关人员积极配合,提供相关材料,还原事实真相,妥善化解纠纷。

调解工作站分别向当事人了解情况,双方所述基本一致。争议在于李某对刘某操作王某账户所造成的亏损是否应该担责。李某认为自己只是双方结识的介绍人,王某作为具有完全民事行为能力的个人,自主决定将股票账户交由刘某操作,收益与损失都与己无关,不应承担赔偿责任;王某则认为,自己是出于对李某身份带来的信赖感才将股票账户交由刘某操作,李某在介绍过程中起到的是担保人的作用,现刘某已经失联,理应由李某对刘某造成损失承担介绍责任及连带责任,赔偿全部损失。

（三）调解过程及结果

2020年4月，王某正式向调解工作站提交了书面调解申请，经征询，李某及任职的证券营业部与公司总部均同意通过调解方式化解纠纷。

1. 在完整分析案情的基础上正确区分双方过错

从表面上看，李某只是中间介绍人，在通常情况下，介绍人是否需要承担责任需根据具体情况作出分析，如果介绍人收受佣金，在法律上需要承担相应的责任；介绍人未拿佣金，但在实际上如作为担保人，也需要承担责任。在本案中，初始盈利后的分成系由李某转交，李某无法提供自己未参与分成的相关证据，因而难以洗清"担保"嫌疑。

李某在介绍王、刘二人结识并达成私下代客理财口头协议的过程中，虽然未必是明确以担保人身份出现，但在实际上起到了担保的作用。且李某为提高营业部经营业绩，规避监管，怂恿王某将自己股票账户交由刘某操作，未向王某揭示股票市场本身所特有的投资风险，煽动投资者对财富不切实际的心理预期，李某的经理身份也给王某心理带来了一定的权威效应，综上所述，调解员指出李某应该承担一定的损失赔偿责任。李某最终表示接受。

调解员接下来向王某指出，其未遵守不能将自己的账户和密码提供给他人的开户协议与风险提示相关要求，轻信他人有稳赚不赔的能力和盈利捷径，就不得不承担部分损失。且股票市场本就具有风险，投资行为岂能万无一失。王某也认识到了自己的轻率，愿意降低诉求。

2. 在帮助分析各自处境的基础上划分双方责任

调解员分析认为，本案调解成功的关键取决于双方责任的合理划分及损失承担比例的确定，双方目前在和解赔偿金额上还存在明显差距，为解决这一争议点，调解员认为要让双方清楚认识到各自的处境，彼此作出让步，达成和解才是双方损失最小化的解决途径。在本案中，李某不同于一般从业人员，其特殊身份有可能带累所在机构，新《证券法》设立了投资者保护专章，机构在与投资者的诉争中负有自证清白的举证义务。一旦与投资者的诉争升级，有可能会给所在机构带来监管风险和其他负面影响。只有积极作为，努力配合化解纷争，才能取得投资者及监管谅解。

而对于王某来说，如果调解不成，通过诉讼解决争端，借鉴已有判例，刘某并非从业人员，二人之间的委托关系很可能会被认定为民间代客理财行为，双方相关事宜均为口头约定，难以提供有效证据，且现在要找到刘某都并非易事。且在司法判决上，李某是否应该在王、刘二人的委托代理关系中承担连带责任存在很大不确定性（最高人民法院《关于审理民间借贷案件适用法律若干问题的规定》第 21 条规定，“他人在借据、收据、欠条等债权凭证或者借款合同上签字或者盖章，但未表明其保证人身份或者承担保证责任，或者通过其他事实不能推定其为保证人，出借人请求其承担保证责任的，人民法院不予支持”。可见司法认定上对担保责任具有严格要素）。三人间所有约定均停留在口头，没有证据支持判定李某的担保人作用，除非李某主动担责。王某最终能够挽回多少损失，终究取决于对方所能接受的程度，如果要价太高不能通过调解达成和解，王某很难追回损失。

在调解人员的反复沟通下，王某渐渐降低了期望值，李某也逐渐认识到了自己的责任，为成功调解本案奠定了基础。

3. 达成合意，多方努力终结果

调解人员通过多次平衡双方意愿，提出和解方案：李某承担刘某操作王某账户造成损失的 40% 作为居间介绍责任的补偿金，一次性了结本纠纷，双方最终同意了和解方案，在调解工作站的主导下签署了调解协议，并建议三方利用辖区证券期货纠纷多元化解机制，申请兰州市城关区人民法院为该起纠纷案件调解协议进行司法确认，打消了被诉方对投资者获赔后仍反复投诉风险的担忧，也为投资者全额拿到和解金提供了法律保障。

四、证券从业人员代客理财赔偿责任辨析

关于证券从业人员代客理财或通过规避监管衍生而来的介绍他人代客理财应该承担何种责任，下面从行业要求和法律层面分别作简要辨析。

（一）基于行业法律法规的责任认定

1. 监管部门对证券从业人员代客理财的行政处罚

新旧两版《证券法》均明确规定“证券公司的从业人员不得私下接受客户委托买卖证券”，对从业人员违法行为均设有较高的罚款惩戒措施，且新法更为严厉。

对于从业人员代客理财行为，证监会及各地派出机构近年来均不乏处罚案例。

2018年6月，北京证监局对宏信证券北京广渠路营业部理财经理刘某私下接受7个客户委托买卖证券行为进行行政处罚，责令刘某改正，给予警告，没收违法所得，并处以罚款10万元[中国证券监督管理委员会北京监管局行政处罚决定书〔2018〕6号（刘某）]；2018年10月，广东证监局对安信证券潮州潮安营业部从业人员叶某私下接受客户委托买卖证券的行为进行行政处罚，对叶某给予警告，并处以20万元罚款[中国证券监督管理委员会广东监管局行政处罚决定书〔2018〕17号（叶某）]。2018年，中国证监会还依法惩处了证券从业人员蒋某某、黄某某、徐某等人私下接受客户委托进行证券交易的行为，以及证券从业人员独某、谢某、贺某某等人在私下接受客户委托进行证券交易的同时，借用他人账户违规买卖股票的行为。

2. 监管部门对代客理财人员任职营业部的监管措施

牌照经营的证券公司对自己的员工负有严格的管理职责。《证券公司监督管理条例》第27条第1款规定："证券公司应当按照审慎经营的原则，建立健全风险管理与内部控制制度，防范和控制风险。"《证券法》第136条第1款规定："证券公司的从业人员在证券交易活动中，执行所属的证券公司的指令或者利用职务违反交易规则的，由所属的证券公司承担全部责任。"2019年8月，广东证监局对国信证券广东南海分公司员工私下接受客户委托买卖证券、借用客户名义买卖股票的行为，判定分公司"未能及时发现并有效实施合规管理"，"对回访时客户身份明显存疑的情况未采取进一步的核查措施"，采取了增加内部合规检查次数并提交合规检查报告的行政监管措施；2019年9月，吉林证监局对国泰君安证券四平中央西路营业部员工王某替客户办理证券交易操作、与客户约定分享投资收益的行为，判定营业部"内部控制不完善，未能有效防范员工违法违规风险，存在异常交易监控不到位、部分重要空白合同文本管理不到位的问题"，采取了责令改正的行政监管措施。由此可见，在对证券经营机构的监管导向上，立法逐渐加大了经营机构的主体管理责任，加大了对违法违规行为的处罚力度。

（二）基于民事基本法律的责任认定

在司法判决上，各地法官在具体判案过程中因理念不同往往可能对相似案件作出不同的裁决，也会在案件中具体分析细节，酌情确定责任划分。

1. 委托合同效力的认定

关于委托证券从业人员代理证券交易行为在司法上的效力如何，一直是一个颇具争议的问题。之前的观点认为,作为从业人员个人,私下接受客户委托理财,双方之间形成委托关系,虽然《证券法》规定禁止从业人员私下接受客户委托买卖证券,系法律强制性规定,但该规定的目的在于规范证券公司及从业人员的从业行为,证券公司及其从业人员违反会导致相应行政处罚,但从民事基本法律的角度看,《民法通则》第四章第二节代理、《合同法》第 21 章委托合同对委托分类、定义、范围等进行了规定,对委托代理是持开放态度的,并无其他条文专门对委托代理的效力加以限制,因而支持适用《民法通则》《合同法》,根据约定或者双方的责任承担损失。客户将证券账户交易密码告知他人,该委托关系不违反法律和行政法规的强制性规定,归为民间委托理财行为,民间委托理财没有违背《证券法》的禁止性规定,法院认定这类合同或约定有效。

持相反观点则认为,从《证券法》等金融法律法规的角度看,证券从业人员受托买卖证券行为违反了《证券法》的强制性规定,委托合同无效。对于该强制性规定,虽然没有明文规定其违反的后果是合同无效,但是符合《最高人民法院关于适用〈中华人民共和国合同法〉若干问题的解释(一)》第 10 条"当事人超越经营范围订立合同,人民法院不因此认定合同无效。但违反国家限制经营、特许经营以及法律、行政法规禁止经营规定的除外"这一规定范围。证券从业人员个人没有受托理财的经营范围,其代买证券理财的行为显然违反了《证券法》中对证券从业人员的禁止性规定,因而投资者与从业人员之间的委托代买证券理财行为属于超越经营范围订立合同的行为,并且违反了《证券法》的禁止经营规定,在法律认定上应属于无效行为。

近年来,后一种观点渐成主流。在 2020 年 3 月 11 日审结的任某、刘某民间委托理财合同纠纷中[(2019)粤 03 民终 14140 号],法院就认为,根据 2019 年 12 月 28 日修订前的《证券法》第 145 条的规定"证券公司及其从业人员不得未经过其依法设立的营业场所私下接受客户委托买卖证券",根据《合同法》第 52 条第 5 项的规定,作为证券从业人员与客户之间以买卖股票为内容的委托理财关系,因违反前述法律的强制性规定而为无效。

委托合同效力认定的差异,直接导致了赔偿责任划分的异同。

2. 责任分担比例的认定

因委托代买证券理财行为是否有效对委托人、受托人双方民事责任的承担有重大区分。若该行为有效,应属于委托代理关系范畴,双方之间权利义务可按委托合同的约定进行处理,因为炒股亏损或者拒付佣金等争议主要是参考合同约定,包括书面约定或口头约定。在合同有效的前提下,投资者通常会承担大部分亏损。

若委托代买证券理财行为在法律认定上属于无效行为,则根据合同无效的法律后果来判定相应责任。坚持过错与责任相一致的原则,投资者应通过主张损失的方式维护自身权利,关于损失的数额和责任承担,应以委托代理操作股票账户资产与移交账户时账户资产之差作为损失数额本金,双方根据过错对委托期间账户资产的减少承担相应责任。鉴于金融知识、法律法规常识和信息的不对等,在合同无效的情形下,法院通常会判定证券从业人员存在主要过错,需承担主要责任。

在前述的任某、刘某民间委托理财合同纠纷中,法院根据《合同法》第 58 条关于合同无效的法律后果规定,由当事人按其过错程度以及损失与过错之间的因果关系进行分担。关于损失分担比例问题,法院认为,作为证券从业人员违规接受委托,对于损失发生的过错程度较之委托人更大,而股票买卖属于高风险市场中的投资行为,也不能将亏损全部归咎于账户操作方,最终法院酌定由委托人自担 30% 的损失,受托人承担剩余亏损。

3. 涉事营业部责任的认定

在以往的司法判决中,如果营业部能够在事件过程中自证清白,即有可能免于承担法律责任。免责的情形如下:一是证券公司能自证不知情,且未提供任何便利,从业人员的行为并非职务行为,其私自接受客户全权委托系个人行为,从业人员之所以掌握客户的密码等信息,是客户主动提供,客户自身亦属违约行为,在证券公司无过错的情况下,需由客户和从业人员自行协商解决或通过其他途径解决;二是尽责无责,证券公司已严格禁止从业人员从事违规代客理财活动,采取了一系列的严密防范措施,并在对投资者的服务中进行了充分的风险揭示,对双方都已经尽到了教育和风险警示义务,在这样的情况下,如果投资者仍然私下委托从业人员为其理财,一旦产生亏损,证券公司无须承担法律责任,投资者只能向从业人员主张法律责任。

近年来,在监管趋严的态势下,营业部即便能自证不知情,仍可能会因“未能有效防范员工不当行为、未能及时发现并有效实施合规管理”被采取监管措施。相应地,在司法判决上,也需承担相应的责任。在 2019 年 10 月刘某某、申万宏源西部证券库尔勒滨河路营业部与代某财产损害赔偿纠纷判决中，法院认为，刘某某作为证券从业人员，在明知《证券法》与《执业行为准则》相关禁止性规定的情况下，仍然接受代某的委托直接操作代宏的股票账户，并未尽到谨慎注意义务，因此刘某某应对涉案账户的资金损失承担赔偿责任。代某作为入市炒股并具有一定经验的股民，未尽到审查注意义务，违法委托刘某某全权操作其股票账户，且疏于管理，也应对亏损承担责任。确定双方各承担 45% 的损失。申万宏源西部证券库尔勒滨河路营业部虽然在代某开户时已通过各类文件告知了代某相关责任，尽到了一定的警示及防范义务，但该部分内容属于格式条款，其并未尽到提示与说明的义务。并且营业部在管理及约束员工行为方面存在一定的疏漏，致使刘某某在任职期间有机可乘，私下接受代某的委托，存在一定的过错，判决其承担 10% 的赔偿责任。

综上所述，从业人员代客理财行为一经认定，即可能面临行政监管处罚，并承担相应的法律责任。随着近年来对投资者保护力度的加强，从业人员代客理财赔偿责任认定已由委托关系有效下的约定责任向基于委托关系无效后的过错责任认定转换，也是实质上由次要责任向主要责任的转换。

现实中，从业人员代客理财行为一直屡禁不止，摄于监管压力，有的已经衍生为介绍他人代客理财企图绕过监管，由于介绍的第三人并非从业人员，在司法认定上也只能倾向其属民间委托理财行为，导致情况变得更加复杂，纠纷双方分歧进一步扩大，投资者维权难度进一步加大。

通过行业调解的方式化解此类纠纷可能是双方利益最大化的优化选择。在调解实操中，涉及从业人员介绍他人代客理财的，调解人员会仔细甄别介绍人与操盘人的关系及起到的实际作用，结合法律法规与监管政策，参考行业惯例与行业通识，通过向当事人释法明理，合理划分双方责任，有效抓住各方利益痛点，适当运用调解技巧，可以争取纠纷的进一步化解。

五、案 件 启 示

1. 证券经营机构应当加强员工的内部管理与合规培训，采取有效手段规范员工的执业行为，使合规展业成为自觉行为。不能“重业务，轻合规”，在提升业绩的同时，应积极落实投资者保护责任，加强合规文化建设，实施全员合规、全面合规，通过进一步强化技术手段防范从业人员代客理财行为的发生。另外,证券经营机构要对《证券交易代理合同》中涉及投资者风险提示的格式条款格外关注,就该部分内容向投资者进行特别提示,真正尽到警示及防范义务。

2. 证券从业人员应严格自律,坚守职业道德底线,不触碰监管红线。加强自我规范,知法懂法不犯法,心中时刻警钟长鸣,坚守规则,树立良好的职业道德,珍惜工作和个人名誉,切实提升合规意识,规范从业行为,切不可心存侥幸,以身试法,损害他人,贻害自己。

3. 证券投资者应增强自我保护与风险防范意识,在决定签署《证券交易代理合同》、参与股票投资时,就应当意识到风险自担、买者自负,仔细阅读、切实领悟合同内容,对风险提示要认真对待,对自身财富要珍惜负责,切勿轻信从业人员或他人的投资能力,罔顾风险,明知从业人员代客理财违反法律,依然轻率盲从,最终导致损失。

4. 2015 年 3 月 16 日,中国证券业协会向各证券公司、证券投资咨询公司发布了《账户管理业务规则(征求意见稿)》,对账户管理业务的界定,是指取得证券投资咨询业务资格并符合规则条件的机构接受客户委托,就证券、基金、期货及相关金融产品的投资或交易作出价值分析或投资判断,代理客户执行账户投资或交易管理。征求意见稿的发布引发业内关于监管部门放松从业人员代客理财的相关猜想。但创新业务能否推出绝非易事,监管部门可能还需时间进行更加充分的风险考量,在此要特别提醒广大证券从业人员,该规则征求意见稿的发布并不代表相关业务的正式上线,切不可冒进尝试,在具体业务规则落地后,还需合法依规开展相关业务。就 2019 年 10 月 24 日中国证监会机构部发布的《关于做好公开募集证券投资基金投资顾问业务试点工作的通知》而言,该通知明确:“基金投资顾问业务按照‘试点先行、稳步推开’的步骤实施,监管部门将根据市场情况和试点效果,审慎稳妥扩大试点范围,有序推开。”“基金投资顾问试点机构从事基金投资顾问业务,可以接受客户委托,按照协议约定向其提供基金投资组合策略建议,并直接或者间接获取经济利益。”“根据与客户协议约定的投资组合策略,试点机构可以代客户作出具体基金投资品种、数量和买卖时机的决策,并代客户执行基金产品申购、赎回、转换等交易申请,开展管理型基金投资顾问服务。”公募基金投顾业务的“松绑”并不意味监管部门完全放开了从业人员可以接受投资者全权委托买卖证券。

此外,证券从业人员职业身份的天然优势让很多投资者误以为证券从业人员不仅具有专业经验,还有外部人员难以获得的“内部消息”。有些投资者不知道法律禁止证券从业人员私下接受客户委托买卖证券,但也有人“揣着明白装糊涂”,贪利犯险,盈利时千好万好,呼兄唤弟,亏损后便翻脸无情,假装无辜,向受托人追索全部损失。在此再次提醒广大从业人员与投资者,切莫贪恋一时利益,违反法律规定,私下约定“代客理财”。

5. 通过调解方式解决证券期货纠纷,具有申请便捷、程序简便、方式灵活以及成本低廉等优势,但调解协议本身不具有强制执行力,达成以后的执行和法律约束力问题,是纠纷双方共同关注的主要问题,即当一方不履行调解协议或者在履行后又提出新的权利主张时,调解协议未能真正完结纠纷。调解协议对当事人的约束力,可以通过司法确认的形式加以保障。可谓是行业调解机构以调止诉,借助司法确认定分止争。

案例7：证券公司从业人员涉嫌私下接受客户委托买卖证券纠纷调解案例

姚新战*

一、引　言

（一）证券经纪业务的概念

证券经纪业务简言之就是代理买卖有价证券的行为，又称代理买卖证券业务。它是证券公司最基本的一项业务，具体是指证券公司通过其设立的营业场所（证券营业部）和在证券交易所的席位，接受客户委托，按照客户的要求代理客户买卖证券的业务。

（二）证券经纪业务构成要素

（1）委托人。在证券经纪业务中，委托人是指，依国家法律法规的规定，可以进行证券买卖的自然人或法人。（2）证券经纪商。证券经纪商是指接受客户委托、代客买卖证券并以此收取佣金的中间人。证券经纪商不承担交易中的价格风险，向客户提供服务以收取佣金作为报酬。（3）证券交易所。在我国，证券交易所是依据国家有关法律，经国务院批准设立的提供证券集中竞价交易场所的不以营利为目的的法人。（4）证券交易的对象。证券交易对象是委托合同中的标的物，即委托的事项或交易的对象。

（三）证券经纪业务的特点

（1）业务对象的广泛性。所有上市交易的股票和债券都是证券经纪业务的对

* 中证资本市场法律服务中心调解员。

象,因此证券经纪业务的对象具有广泛性。(2)证券经纪商的中介性。证券经纪业务是一种代理活动,证券经纪商不以自己的资金进行证券买卖,也不承担交易中证券价格涨跌的风险,而是充当证券买方和卖方的代理人,发挥着沟通买卖双方和按一定的要求和规则迅速、准确地执行指令并代办手续,同时尽量使买卖双方按自己意愿成交的媒介作用,因此具有中介性的特点。(3)客户指令的权威性。在证券经纪业务中,客户是委托人,证券经纪商是受托人。证券经纪商要严格按照委托人的要求办理委托事务,这是证券经纪商对委托人的首要义务。委托人的指令具有权威性,证券经纪商必须严格地按照委托人指定的证券、数量、价格和有效时间买卖证券,不能自作主张,擅自改变委托人的意愿。(4)客户资料的保密性。在证券经纪业务中,委托人的资料关系到其资产安全和投资决策的实施,证券经纪商有义务为客户保密,但法律另有规定的除外。保密的资料包括:客户开户的基本情况,如股东账户和资金账户的账号和密码;客户委托的有关事项,如买卖哪种证券、买卖证券的数量和价格等;客户股东账户中的库存证券种类和数量、资金账户中的资金余额等。如因证券经纪商泄露客户资料而造成客户损失,证券经纪商应承担赔偿责任。

(四)证券经纪业务的禁止行为

证券市场遵循"三公"原则,禁止任何内幕交易、操纵市场、欺诈客户、虚假陈述等损害市场和投资者的行为。根据《证券法》和中国证券业协会发布的《证券业从业人员执业行为准则》的规定,证券公司在从事证券经纪业务过程中禁止下列行为:(1)挪用客户所委托买卖的证券或者客户账户上的资金;或将客户的资金和证券借与他人,或者作为担保物或质押物;或违规向客户提供资金或有价证券。(2)侵占、损害客户的合法权益。(3)未经客户的委托,擅自为客户买卖证券,或者假借客户的名义买卖证券;违背客户的委托为其买卖证券;接受客户的全权委托而决定证券买卖、选择证券种类、决定买卖数量或者买卖价格;代理买卖法律规定不得买卖的证券。(4)以任何方式对客户证券买卖的收益或者赔偿证券买卖的损失作出承诺。(5)为牟取佣金收入,诱使客户进行不必要的证券买卖。(6)在批准的营业场所之外私下接受客户委托买卖证券。(7)编造、传播虚假或者误导投资者的信息;散布、泄露或利用内幕信息。(8)从事或协同他人从事欺诈、内幕交易、操纵证券交易价格等非法活动。(9)贬损同行或以其他不正当竞争手段争揽业务。

(10)隐匿、伪造、篡改或者毁损交易记录。(11)泄露客户资料。

二、调解案例介绍

(一)案例概要

投资者刘某于2011年3月11日在G证券公司开立证券账户,并签署《证券交易委托代理协议》《风险揭示书》等文件。刘某称:2017年3月,G证券公司H分公司投资顾问魏某向其表示公司有帮客户操盘股票的业务,保证盈利10%,双方遂达成约定,刘某向魏某支付6000元服务费,刘某将资金账号及密码告知魏某,全权委托魏某进行股票买卖。后因魏某操作失误,不仅未达盈利目标,而且账户亏损近35万元。刘某遂于2020年4月20日向中证资本市场法律服务中心河北调解工作站(以下简称中证河北调解工作站)申请调解,以魏某违规代其操作股票账户给其造成严重财产损失为由,要求G证券H分公司赔偿35万元。

(二)调解程序启动

2019年修订的《证券法》(以下简称新《证券法》)施行之前,投资者与证券公司发生证券业务纠纷,投资者提出调解请求的,证券公司可以拒绝。但自2020年3月1日起,新《证券法》正式施行。新《证券法》第94条规定:“投资者与发行人、证券公司等发生纠纷的,双方可以向投资者保护机构申请调解。普通投资者与证券公司发生证券业务纠纷,普通投资者提出调解请求的,证券公司不得拒绝。”刘某作为普通投资者申请调解,G证券公司不得拒绝。中证河北调解工作站收到刘某申请后,快速启动调解程序进行调解。

(三)主要争议

双方当事人选定调解员后,中证河北调解工作站积极协调调解员开展调解工作。综合与当事人沟通的情况和双方提供的材料,调解员认为双方争议的焦点主要体现在:(1)G证券H分公司投资顾问魏某是否存在违规代投资者操作股票账户的行为;(2)投资者刘某的损失应否赔偿,如应赔偿,是由G证券公司承担赔偿责任,还是由魏某承担赔偿责任。

(四)调解过程及结果

在了解基本情况后,中证河北调解工作站组织各方采用电话、视频等方式开展调解工作。调解员经过分析认为:第一,投资者刘某与G证券公司之间签订《证券交易委托代理协议》属于合法有效的民事法律行为,双方按照合同约定履行相应义务。证券公司在合同中明确提示证券投资的风险并且告知投资者不得委托证券公司员工代理买卖股票,而客户却私下将账户交给了证券公司员工,违反了证券公司与客户之间合同的约定。第二,刘某能够证明确向魏某转款6000元,但对于魏某代其操作股票的行为不能提供强有力的证据。第三,G证券H分公司在合规管理方面存在一定漏洞,如果纠纷处理不好,会给公司带来一些负面影响。

魏某涉嫌擅自代理客户从事证券交易,并约定收取投资服务费。如代客行为确实,则违反《证券法》及《证券从业人员执业行为准则》等关于禁止证券从业人员接受客户全权委托买卖证券、禁止对客户承诺收益相关规定。2014年《证券法》第143条规定,证券公司办理经纪业务,不得接受客户的全权委托而决定证券买卖、选择证券种类、决定买卖数量或者买卖价格;第144条规定,证券公司不得以任何方式对客户证券买卖的收益或者赔偿证券买卖的损失作出承诺;第145条规定,证券公司及其从业人员不得未经过其依法设立的营业场所私下接受客户委托买卖证券。

在调解过程中,调解员给刘某解读了"全权代理"属于违法违规行为,同时将本案的利弊对G证券公司和魏某进行了阐释。各方逐渐认识到自身问题,最终达成和解。鉴于刘某医药费支出较大、家庭状况较为困难,G证券H分公司和魏某愿意分别给予投资者刘某16万元和6万元补偿。

三、案例评析与启示

证券交易方式的特殊性、交易规则的严密性和操作程序的复杂性,决定了广大投资者不能直接进入证券交易所买卖证券,而只能委托经批准并具备一定条件的证券经纪商代理买卖来完成交易过程。为保护投资者合法权益,《证券法》对于证券公司及其从业人员办理经纪业务时,委托证券买卖相关行为规范作出了强制性规定。

(一)新《证券法》对证券公司相关证券买卖委托行为作了明确规定

新《证券法》第132条第1款规定:"证券公司办理经纪业务,应当置备统一制定的证券买卖委托书,供委托人使用。采取其他委托方式的,必须作出委托记录。"

第 133 条第 1 款规定："证券公司接受证券买卖的委托，应当根据委托书载明的证券名称、买卖数量、出价方式、价格幅度等，按照交易规则代理买卖证券，如实进行交易记录；买卖成交后，应当按照规定制作买卖成交报告单交付客户。"第 134 条第 1 款规定："证券公司办理经纪业务，不得接受客户的全权委托而决定证券买卖、选择证券种类、决定买卖数量或者买卖价格。"第 135 条规定："证券公司不得对客户证券买卖的收益或者赔偿证券买卖的损失作出承诺。"第 136 条规定："证券公司的从业人员在证券交易活动中，执行所属的证券公司的指令或者利用职务违反交易规则的，由所属的证券公司承担全部责任。""证券公司的从业人员不得私下接受客户委托买卖证券。"

（二）证券公司应不断加强证券行业文化建设

证券公司要打造"合规、诚信、专业、稳健"的行业文化，合规是底线。正如证监会易会满主席在证券基金行业文化建设动员大会讲话所言：资本市场是规则导向的市场，法治兴，则市场兴。证券公司作为资本市场最重要的专业机构，是资本市场的"看门人"，必须坚持一切经营活动以符合法律法规、监管规定为第一准绳。合规经营始终是证券公司生存发展不可逾越的底线，这既是行业在长期经营实践中形成的经验，也是付出巨大代价换来的教训。只有依法合规经营，才能取信于客户、取信于市场、取信于社会，从而赢得良好的生存发展环境；逾越规则的制约，热衷搞各种监管套利，打"擦边球"，短期内带来了超额收益，但终将搬起石头砸自己的脚，对个人、对公司乃至对整个行业形象造成严重伤害。证券机构要把合规经营摆在更加突出的位置，坚持合规创造价值、合规人人有责，带头做法律规则的坚定信仰者和践行者，让合规意识融入血液，装入心头，深入骨髓。

随着新《证券法》的正式实施，证券监督管理部门对证券市场违法行为的处罚力度不断加大，对于投资者合法权益的保护也日趋加强。而投资者保护机构开展调解活动作为证券纠纷多元化解方式之一，使投资者民事权利保护工作也得到进一步提升。

案例8:证券公司对从业人员“飞单”行为的民事责任分析

王爱宾* 李东方** 赵文忠*** 张晨晖**** 冯 睿*****

“党的十九大报告提出到2020年前打好三大攻坚战,防范化解重大风险是首要之战,金融领域首当其冲。”①防范化解重大风险,重点是防范金融风险。作为资本市场重要的经营机构,证券行业面临的从业人员违规风险是金融风险的重要组成部分。证券从业人员从事“飞单”、代客理财、为客户与他人之间的融资提供便利等违规行为屡禁不止,严重扰乱了证券市场正常秩序,给投资者带来巨大的损失。

证券从业人员违规行为的形式多样,包括“飞单”、代客理财、为客户与他人之间的融资提供便利、内幕交易、利用未公开信息交易、操纵市场、违规买卖股票、商业贿赂等。对于证券从业人员执行所属的证券公司的指令或者利用职务违反交易规则的行为由证券公司承担民事法律责任并无争议;对于证券从业人员个人违规行为,例如,违规买卖股票、内幕交易、操纵市场,由证券从业人员个人承担民事法律责任也无争议。

但对于证券从业人员以获取个人非法利益为目的,未经证券公司授权,明知违反证券行业法律、法规、规章及规范性文件、行业规范和自律规则、公司内部规章制

* 东北证券股份有限公司合规总监,中证资本市场法律服务中心调解员。

** 中国政法大学教授、博士研究生导师,东北证券股份有限公司独立董事。

*** 东北证券股份有限公司合规管理部总经理,中证资本市场法律服务中心调解员。

**** 东北证券股份有限公司合规管理部法规研究组主管。

***** 深圳证券交易市场监察部工作人员。

① 《李超副主席在证券公司客户管理专题培训开班仪式上的讲话》,载中国证监会官网:http://www.csrc.gov.cn/pub/newsite/zjhxwfb/xwdd/201806/t20180608_339612.html,最后访问日期:2020年6月2日。

度规定，故意规避证券公司的内部控制机制和控制措施，所实施的“飞单”、“代客理财”、为客户与他人之间的融资提供便利等直接的侵害投资者或所在证券公司合法权益的行为，证券公司是否需要承担民事赔偿责任，现有法律没有作出明确规定。本文以证券从业人员“飞单”行为为例进行了分析，并提出了投资者防范证券从业人员“飞单”行为的建议。

一、证券从业人员“飞单”行为概述

（一）“飞单”的含义

“飞单”并不是法律术语，具体到证券行业，“飞单”是证券从业人员私自销售金融产品的俗称，通常是指证券从业人员私自销售未经公司批准的金融产品或者私下向投资者销售所在机构代销金融产品的行为。

（二）证券从业人员“飞单”的种类

证券从业人员“飞单”涉及的产品概括起来包括合法的金融产品和非法的金融产品两大类，具体如下。

1. 合法的金融产品，是指经金融监管机构、金融行业协会批准、备案或认可的产品，包括属于证券公司代销范围的金融产品和不属于证券公司代销范围的金融产品。前者又包括 3 种情形，分别是产品发行人未与证券公司签订代销协议但与证券公司存在托管与外包业务（Prime Brokerage，PB）服务的私募基金、产品发行人未与证券公司签订代销协议且与证券公司不存在合作关系的金融产品、产品发行人与证券公司签订了代销协议但证券从业人员私下向投资者销售所在机构代销的金融产品。

2. 非法的金融产品，包括 3 种情形，第一种情形是根本不存在理财产品，只是证券从业人员为了达到违法目的虚构出来的，如民生证券太原长风街营业部原总经理许静虚构“新三板”投资基金。第二种情形是证券从业人员通过私刻印章等方式销售已经停售的金融产品，这种行为更具有迷惑性。第三种情形是未在基金业协会备案登记但实质为私募基金的理财产品或有限合伙企业份额等。[①]

---

① 参见陈云峰、谭鸿：《是普通的有限合伙企业还是违规的私募？》，载搜狐网：http://www.sohu.com/a/77497232_157443，最后访问日期：2020 年 6 月 12 日。

(三)禁止"飞单"的相关法律规定

《证券公司代销金融产品管理规定》第6条第2款规定:"证券公司应当对代销金融产品业务实行集中统一管理,明确内设部门和分支机构在代销金融产品业务中的职责。禁止证券公司分支机构擅自代销金融产品。"第17条第1款规定:"证券公司从事代销金融产品活动的人员,应当具有证券从业资格,并遵守证券从业人员的管理规定。"

根据《证券经纪人执业规范(试行)》第20条、第32条的规定,①证券从业人员应当在所服务证券公司授权的范围内执业,不得向客户提供非由所服务证券公司统一提供的研究报告及与证券投资有关的信息、证券类金融产品宣传推介材料及有关信息。

(四)证券从业人员"飞单"行为典型判例

本文对公开可查的涉及"飞单"的典型法院裁判文书进行了梳理。(见表1-1)

表1-1 证券公司从业人员飞单法院判决典型案例

序号	判决书	判决结果
1	张某与民生证券股份有限公司太原长风街证券营业部、民生证券股份有限公司合同纠纷再审审查与审判监督民事裁定书② 张某与民生证券股份有限公司太原长风街证券营业部、民生证券股份有限公司合同纠纷二审民事裁定书③ 张某与民生证券股份有限公司太原长风街证券营业部、民生证券股份有限公司合同纠纷一审民事判决书④	民生证券股份有限公司太原长风街证券营业部以及民生证券股份有限公司对于许某的犯罪或其个人民事行为不承担相应责任,驳回原告张某的诉讼请求

① 详见《证券经纪人执业规范(试行)》,载中国证券业协会网站:http://www.sac.net.cn/flgz/zlgz/200904/t20090412_31108.html,最后访问日期:2020年6月12日。

② 参见《张某与民生证券股份有限公司太原长风街证券营业部、民生证券股份有限公司合同纠纷再审审查与审判监督民事裁定书》,载中国裁判文书网:http://wenshu.court.gov.cn/website/wenshu/181107ANFZ0BXSK4/index.html? docId=a9bd2f16ab464abd955eab230188e702,最后访问日期:2020年6月12日。

③ 参见《张某与民生证券股份有限公司太原长风街证券营业部、民生证券股份有限公司合同纠纷二审民事裁定书》,载中国裁判文书网:http://wenshu.court.gov.cn/website/wenshu/181107ANFZ0BXSK4/index.html? docId=f4353e0f91cb41e9a45da9be00b2502f,最后访问日期:2020年6月12日。

④ 参见《张某与民生证券股份有限公司太原长风街证券营业部、民生证券股份有限公司合同纠纷一审民事判决书》,载中国裁判文书网:http://wenshu.court.gov.cn/website/wenshu/181107ANFZ0BXSK4/index.html? docId=369f1c7a71ba48e6b816a9370185009a,最后访问日期:2020年6月12日。

续表

序号	判决书	判决结果
2	赵某某、平安证券股份有限公司河南分公司财产损害赔偿纠纷二审民事判决书(2017)豫01民终5062号①	平安证券不对其员工郭某某给赵某某造成损失的飞单行为承担赔偿责任
3	1. 唐某某与中国银河证券股份有限公司南京江东中路证券营业部、中国银河证券股份有限公司委托理财合同纠纷申诉、申请民事裁定书② 2. 上诉人唐某某与被上诉人中国银河证券股份有限公司南京江东中路证券营业部、中国银河证券股份有限公司委托理财合同纠纷一案的民事判决书③	中国银河证券不对李磊为唐某某购买案涉“银行承兑汇票”理财产品并收取唐某某款项的行为造成的损失承担赔偿责任
4	华宝证券有限责任公司诉张某财产损害赔偿纠纷一案二审民事判决书④	华宝证券应对张某的未获返还的本金损失的60%,即98.40万元承担赔偿责任,对张某的利息损失不予支持
5	赵某某、东莞证券股份有限公司大连星海广场证券营业部委托理财合同纠纷二审民事判决书⑤	东莞证券大连营业部对赵某某的案涉损失75.2万元承担70%的过错责任

① 参见《赵某某、平安证券股份有限公司河南分公司财产损害赔偿纠纷二审民事判决书》,载中国裁判文书网:http://wenshu.court.gov.cn/website/wenshu/181107ANFZ0BXSK4/index.html?docId=02014d1bd4274b7d9e17a85f00f9befb,最后访问日期:2020年6月12日。

② 参见《唐某某与中国银河证券股份有限公司南京江东中路证券营业部、中国银河证券股份有限公司委托理财合同纠纷申诉、申请民事裁定书》,载中国裁判文书网:http://wenshu.court.gov.cn/website/wenshu/181107ANFZ0BXSK4/index.html?docId=0a0225f8ef4a46f4aa9da78f011e1276,最后访问日期:2020年6月12日。

③ 参见《上诉人唐某某与被上诉人中国银河证券股份有限公司南京江东中路证券营业部、中国银河证券股份有限公司委托理财合同纠纷一案的民事判决书》,载中国裁判文书网:http://wenshu.court.gov.cn/website/wenshu/181107ANFZ0BXSK4/index.html?docId=3d398e0f7a0b48929956d715dea99fd4,最后访问日期:2020年6月12日。

④ 参见《华宝证券有限责任公司诉张某财产损害赔偿纠纷一案二审民事判决书》,载中国裁判文书网:http://wenshu.court.gov.cn/website/wenshu/181107ANFZ0BXSK4/index.html?docId=0c1ec53716c944fda575a80700a4cea8,最后访问日期:2020年6月12日。

⑤ 参见《赵某某、东莞证券股份有限公司大连星海广场证券营业部委托理财合同纠纷二审民事判决书》,载中国裁判文书网:http://wenshu.court.gov.cn/website/wenshu/181107ANFZ0BXSK4/index.html?docId=ccbb6a9ce31b46ef9145abd10026bfe5,最后访问日期:2020年6月12日。

从检索到的 5 个典型的“飞单”司法判例来看,虽同为从业人员实施的“飞单”行为,但出现了不同的判决结果,有的是证券公司不需要承担民事赔偿责任,有的则需要承担过程责任,但没有一例判决证券公司对从业人员飞单行为给投资者造成的损失承担 100% 的民事赔偿责任。

二、证券公司对证券从业人员“飞单”行为的民事法律责任分析

我国虽然有《民法典》《证券法》等相关法律规范存在,但对于证券公司是否需要对其证券从业人员“飞单”行为承担民事责任并无明确的规定,前述司法判决仅就个案进行了分析,未从理论上进行系统研究。本文从法律归责原则出发,从职务行为、表见代理和一般侵权行为三个角度进行了详细分析。

(一)我国相关法律规定

我国最新的相关法律规定主要有《民法典》和新修订的《证券法》。

1. 法律规定

(1)《民法典》总则编相关规定

《民法典》第 170 条第 1 款对职务代理作出了规定:“执行法人或者非法人组织工作任务的人员,就其职权范围内的事项,以法人或者非法人组织的名义实施的民事法律行为,对法人或者非法人组织发生效力。”

第 171 条第 1 款对狭义无权代理作出了规定:“行为人没有代理权、超越代理权或者代理权终止后,仍然实施代理行为,未经被代理人追认的,对被代理人不发生效力。”

第 172 条对表见代理作出了规定:“行为人没有代理权、超越代理权或者代理权终止后,仍然实施代理行为,相对人有理由相信行为人有代理权的,代理行为有效。”

(2)《民法典》侵权责任编相关规定

《民法典》第 1165 条第 1 款对一般过错责任作出了规定:“行为人因过错侵害他人民事权益造成损害的,应当承担侵权责任。”

《民法典》第 1191 条第 1 款对职务侵权行为作出了规定:“用人单位的工作人员因执行工作任务造成他人损害的,由用人单位承担侵权责任。用人单位承担侵

权责任后,可以向有故意或者重大过失的工作人员追偿。”

(3)新《证券法》相关规定

新《证券法》第136条沿用了原《证券法》第146条对职务行为的规定:“证券公司的从业人员在证券交易活动中,执行所属的证券公司的指令或者利用职务违反交易规则的,由所属的证券公司承担全部责任。”

2.新《证券法》第136条存在的不足

证券公司的从业人员作为证券业务的具体执行者,应当忠实履行其职责,遵守公司的规章制度,在证券交易中,严格按照公司的指令和交易规则进行操作。对于其执行所属的证券公司的指令或者利用职务违反交易规则的行为,由所属的证券公司承担全部责任。[①] 但是,新《证券法》第136条没有对证券公司是否承担证券从业人员“飞单”行为的民事责任作出规定,存在以下问题:

(1)适用的范围是证券交易活动即证券公司接受客户委托买卖上市证券,对非证券交易类业务如“飞单”行为并不适用该条规定。

(2)没有对利用职务违反交易活动的情形或判断原则作出界定。

(3)没有规定证券公司是否承担证券从业人员非职务行为导致的法律责任。

(4)证券公司在承担赔偿责任后,能否向存在故意或者重大过失的从业人员进行追偿,对此没有明确的规定。新颁布的《民法典》第1191条第1款在原《侵权责任法》第34条第1款的基础上赋予了用人单位的追偿权。用人单位承担侵权责任后,可以向有故意或者重大过失的工作人员追偿。

由于新《证券法》第136条没有对证券公司是否承担证券从业人员“飞单”行为的民事责任作出规定,因此有必要结合《民法典》的规定,从理论上进行分析。

(二)法律归责原则分析

本文认为,可以将证券从业人员的违规行为分为职务行为和非职务行为两类行为,适用不同的归责原则。

1.职务行为的归责原则

不论是新《证券法》第136条的规定,还是《民法典》第170条关于职务代理的

---

① 参见全国人大证券法修改起草工作小组:《中华人民共和国证券法释义》,中国金融出版社2006年版,第138页。

规定,又或是《民法典》第1191条第1款关于职务侵权的规定,证券公司作为用人单位对其从业人员的违规行为承担责任的前提是其从业人员的行为属于职务行为或者利用职务之便、属于职权范围内的事项或者执行工作任务,均是与履行职务有关,因此,可以概括这些行为为职务行为,包括职务代理行为和职务侵权行为。

对于证券从业人员的职务行为,如果投资者属于证券公司的客户或意在与证券公司建立业务关系的投资者,适用职务代理行为的规定,应按照新《证券法》第136条和《民法典》第170条第1款的规定,属于按照合同法的规定由证券公司承担民事责任;如果构成职务侵权行为,应按照新《证券法》第136条和《民法典》第1191条第1款的规定,属于按照侵权法的规定由所在证券公司承担民事责任。

2. 非职务行为的归责原则

依照私法自治原则,每个民事主体仅对自己的行为负责,将自身的不利后果归责于其他民事主体,须有特别正当理由。在通常情况下,过错是民事主体承担民事责任的一个必要前提,对于证券从业人员的非职务行为,证券公司对其从业人员的行为承担法律的前提也以证券公司存在过错为前提。一方面,是证券从业人员是否存在过错,例如,证券从业人员销售金融产品行为没有过错时,即使产品购买人受到了损失,证券公司也不需要承担法律责任;另一方面,是证券公司是否存在过错,是否存在管理不到位的情形。

对于证券从业人员的非职务行为,构成表见代理的,应按照《民法典》第172条的规定,属于按照合同法的规定由证券公司承担民事责任;不构成表见代理即为狭义无权代理时,证券公司按照合同法的规定不承担民事法律责任,此时需要从侵权法的角度来分析证券公司是否存在管理的过错。如果证券公司存在管理上的过错,并且该过错与投资者受损害具有直接的因果关系时,应按照《民法典》第1165条第1款关于一般侵权行为的规定承担过错侵权责任。

综上所述,对于职务行为的认定尤为重要。《民法典》和新《证券法》均未出现“职务行为”这一概念,需要进行具体分析。

(三)职务行为分析

1. 职务行为的概念及构成要件

职务行为,是指行为人根据其在法人或者非法人组织中所担任职务,依据其职权对外实施的法律行为以及因执行工作任务造成他人损害的行为,包括职务代理行为和职务侵权行为。①

职务行为的构成必须同时满足以下要件：

一是行为人是法人或者非法人组织的工作人员。如果行为人不是该法人或者非法人组织的工作人员，其按照被代理人的授权从事代理行为，属于一般的委托代理。比如，证券经纪人从事的证券经纪活动就属于一般的委托代理范畴，不适用职务行为的规定。

二是行为人实施的必须是其职权范围内事项。例如，行为根本非职权范围内的行为，则属于无权代理，也不属于职务侵权行为。

三是必须以该法人或者非法人组织的名义实施法律行为。若非以该法人或者非法人组织名义为民事法律行为，则不属于职务行为。

四是行为人必须为了该法人或非法人组织的利益而实施法律行为。如果行为人实施相关行为明显不是为了该法人或非法人组织的利益，甚至是危害其利益，就不应当认定为职务行为。②

2. 职权范围的认定

职务代理人的职权范围，法律另有规定的，依法律规定的职权范围判断，例如，《公司法》关于监事、经理职权的规定。

如其他法律没有明确规定的，可以在相关证据予以证明的基础上，从以下几个因素综合加以判断是否构成职务行为：③

(1)行为是否以法人名义作出。例如，加盖了公司、法定代表人印章，或者按照公司的决策程序批准后实施的行为应属于职务行为。

(2)是否具有明确具体的授权。

(3)为何者利益而实施。即员工是否有为单位利益出发的主观意愿以及从事

---

① 职务行为，除了包括职务代理行为和职务侵权行为，还包括职务代表行为，职务代表行为适用《民法典》第61条关于法定代表人的规定，法定代表人以法人名义从事的民事活动，其法律后果由法人承受。由于从事违规行为的从业人员通常情况下不是证券公司的法定代表人，职务代表不能成立，因此本文对职务行为的分析未包括职务代表行为。

② 《江苏省高级人民法院关于适用〈中华人民共和国合同法〉若干问题的讨论纪要(一)》第15条规定，行为人与相对人订立的合同内容明显损害被代理人利益的，不应当认定为"相对人有理由相信行为人有代理权"。同理，本文认为行为人实施相关行为明显损害其所在法人或法人组织利益的，不应当认定为职务行为。

③ 参见张洁、邱玲、田博等：《证券从业人员违规行为的分析与合规风险防范》，载《中国证券》2017年第3期。

了为单位利益的客观行为。如果实施违法行为的目的是公司利益,即使没有获得收益甚至产生了损失(如光大证券“乌龙指”事件)也属于职务行为。

(4)惯例。即根据员工以往的交易惯例,判断其当前行为是否符合惯例。

(5)关联性。即授权范围和员工行为之间存在关联性。

(6)实施该行为的地点、时间。

(7)是否受法人或非法人组织控制。

3. 证券从业人员“飞单”行为不属于职务行为

(1)“飞单”是证券法律法规和证券公司内部规章制度明确禁止的行为。证监会《证券公司代销金融产品管理规定》第 6 条明确规定,“禁止证券公司分支机构擅自代销金融产品”,证券公司内部规章制度、员工劳动合同、投资者签署的业务合同和风险揭示书中也均有禁止任何营业网点和个人擅自销售金融产品的类似规定。

(2)“飞单”涉及的金融产品不在证券公司向证监局报备的代销金融产品名单和证券公司官网金融产品专区中。《证券公司代销金融产品管理规定》第 10 条明确规定,“证券公司应当在代销合同签署后 5 个工作日内,向证券公司住所地证监会派出机构报备金融产品说明书、宣传推介材料和拟向客户提供的其他文件、资料”。

(3)“飞单”不属于职权范围内的事项。根据前述职权范围的认定因素综合分析:一是“飞单”未经证券公司的授权;二是“飞单”不是为证券公司的利益而销售反而侵害了证券公司的利益;三是“飞单”不符合以往的交易惯例;四是不受证券公司等金融机构的控制。

(四)表见代理分析

1. 表见代理的含义和构成要件

表见代理,是指本属于无权代理,但因可归责于被代理人之事由,造成有授权行为之外观或表象,致善意且无过失的相对人相信无权代理人有代理权而与之实施法律行为,法律规定使之发生与有权代理相同效果的制度。[1]

---

① 参见李宇:《民法总则要义:规范释论与判解集注》,法律出版社 2017 年版,第 818 页。

表见代理需同时满足以下五个构成要件。[①]

（1）行为人无代理权。与相对人实施法律行为之人无代理权，是表见代理区别于有权代理的首要特征。行为人无代理权包括自始无代理权、超越代理权或代理权消灭后实施无权代理行为三种情形。

（2）无权代理人有被授予代理权的外观或表象。行为人单纯持有公章、合同书、被代理人营业执照等，不足以标明持有人已被授予代理权。须与足以构成授予代理权外观的另一事实（如授权委托书、总经理等特定职务）相结合，方足以标明代理权外观。

（3）相对人相信行为人有代理权且系善意无过失。依照学界通说，构成表见代理，相对人必须是善意且无过失，即构成表见代理不仅要求代理人的无权代理行为在客观上形成具有代理权的表象，而且要求相对人在主观上善意且无过失地相信行为人有代理权。如果相对人明知行为人无代理权，或者应当知道行为人无代理权，却因过失而不知，则其对无权代理行为亦负有责任，在法律上没有必要对其保护。[②]《最高人民法院关于当前形势下审理民商事合同纠纷案件若干问题的指导意见》（法发〔2009〕40 号）第 13 条规定，“合同法第四十九条规定的表见代理制度不仅要求代理人的无权代理行为在客观上形成具有代理权的表象，而且要求相对人在主观上善意且无过失地相信行为人有代理权。合同相对人主张构成表见代理的，应当承担举证责任，不仅应当举证证明代理行为存在诸如合同书、公章、印鉴等有权代理的客观表象形式要素，而且应当证明其善意且无过失地相信行为人具有代理权”。《江苏省高级人民法院关于适用〈中华人民共和国合同法〉若干问题的讨论纪要（一）》第 15 条规定，基于经验法则，行为人的代理行为足以引起相对人合理怀疑的，不应当认定为“相对人有理由相信行为人有代理权”。

（4）相对人基于对行为人被授予代理权的外观或表象的相信而与行为人实施法律行为。相对人与行为人实施法律行为，须因相信代理权外观所致。

（5）行为人被授予代理权的外观或表象可归责于被代理人。被代理人如无任

---

① 参见李宇：《民法总则要义：规范释论与判解集注》，法律出版社 2017 年版，第 821～830 页。

② 参见魏振瀛：《民法》（第 6 版），北京大学出版社、高等教育出版社 2016 年版，第 191 页；王利明、杨立新、王轶、程啸：《民法学》（第 5 版），法律出版社 2017 年版，第 228～229 页；杜万华：《中华人民共和国民法总则实务指南》，中国法制出版社 2017 年版，第 659 页。

何可归责事由,即便相对人善意相信有代理权,也不应强使被代理人负责。以自始无代理权的情形为例,须有被代理人实施授权行为的外观,且授权行为外观是给予被代理人的自主意思而形成。根据《最高人民法院关于在审理经济纠纷案件中涉及经济犯罪嫌疑若干问题的规定》的规定,非基于被代理人自主意思,行为人占有空白授权委托书等代理外观证据的(如盗窃、盗用、拾得遗失的授权委托书),被代理人不具有可归责性。①

2. 过失的认定

表见代理由被代理人承担法律责任的原因在于,为了保护善意第三人的利益,维护合理的交易秩序,如果第三人不属于善意且无过失,则不构成表见代理。

善意无过失,是指相对人不知道且非因过失而不知行为无代理权。所谓主观上需为善意,是指相对人不知道或者不应当知道无权代理人实际上并没有代理权;所谓主观上无过失,是指相对人的这种不知情并非因为其疏忽大意或者懈怠造成的。

过失的判定,取决于相对人对于代理人有无代理权是否已尽合理注意。合理注意,至少包括核实代理人的身份、权限、查看被代理人印章、要求被代理人在合同上签名或盖章等。相对人对行为人的身份及有无代理权未进行核实,或者对订立合同过程中的异常做法未产生合理怀疑而不向被代理人核实,或者在订立违反常规的合同时未尽合理注意,均构成过失。

3. 证券从业人员"飞单"行为不构成表见代理

(1)在证券从业人员"飞单"中,仅凭无权代理人的员工身份或者仅以无权代理人行为时的特定场所,并不能认定其具有代表证券公司推介涉及理财产品并进行

---

① 《最高人民法院关于在审理经济纠纷案件中涉及经济犯罪嫌疑若干问题的规定》第 4 条规定:"个人借用单位的业务介绍信、合同专用章或者盖有公章的空白合同书,以出借单位名义签订经济合同,骗取财物归个人占有、使用、处分或者进行其他犯罪活动,给对方造成经济损失构成犯罪的,除依法追究借用人的刑事责任外,出借业务介绍信、合同专用章或者盖有公章的空白合同书的单位,依法应当承担赔偿责任。但是,有证据证明被害人明知签订合同对方当事人是借用行为,仍与之签订合同的除外。"第 5 条规定:"行为人盗窃、盗用单位的公章、业务介绍信、盖有公章的空白合同书,或者私刻单位的公章签订经济合同,骗取财物归个人占有、使用、处分或者进行其他犯罪活动构成犯罪的,单位对行为人该犯罪行为所造成的经济损失不承担民事责任。行为人私刻单位公章或者擅自使用单位公章、业务介绍信、盖有公章的空白合同书以签订经济合同的方法进行的犯罪行为,单位有明显过错,且该过错行为与被害人的经济损失之间具有因果关系的,单位对该犯罪行为所造成的经济损失,依法应当承担赔偿责任。"

有关承诺的权利表象。①

(2)涉及产品购买人不符合表见代理中第三人善意无过错的要件。之所以会产生“飞单”事件,给行为人可乘之机,很大程度在于涉及产品购买人未尽合理注意义务,过分信赖行为人的专业知识和其证券工作人员的身份:一是未能审查涉及理财合同相对方的资质;二是未与证券公司签订任何的合同和手续;三是对较大金额的款项未进行银行转账支付或者转账给个人;四是对较高的利益未产生怀疑并进行核实等。因此,涉及产品购买人并不满足善意无过失的条件。

(五)一般侵权行为分析

1. 一般侵权行为的概念及构成要件

根据《民法典》第 1164 条的规定,侵权行为就是侵害他人民事权益的行为,由此依照法律所承担的民事责任就是侵权责任。

一般侵权责任的构成要件包括:

(1)存在侵害行为,即侵犯他人权利或者合法利益的加害行为。

(2)存在损害事实,即他人财产或者人身权益所遭受的不利影响。

(3)侵害行为与损害事实存在因果关系。

(4)行为人存在过错。

2. 证券公司需要对从业人员“飞单”行为承担过错责任

如前所述,证券从业人员“飞单”不是执行职务的行为,不应适用《民法典》第 1191 条第 1 款的规定,而应适用《民法典》第 1165 条第 1 款的规定,即证券公司对证券从业人员“飞单”承担过错的侵权责任。如果证券公司对于造成授予代理权的外观有过错的,“飞单”涉及产品购买人可请求证券公司承担过错责任。如果证券公司能证明自己没有过错时,即证明自己尽到投资者教育、客户适当性管理等外部措施和规范内部人员管理、合规管理、风险管理等内部控制措施后,不存在可归责的事由时,证券公司则不需要承担侵权责任。

证券公司存在管理过错且与“飞单”受害人遭受损害存在因果关系的情形概括起来主要包括以下几种:

---

① 参见《赵某某、平安证券股份有限公司河南分公司财产损害赔偿纠纷二审民事判决书》,载中国裁判文书网:http://wenshu.court.gov.cn/website/wenshu/181107ANFZ0BXSK4/index.html?docId=369f1c7a71ba48e6b816a9370185009a,最后访问日期:2020 年 8 月 12 日。

(1)代销金融产品过程不规范,给购买过公司代销金融产品的投资者以误导。例如,未通过《金融产品适当性评估告知及客户投资确认书》等书面文件告知禁止任何营业网点和个人擅自销售金融产品;在向客户推介产品前没有先引领客户查看人员公示信息,并告知客户人员公示的官网查询方式,以便客户鉴别推介人员是否具备产品销售资格;未在显著位置将产品公示查询网址广泛告知投资者,引导投资者主动查询、验证有关信息,提高风险识别和防范能力;未设立金融产品销售专区,未落实双录要求等。

(2)监督机制失效,从业人员“飞单”长期持续未发现。

(3)行为人的职务,通常而言行为人具有一定领导职务的,如分支机构总经理助理以上职务。

(4)发现从业人员“飞单”后不及时处理。

(5)代销结束后未及时通知公告或者在代销金融产品专区予以删除,使投资者误以为有权销售。

3. 证券公司对从业人员“飞单”行为承担责任适用过失相抵原则

所谓过失相抵原则,是指当受害人对于损害的发生或者损害结果的扩大具有过错时,依法减轻或者免除赔偿义务人的损害赔偿责任,从而公平合理地分配损害的一种制度。《民法典》第1173条规定,被侵权人对同一损害的发生或者扩大有过错的,可以减轻侵权人的责任。受害人过错的情形,详见前文表见代理部分的分析。

鉴于在“飞单”行为中,多数投资者存在过错,应适用过失相抵原则,司法判决也体现了过错相抵的原则,例如,在华宝证券有限责任公司诉张某财产损害赔偿纠纷一案二审民事判决书中,法院认定张某作为投资者应当是基于其对投资的项目、交易对手、交易架构等的信赖进行投资,但从张某交易的过程来看,其自身欠缺风险意识、未履行审慎注意义务是导致其损失的重要因素。虽然张某主张是基于对华宝证券的信赖而进行投资理财,但张某对所投资的有限合伙企业的具体情况不作了解即草率签约,签约地点不在华宝证券的经营场所,所有的交易材料中也没有华宝证券的盖章。故张某自身未履行审慎注意义务,对损失的产生也有相应过错,应当自行承担一定的损失,判决华宝证券应对张某的未获返还的本金损失的60%,即98.40万元承担赔偿责任,对张某的利息损失不予支持。

由此可见,在从业人员“飞单”中应按照证券公司与“飞单”涉及产品购买人过错的大小承担相应的责任,而不是全部由证券公司承担全部本金损失和合理的利息损失。

综上所述,本文在对《民法典》《证券法》等相关法律规定分析的基础上,将证券从业人员违规行为分为职务行为和非职务行为两大类,并分别从合同法和侵权法的角度对这两类行为分别进行了分析。本文对认定职务行为的相关因素进行了分析,认为证券从业人员“飞单”不构成职务行为,属于非职务行为。本文认为,由于投资者在从业人员“飞单”行为中存在过错,未尽合理注意义务,不构成表见代理,证券公司承担民事责任以过错为前提,而且相关过错与投资者的损失具有直接的因果关系。证券公司需要根据其过错大小承担相应的赔偿责任,如不存在管理上的过错,则不需要承担民事赔偿责任。

三、关于投资者防范证券从业人员“飞单”行为的建议

如前所述,即使证券公司存在过错时从而需要对受害投资者承担民事赔偿责任时,受害投资者也需要承担部分损失,当证券公司不存在过错时,受害投资者则会面临血本无归。这就需要投资者学习和掌握必要的金融常识,避免自身落入证券从业人员“飞单”行为的圈套。

(一)加强对证券法律法规的学习

投资者要加强对相关法律、法规和金融常识的学习,努力提高自身专业知识与经验,增强识别证券从业人员违规行为的能力。投资者只有通过不断的学习,了解证券市场各类业务规则、产品,分析市场信息、进行独立判断,不断积累投资经验,才能有效地防范风险、获取投资收益。[①]

(二)树立正确的投资理念

投资者要保持理性投资理念,认清非法证券活动的本质和危害,提高自身辨识能力,不能盲目相信从业人员违法承诺。要自觉抵制诱惑,不要抱有“一夜暴富”的

---

① 参见《“投资者保护·明规则、识风险”案例——“代客理财”莫轻信 证券投资走正途》,载中国证监会网站:http://www.csrc.gov.cn/pub/newsite/tzzbh1/tbtzzjy/tbfxff/201709/t20170922_323966.html,最后访问日期:2020年6月12日。

心态,不要相信所谓“天上掉馅饼”的好事,不要轻信他人的劝诱,不要存在侥幸心理。[①] 中国银保监会主席郭树清在“2018 陆家嘴论坛”发表防范化解金融风险的主旨演讲中再次提醒消费者投资的过程中要注意风险,“理财产品收益率超过 6% 就要打问号,超过 8% 很危险,超过 10% 就要做好损失全部本金的准备”。[②]

(三)在正规的经营场所和渠道办理业务

投资者要在正规的证券经营场所和经营机构购买金融产品,不擅自将自己的证券账户和资金账户的密码告诉证券从业人员,不参与非法配资活动,不将自己的资金转入证券从业人员的个人账户,避免造成不必要的损失。当遇到判断不准的问题时,应及时联系当地证监部门、中证中小投资者服务中心、证券公司全国统一服务电话进行咨询。

① 参见《不要相信一夜暴富和天上掉馅饼》,载中国证监会网站:http://www.csrc.gov.cn/pub/newsite/tzzbh1/tbtzzjy/tbfxff/201310/t20131017_236525.html,最后访问日期为:2018 年 8 月 23 日。

② 郭树清:《理财产品收益率超过 10% 要做好损失全部本金的准备》,载搜狐网:https://www.sohu.com/a/235778219_320672,最后访问日期:2020 年 6 月 12 日。

Cases
Review of Dispute
Mediation

第二篇

融资融券专题

案例1：调整融资融券担保物引发强平及展期纠纷

丁　楠*

一、案情概述

客户L于2014年3月在X证券公司某营业部签订融资融券业务合同并开立信用交易账户进行交易。2018年6月13日，由于客户信用账户的维持担保利率低于150%，触及预警通知警戒线，该营业部根据合同约定通过短信及电话告知、提示客户追加担保物或补充资金。6月21日，客户信用账户维持担保比例为128.65%，低于130%平仓警戒线，营业部再次打电话通知客户本人，但客户手机关机，营业部立即短信通知客户，并及时与客户妻子Y某取得联系，提醒客户追加资金或自行平仓，且需在第二日提高维保比例至135%以上，否则公司将按照合同规定于25日执行强行平仓。但Y某(客户L账户实际操作人)不同意平仓及补充资金，并且情绪激动，表示如X证券公司进行强平，将会有过激行为。6月25日当天上午，客户Y某到营业部，态度坚决，情绪激动并威胁营业部，营业部拨打“110”报警，并与警察一同安抚客户，同时，Y某向当地证监局反映情况并提出诉求，请监管机构给予协调暂缓平仓。在监管部门的协调指导下，为避免出现极端事件，X公司总部经研究，决定采取适当放宽标准方式处理：“调整客户L信用账户的平仓警戒线至115%；在融资融券合同有效期内，不得进行融资、融券新开仓操作，不得进行合约展期操作。”并要求客户L本人签订《补充协议》及《个人承诺书》，Y某同意该处理

* 中证资本市场法律服务中心调解员。

办法,但客户L本人因手机关机,当日收盘前未能到营业部现场签署协议及承诺书,X证券于当日14:58对客户L账户实行强平,账户维持担保比例到135%。7月2日,客户L维保比例再次触及平仓线130%,7月3日,客户L及妻子Y某到营业部,L本人签署《补充协议书》及《承诺书》。2018年10月末,客户L账户有3笔合约到期,营业部提前于18日、22日通知客户,由于客户已执行强平并签署补充协议及承诺书,上述3笔合约不能进行展期,如到期前不能归还负债,X证券公司将采取强平措施。客户L本人未提出异议,但客户妻子Y某再次违反合同约定,强行要求展期,并于16日、25日到X证券公司总部要求展期并归还上次强平股份,还表示如不能解决,将到各国家监管机构进行信访。后经营业部人员安抚、劝解下于10月29日前将到期合约自行了结。

客户Y某认为,首先,后期合约不能展期,是由于之前账户维持担保比例突然下降造成强平引起的,而维持担保比例的突然下降,是因X证券调整了担保物,而客户账户内作为担保物的中国铁建股票,正是被调出担保物的股票,因此造成账户的维持担保比例降低引起强平。其次,客户称曾经咨询过营业部及X证券总部信用交易部的工作人员,询问中国铁建被调出担保物标的的原因,而相关人员未能给出明确的、具有说服力的解释。因此,Y某认为是X证券公司信用交易部的人员操作不当,无根据的调整担保物标的股票,造成客户L的信用账户的维持担保比例降低引起强平,进而造成后期合约不能展期,极大地损害了客户本人利益,账户资产受到巨大损失,客户Y某也为此付出了很多的辛苦和精力,对身体和心理造成很大伤害。因此要求X证券公司对其进行赔偿,主要诉求为:(1)要求X证券公司给出中国铁建被调出担保物的事实和真相;(2)未能签署两融合同补充协议不是其个人责任;(3)恢复客户L信用账户的交易功能,取消账户禁止融资、融券功能,取消禁止展期功能,恢复账户所有权益;(4)6月25日的强制平仓不记入个人信用记录;(5)对担保物调整造成强平的损失进行补偿10万元,并恢复账户市值或融资借款20万元。

X证券公司营业部与客户经过多次沟通无果后,向中证辽宁调解工作站申请证券纠纷调解。

二、调解处理

中证辽宁调解工作站接到该纠纷调解案件后，立即指派三名纠纷调解员进行调解，多次组织当事人双方见面进行调解或单独沟通调解。

该案件投资者方当事人Y某，作为客户L账户操作人及代理人参与主要的调解沟通，并同机构方分别向调解员阐述了事件经过，调解员在仔细听取了解事件经过后，对案件进行了初步的分析。此案中的关键点在于客户Y某所关注的，是X证券公司总部信用交易部对信用担保物调整的真实情况到底是怎样的，是否为客户所阐述的无依据、无理由的进行调整。Y某是个比较情绪化的人，经常在沟通过程中表现得极为委屈，认为作为投资者是天然的弱者，没有相应的知情权，证券公司暗箱操作或不作为、不负责任，随意调整信用担保物，给出的解释不明确、不详细、无依据，给其造成的损失巨大，应及时恢复相应的权益并赔偿损失。X证券营业部认为，机构方已尽到相应责任，所采取的操作均是按照融资融券合同及相关的补充协议进行操作，并且在充分的考虑客户利益的基础上，在风险可控不违反业务规则的前提下，给予了客户最大的让步及适当的照顾，人员及各项操作在此事件中不存在过错。

调解员根据投资者的相关诉求，并根据融资融券业务规则，向投资者和机构方提出如下建议，以解决相关问题：(1)要求机构方切实了解并答复投资者，关于担保物调整的具体情况说明，要提供充分证据以证明关于中国铁建股票作为担保品标的物的调整是出于合理的原因；(2)机构方经研究后提出了解决方案，并经过了Y某的认可，最终未能签署两融合同补充协议，不是机构方造成，任何机构都不会在客户本人没有签署相关协议的前提下，按照协议内容进行操作；(3)关于客户信用账户恢复相关功能事宜，由于强平事实已成立，该账户的相关功能系统已自动限制，再开通需要进行技术手段单独设置，审批手续烦琐且有违规嫌疑，在了解到Y某在该营业部也开有证券账户，同时鉴于客户L的账户也是由Y某进行操作的情况，故建议Y某用自己的账户重新申请开通融资融券业务，并由营业部协助将客户L账户内的资产转移到Y某账户中进行交易，解决账户使用受限的问题，确保客户能够正常交易；(4)向客户解释信用业务的强制平仓制度，仅是按照双方约定归还相应资产的一种操作，是一种事先约定的保障措施，并不计入个人诚信记录；(5)关于客户提出的恢复账户市值或为客户融资20万元,调解员细心为客户解释这是违反交易规则及违反相关法律法规的,证券公司不得违规直接或间接为客户提供融资服务或为融资提供便利,并建议投资者降低预期,如X证券公司在担保物调整过程中的确存在明显错误,可以提出合理赔偿诉求。

经过调解,双方均给出相应答复,X证券营业部向总部信用交易部详细的咨询和了解了关于中国铁建作为担保物的调整情况,由公司总部提供了该公司融资融券业务规则中,关于担保物调整的相应流程及担保物调整的详细标准,并提供了公司调整中国铁建的原因说明及相应的网站公示截图,并表示公司对中国铁建不是进行担保物的调出,而是对担保物折算率进行调整,并不影响客户进行卖出操作。营业部同意协助Y某进行信用账户的开立及资产的划转,并承担Y某多次往返公司总部的相关费用,并提出答应Y某要求,在营业部现场大户室为其安排独立的交易位置。并再次表示营业部按照监管要求规范经营,没有融资借款业务,不能满足客户20万元融资诉求。客户Y某对前述反馈基本可以接受,虽然对担保物的调整还有一丝疑惑,但未提出后续要求,对营业部的其他安排和态度也比较满意,但对于赔偿金额一项,还持有意见,认为个人损失比较大,其间个人身体及心理均受到很大压力,X证券存在工作失职,心理落差很大,认为其个人无故遭受损失应该有人来负责,希望证券公司可以负起责任,承担部分损失或给予一定的补偿。调解员多次耐心地对Y某进行劝导,阐述资本市场投资收益的不确定性,以及信用交易的杠杆原理,在获取高收益的同时,同样面临着高风险,而风险的种类包含很多,不能用以往的认知作为衡量的标准,要遵守市场交易规则,了解规则、敬畏规则。同时调解员也询问机构一方,是否可以考虑到客户的情况,给予一定的补偿。营业部反馈表示已在能力和责任范围内,给予了最大的让步和补助,在解决该事件的过程中,已经付出了很多人力物力,再次表示同意对因账户资产划转所产生的费用予以免除。致此,投资者方未再提出后续要求,但对后续是否还会提出其他诉求未明确表达。

三、案例评析

(一)对案例的关键因素、主要矛盾、成因等进行分析

该案件的主要原因,是客户对融资融券交易担保物的调整规则和流程不了解,

没有明确的认识，主观认为调整不合理，从个人角度认为损害了其本身利益，尤其在事件发生初期，营业部工作人员未能重视并及时准确的回复客户咨询的问题，公司总部专业部门的回答也未能让客户理解和接受，说明该公司工作人员在解答客户疑问的时候比较随意，造成客户认为证券公司业务不规范、人员不专业、工作不负责、服务不认真的情况，认为自己未被公平对待，并造成个人账户产生较大损失。

关于融资融券担保品的说明及折算率要求，在相关法律法规中是有着明确规定的，《证券公司融资融券业务管理办法》第 24 条规定，证券公司向客户融资、融券，应当向客户收取一定比例的保证金。保证金可以证券充抵。第 25 条规定，证券公司应当将收取的保证金以及客户融资买入的全部证券和融券卖出所得全部价款，分别存放在客户信用交易担保证券账户和客户信用交易担保资金账户，作为对该客户融资融券所生债权的担保物。第 27 条规定，本办法第 24 条规定的保证金比例和可充抵保证金的证券的种类、折算率，第 26 条规定的最低维持担保比例和客户补交担保物的期限，由证券交易所规定。证券交易所应当对可充抵保证金的各类证券制定不同的折算率要求。证券公司在符合证券交易所规定的前提下，应当对可充抵保证金的证券折算率实行动态管理和差异化控制。《上海证券交易所融资融券交易实施细则》第 37 条规定，会员公布的可充抵保证金证券的名单，不得超出本所公布的可充抵保证金证券范围。会员应当根据流动性、波动性等指标对可充抵保证金证券的折算率实行动态化管理与差异化控制。且 X 证券在提供的该案件所涉及的担保品调整说明中，也详细阐述了公司调整担保品的依据，即“根据交易所《融资融券交易实施细则》与《X 证券股份有限公司融资融券业务合同》规定，X 证券经纪业务管理部门会针对交易所调整、股票被实施风险警示、股票暂停上市等事项对公司可充抵保证金证券进行日常管理。同时，按照交易所要求‘会员应当根据流动性、波动性等指标对可充抵保证金证券的折算率实行动态化管理与差异化控制’，经纪业务管理部门会根据公司研究开发管理部门建议，定期对可充抵保证金证券的范围及折算率进行批量调整”。调整标准的说明为“X 证券严格按照交易所要求及公司业务流程对担保品进行管理。其中，研究开发管理部门使用的担保品折算率测算模型由研究开发管理部门自主开发，模型以 Wind 金融终端数据为数据来源，参考前半年涨跌幅、市净率、市值规模、动态净资产收益率、动态市盈率、

BETA(100 周)[1]年化波动率(100 周)、静态市盈率等个股指标及交易所制定的可充抵保证金证券标准,对交易所公布的可充抵保证金证券进行综合评价,进而确定公司可充抵保证金证券的范围及折算率”。X 证券对担保品的调整理由为“担保品折算率测算模型显示,2016 年 9 月末至 10 月底,中国铁建[601186. SH]股价走势出现异动,具体表现为该股票 100 周 BETA 值及 100 周波动率不断增加,双双达到前期高点。鉴于该股票风险大量积聚,为防范融资融券业务风险,X 证券于 2016 年 11 月 14 日将中国铁建[601186. SH]的折算率由 70% 调整为 35%。X 证券在 2016 年 11 月 14 日发布了折算率月度调整公告,提醒客户关注担保品折算率调整事宜,及时做好交易安排”。

由此可见,X 证券公司总部信用业务管理部门对信用担保品的调整是符合相关政策及交易所规定的,X 证券对于担保品中国铁建股票的折算率调整是根据一系列的指标测算结果为依据,对担保品标的的折算率进行了适当的调整,并根据要求在其官方网站进行了发布,提醒投资者注意。并非客户 L 所描述的是人员操作不当,且无根据的调整担保物标的股票。但 X 证券公司营业部及总部在最初接到客户质疑时,并未及时了解担保物折算率的调整原因,未充分向投资者进行详细的解释,而且在后续与投资者沟通的过程中,也未能及时提供具体说明,仅反复表示公司不会无理由的进行调整,所有的调整均是有原因并且是经过专业人员研究、分析、判断后进行的调整。直至经纠纷调解员要求,才与总部相关部门沟通后给投资者出具了详细说明,后期客户 L 也曾一度对该说明的真实性产生疑惑,怀疑 X 证券为掩盖错误而特意针对其本人制作的说明,调解员解释,该说明是 X 证券总部出具的正式文件,且折算率调整的确已在网站发布留痕,不存在虚假证明,最终获得客户认可。

因此,如营业部或其公司总部在最初能够积极重视,及时通知客户,积极帮助客户查找原因,出具折算率调整的详细说明,并向客户充分揭示相关风险,也许就不会产生严重后果。另外,客户 L 的账户一直是由 Y 某进行实际操作,营业部在发生预警的时候,仅通过短信或电话通知账户本人,并未与实际操作人进行有效沟通,也是问题所在,说明营业部对客户账户的实际情况了解存在不足,对客户的把控不到位,客户服务存在一定瑕疵。客户 Y 某对账户的损失归结于证券公司,所提

① BETA(100 周)是股市中常见的一种风险指数,主要用于表示个股相对整体股市价格变化的情况。

出的诉求不能得到满足，账户损失的资产不能得到赔偿，心理落差较大，也是主要矛盾之一。

（二）对调解处理的成败原因进行分析

此次纠纷调解处理，调解员对投资者的诉求能够充分了解，理解客户的心理活动和目的，能够感受到客户内心的不甘、委屈及不平衡，客户认为自己被蒙蔽，并受到不公待遇。调解员从客户角度出发，能够站在客户角度去体谅。该客户心理承受能力较差，对风险变化的把控能力差，属于比较情绪化的性格，而且比较固执，对个人投资能力过于自信，但还算理智，自己认定的事情必须要搞清楚，在不了解事实的情况下，比较执着地认为个人利益受到损害，因此调解员需要尽可能地通过各种方式化解客户的疑问，用具有说服力的证据证明规则必须要遵守，向客户耐心的解释所产生疑问，消除客户疑虑，让客户明确地认识到对自身有利和不利的信息或关键点，当客户明白有些诉求的确是不能满足的，就会有所让步或放弃。

（三）对纠纷调解工作的启示、对券商的启示

通过此次纠纷调解，感觉客户与机构双方在沟通方面还是没能深入，对于纠纷调解员，要仔细倾听了解双方的需求、目的和出发点，并开动脑筋想办法，对于不能直接实现的要求，是否可以通过迂回的方式或其他途径解决客户遇到的问题或提出的诉求，只要满足客户的要求就能达到化解纠纷的目的，找到解决纠纷的办法。

对于券商机构来说，必须提高投资者教育工作的开展和落实，应充分的向客户提示投资风险，坚决不能误导投资者，尤其对风险较高的业务，例如，信用交易类的业务，务必充分揭示风险，详细讲解业务规则，尤其是对信用交易类的高风险业务规则、交易规则、强制平仓制度等，须提醒投资者买者自负的理念，提高客户防范风险的能力；同时加强工作人员的专业性和责任心，对信用交易类客户在出现特殊情况或突发情况时提出的问题，要给予充分的重视，认真、仔细、全面地进行解答，加强营业部与总部相关部门间的协调、沟通及合作，统一口径协同处理；对客户提出的无理要求，应该坚守原则，不能为了担心受到影响就一味迁就客户，应坚持原则，拒绝无理诉求；提高员工专业化能力，提高沟通技巧。加强服务过程管理，了解掌握客户的实际情况，建立良好的服务与信任关系，对客户产生的疑问，不能随意应付了事，减少不必要的麻烦，在出现投诉、质疑的时候，一定要在第一时间处理，防止事态扩大，减少产生投诉纠纷的概率。

案例2:融资融券业务纠纷案例

苏美丽*

一、引　言

2010年3月31日,沪深证券交易所同时启动融资融券试点交易,融资融券业务进入了投资者的视野,符合条件的普通投资者均可向证券公司申请开通融资融券业务,参与杠杆交易。融资融券业务的启动为广大投资者提供了新的盈利模式,这对于普通投资者的吸引力是不言而喻的。然而,融资融券业务终究是一把“双刃剑”,对于市场有着助涨和助跌的双重作用,相较A股市场的普通交易方式存在更大的系统风险。投资者与证券公司之间由于融资融券业务引发的矛盾和纠纷也应运而生。以下是X证券公司与投资者之间发生的一起融资融券业务纠纷案例。

二、案情简介

1. 投诉内容

投资者A先生向监管机构投诉称,本人在X证券公司开立了融资融券账户并参与交易,然而账户亏损严重,多次触及平仓线。近日,A先生关注到中国证监会于2019年8月中旬出台了取消融资融券平仓线的政策,立即询问X证券公司,得知“X证券公司仅对机构投资者取消了融资融券平仓线,未对个人投资者取消”。A先生认为证券公司应当遵照中国证监会新出台的“取消融资融券平仓线”的政策执

---

* 供职于西部证券股份有限公司客户投诉处理专岗。

行，对 X 证券公司区别对待投资者的行为表示不满，同时提出 X 证券公司办理合约展期维持担保比例要求较高，不合理，故投诉。要求 X 证券公司取消个人投资者融资融券平仓比例，降低合约展期维持担保比例。

2. 事件发展经过

经了解，A 先生是一位资深且较为理性的投资者，有着成熟的证券交易经验。在融资融券业务推行的初期，A 先生并没有盲目参与，而是经过观察和学习之后才向 X 证券公司申请开立了融资融券账户。开户过程合法、合规、手续齐全。但 A 先生参与融资融券交易之后的投资之路并不顺利，账户出现了严重的亏损，维持担保比例多次触及预警线，不断考验 A 先生的心理承受能力。此前，A 先生再次接到融资融券账户触及预警线的通知，随即向证券公司提出质疑：一是中国证监会于 2019 年 8 月中旬出台了取消融资融券平仓线的政策，X 证券公司仅对机构投资者取消融资融券平仓线，而未对个人投资者取消不合理；二是认为 X 证券公司办理合约展期维持担保比例要求太高。工作人员对 A 先生的质疑非常重视，首先站在投资者立场表示能够理解 A 先生的心情，并进行耐心细致的解答：第一，公司未对任何投资者取消融资融券平仓线，不存在 A 先生所述的“公司仅对机构投资者取消融资融券平仓线，而未对个人投资者取消”的情形；第二，关于合约展期的条件，公司是根据沪深交易所相关规则，本着为投资者控制风险、保护投资者的原则而设置的。同时就中国证监会 2019 年 1 月 31 日《证监会指导交易所完善融资融券交易机制　满足投资者多样化需求》的公告及沪深证券交易所 2019 年 8 月 9 日下发的新《融资融券交易实施细则》相关内容及条款进行解读。经过工作人员反复深入的讲解，A 先生的情绪逐渐缓和，表示要对相关制度再次研读。之后，工作人员又多次联系 A 先生了解其对政策的理解情况，A 先生则表示对维持担保比例调整相关政策已理解。在以上过程中，A 先生并未说明是从何处听到 X 证券公司“仅对机构投资者取消了融资融券平仓线，未对个人投资者取消”的说法，也未明确表示这是 X 证券公司工作人员给出的解释。X 证券公司本着“规范客户服务”的宗旨就此事进行了深入细致的内部调查，从电话录音等沟通材料中未发现有工作人员向任何投资者给出过如 A 先生所述的说法。

3. 处理过程及结果

经过工作人员的解释和安抚，X 证券公司认为，A 先生对维持担保比例相关政策已完全理解,却突然收到了监管机构的投诉通知。X 证券公司迅速作出反应,安排相关工作人员联系 A 先生再次进行解释、安抚,深入解读中国证监会公告及沪深交易所《融资融券交易实施细则》相关内容及条款。从沟通中得知,A 先生的信息来源并非中国证监会或沪深证券交易所网站,而是新华网等其他网站。工作人员立即登录新华网查找相关报道,发现新华网于 2019 年 8 月 9 日发布了名为《融资融券担保比例不低于 130% 统一限制取消》的文章,相关内容为“证监会 9 日表示,近日对融资融券交易机制作出较大幅度优化,取消了最低维持担保比例不得低于 130% 的统一限制,交由证券公司根据客户资信、担保品质量和公司风险承受能力,与客户自主约定最低维持担保比例”。经比对,该文章相关内容与中国证监会公告及沪深证券交易所《融资融券交易实施细则》内容及条款描述基本一致,可以断定是 A 先生对文章内容理解出现了偏差。工作人员首先对 A 先生的情绪进行疏导、安抚,并多次就中国证监会调整维持担保比例限制的政策及沪深证券交易所《融资融券交易实施细则》相关条款进行解读。工作人员通过真诚、耐心的服务和专业、详尽的政策解读,终于解开了 A 先生的心结,不再对此事提出质疑。

三、焦 点 问 题

在本案中,X 证券公司与 A 先生产生融资融券业务纠纷的焦点在于:(1)A 先生看到新华网 2019 年 8 月 9 日发布的名为《融资融券担保比例不低于 130% 统一限制取消》的文章后,误以为证券公司一定要为投资者取消维持担保比例,对政策理解出现偏差;(2)不知 A 先生在何处听到 X 证券公司只对机构取消维持担保比例,对个人未取消的说法,对 X 证券公司产生误解。而事实上,X 证券公司并未对投资者区别对待,不存在 A 先生所述情形。

由于当时 A 先生情绪较为激动,不能冷静听取证券公司的解释,经过工作人员细致专业的讲解,客户情绪虽得以平复,但心结却没有完全打开,之后情绪出现反复,导致矛盾升级,最终引发投诉。

四、监管制度背景

1. 中国证监会2019年1月31日发布《证监会指导交易所完善融资融券交易机制 满足投资者多样化需求》的公告,其中表明:“为进一步优化融资融券业务机制,提升证券公司自主管理能力,沪深交易所正在抓紧修订《融资融券交易实施细则》,拟取消‘平仓线’不得低于130%的统一限制,交由证券公司根据客户资信、担保质量和公司风险承受能力,与客户自主约定最低维持担保比例;同时,扩大担保物范围,进一步提高客户补充担保的灵活性。此外,为满足投资者对标的证券的多样化需求,沪深交易所正在研究扩大标的证券范围。”这一举措是为了进一步优化融资融券业务机制,提升证券公司自主管理能力,并未要求证券公司为投资者取消维持担保比例。

2. 上海及深圳证券交易所于2019年8月9日下发了新的《融资融券交易实施细则》,对涉及维持担保比例若干条款进行了修改。《深圳证券交易所融资融券交易实施细则》第4章第4.11条及《上海证券交易所融资融券交易实施细则》第43条修改为:“会员应当根据市场情况、客户资信和公司风险管理能力等因素,审慎评估并与客户约定最低维持担保比例要求。当客户维持担保比例低于最低维持担保比例时,会员应当通知客户在约定的期限内追加担保物,客户经会员认可后,可以提交除可充抵保证金证券外的其他证券、不动产、股权等依法可以担保的财产或财产权利作为其他担保物。会员可以与客户自行约定追加担保物后的维持担保比例要求。”条款中明确表述证券公司“可以”而并非“必须”为客户调整维持担保比例。

五、案 例 分 析

从本案中可以看出,A先生是一位关注国家政策,并能够积极深入了解和研究的理性投资者。引发投诉的症结在于A先生账户亏损严重,心理承受能力受挫,在看待事物时难免会产生趋利避害的思维模式,很自然地把政策理解为对自己有利的一面,因此对中国证监会发布的公告及沪深证券交易所发布的《融资融券交易实施细则》相关内容及条款理解出现了偏差,加之道听途说、偏听偏信,对证券公司的信任产生了动摇。如果当时证券公司能够在新制度出台的第一时间开展多元化投教活动,帮助投资者正确理解制度,深入了解政策,树立理性的投资理念,或是A先生能够主动就新政策与证券公司进行沟通、讨论,就能从一定程度上有效规避投诉风险。

这种情况在广大投资者当中并非特例,此类投资者具备一定的证券投资经验,能够关注证券市场相关政策,喜欢扎堆讨论研究,为证券公司开展投资者教育工作起到了良好的推动作用,却又表现得较为固执,一旦对政策理解出现偏差而又没有及时得到纠正就会埋下投诉隐患,甚至会影响其周围的投资者群体,产生负面影响。

在本案中,工作人员对相关政策理解透彻,能够立足投资者的视角,以同理心化解客户疑虑,理解投资者,通过对政策耐心、细致、严谨的讲解和分析消除投资者疑惑,最终获得了投资者的认可,体现了证券从业人员良好的专业素养。

六、案例启示

每一个投诉案例都应引起证券公司的警醒和反思,分析起因,排查漏洞和不足,及时整改,进一步提升公司管理和投资者服务质量,杜绝客户投诉隐患。经过对本案的深入分析,可以得出以下启示。

(一)转变服务理念,建立多元化非现场沟通模式

从本案中可以看出,A先生平时大多采用的是非现场交易方式,营业部通常根据业务需要联系客户,沟通方式以单向模式为主,与A先生之间缺乏良性的双向沟通,容易产生沟通盲区,导致误会产生。因此,没有良好的沟通是导致后期投诉的关键。

随着证券市场智能化服务的推广,非现场投资者群体随之壮大。在此背景下,如何开展非现场投资者教育,与投资者保持良好的沟通成为证券公司面临的新考验。证券公司应转变服务理念,加强非现场投资者服务,结合证券市场投资者知识层次差异大、性格各异、需求不同的个性差异,积极探索,与投资者建立良好的双向沟通模式,组织开展多元化投教活动,充分依托网络、App、微信等多媒体渠道及时推送高质量的海报、宣传片、推文等宣传材料,激励投资者参与证券新政策、新制

度、新规则的学习和讨论,同时发挥营销人员的联络作用,强化主动服务意识,建立投资者与证券公司之间的有效沟通模式,避免此类投诉的发生。

（二）夯实信任基石,建立良好投资者服务关系

本案中的A先生因账户亏损严重心态欠佳,加之解读政策出现偏差,偏听偏信,对X证券公司产生了误会而引发信任危机。投资者对证券公司的信任容易动摇,这与个别企业的不诚信经营行为给消费者带来的极其不好的体验有关。证券市场自成立以来,也屡屡出现挪用客户保证金、财务造假、内幕交易等违法违规行为,令投资者深恶痛绝。近年来,监管机构坚持采取强有力的监管措施,处罚违规机构,深挖"老鼠仓",还投资者一个公平、公正、公开的投资环境,重拾投资者的信任。随着监管制度的不断完善,证券公司从加强合规管理入手,坚守合法、合规经营底线,提升投资者保护意识,多手段控制违法、违规情况的发生,树立诚信企业形象。

充分的信任是建立证券公司与投资者之间良好服务关系的基石。投资者将其资产、一生积蓄甚至是养老钱投入证券市场,在开户时会慎重选择体量较大、具有影响力、值得信赖的证券公司。本案中的A先生选择了本地影响力较大的证券公司,表明了对该证券公司的信任,但在听说证券公司对投资者区别对待时,对证券公司是否严格落实监管机构政策方面产生怀疑,且通过投诉维护自身的合法权益。X证券公司秉承服务投资者的理念,通过诚信、优质的服务,最终获得了A先生的信任和理解。由此可见,证券公司应当珍惜投资者给予的这一份信任,秉承服务投资者的理念,能够换位思考,体会和理解投资者的心态,用合法、合规的经营理念,贴心、优质的服务水平,诚实、守信的工作作风回报投资者,公平、公正地对待每一位投资者,做到承诺必有结果,夯实信任基石,坚决保护投资者合法权益。

七、总　　结

近年来,随着证券市场的不断成熟,国家监管力度逐渐加大,监管手段也越来越精准,个别证券公司的违规行为得到了有效遏制,特别是中国证券监督管理委员会投资者保护局的成立,进一步加强对中小投资者的保护力度。根据国务院"依法监管、从严监管、全面监管"的工作要求,2017年《证券期货投资者适当性管理办

法》出台,明确和强化了经营机构适当性管理义务。2020 年下发的新《证券法》新设了“投资者保护”专章,建立普通投资者与证券公司纠纷的强制调解制度,加大违法行为的惩处力度,依法保护投资者合法权益,对我国资本市场健康发展和中小投资者权益保护带来了积极且深远的影响。

证券公司应充分认识投资者保护工作的重要性,始终坚持“以客户为中心”,深入贯彻落实投资者教育工作,将投资者教育工作贯穿于业务营销、日常服务与各个业务办理环节当中,多举措落实投资者适当性管理制度,切实履行适当性管理义务,紧跟市场发展需求,积极创新,开展形式多样、行之有效的投资者教育活动。严格履行投诉处理首要责任,依法、客观、公平、公正、及时的处理客户投诉,重视投资者反馈的意见和建议,切实保护投资者合法权益。重视对投诉案例的分析,查找起因,排查漏洞,及时整改,进一步提升投资者服务质量和满意度,加强源头治理,规避投诉风险,与广大投资者携手,共同营造证券市场稳定、健康、和谐的投资环境。

Cases Review of Dispute Mediation

第三篇

基金专题

案例1：私募基金产品纠纷调解案例分析

江琳彬*

一、引　言

20世纪末至21世纪初，随着经济社会的不断发展和社会投资需求的不断增加，我国的私募基金业态逐渐兴起。随着私募基金阳光化，中央机构编制委员会办公室将私募基金的监督管理职责划归中国证监会，以及中国证券投资基金业协会行使自律职能等调整，私募基金行业监管工作历经初步探索、启动规范、全面规范的演进历程，由最初的全口径登记备案，到行业整顿、出清"伪私募"、倡导扶优限劣，再到登记备案操作的清单化、透明化，整个行业历经一轮逐步规范，服务实体经济和创新创业成效显现，已成为我国多层次资本市场中充满活力、富有潜力的重要部分。

为依法规范私募基金行业，我国已逐步形成了目前以《证券投资基金法》为核心，各类部门规章和规范性文件等辅助监管的基金监管法律体系。一是基本法。《证券法》《公司法》《合伙企业法》《证券投资基金法》等法律为我国私募基金的规范运作奠定了法制基础。二是部门规章和规范性文件。《私募投资基金监督管理暂行办法》《证券投资基金信息披露管理办法》《证券期货经营机构私募资产管理业务运作管理暂行规定》《政府出资产业投资基金管理暂行办法》《创业投资企业管理暂行办法》《证券期货投资者适当性管理办法》等。三是自律规则层面由中国证券投资基金业协会制定的"7+4+2+N"自律监管体系。四是证监会派出机构和地方

---

* 厦门证券期货基金业协会基金部副主任、中证资本法律服务中心兼职调解员。

自律组织的规定。

从整体上来看,虽有专项法律法规框架,但顶层设计不够完善,未实现私募基金统一功能监管、规则监管,市场机构和个人违法违规成本也较低;从市场实际和投资者群体来看,私募基金市场规范时间尚短,市场机构仍然较为鱼龙混杂,非专业化经营甚至违法违规的机构还较多,部分投资者对行业规则了解有限,投资后容易发生各类纠纷,或被“伪私募”蒙骗,再加上众多股权类私募基金退出期小高峰到来,兑付压力和风险来临。未来,私募基金类的纠纷有可能成为一个新的增长点。

本篇就近期一例证券类私募基金产品纠纷调解情况作分析和探讨。

二、案情回顾

已登记证券类私募基金管理人M公司于2018年1月备案了1只产品Y基金,托管券商为N证券公司。2019年8月至9月,投资者A、B、C、D、E经M公司实际控制人L某介绍,分别投资Y基金250万元至500万元不等。

2019年10月下旬,Y基金购买的一只股票K连续5天跌停,基金净值由1.019直线下滑至0.579,M公司其间下达卖出指令,但因极端行情无法平仓,数天后才成功卖出,此时的基金净值早已跌穿预警线和清算线,投资者大额亏损。

2020年3月,5位投资者分别向监管局信访投诉,2020年4月,5位投资者向调解工作站申请调解,要求M公司及其实际控制人L某全额返还投资款并计利息,要求N证券公司承担连带责任。工作站分别向M公司、N证券公司征询调解意愿,均表示愿意进行调解。

三、案情分析

(一)投资者投诉依据

5位投资者认为M公司有以下违规违约行为:一是指派无资质人员进行基金销售;二是基金销售未履行适当性审核,未对基金风险作书面揭示;三是未履行投资冷静期制度的回访安排;四是未及时向投资者披露基金操作及净值等重大事项;五是违反基金合同止损条款的操作约定,未按合同约定平仓;六是基金未按合同约定的投资策略进行量化投资，而去购买“庄股”K等股票，K股票涉嫌操纵股价被公安机关调查，Y基金购买的份额遭到冻结；七是N证券公司未履行作为托管人的职责和义务，对M公司进行必要警示、限制等措施，应承担连带赔付责任。

（二）事实调查

基于投资者提供的证据和诉求，我站调解员走访M公司进行现场调查，经了解发现，M公司实际控制人L某和法人Z某均常驻H市，公司目前大股东J某实际上为L某代持股份，对公司业务不了解，合规风控Q某亦对公司持股情况不甚了解。针对投资者反映的M公司违规情况，调解员通过现场核查，确认了本案的几个基础事实。

一是5位投资者是L某的朋友介绍而来，2019年8月至9月，与L某在H市签署基金合同，当时M公司指派有从业资格的人员S携带合同前往H市进行签约。

二是投资者适当性文件齐全，但签署文件时，L某及M公司的销售人员S只提示投资者签字，未引导投资者认真查看各项风险条款，风险揭示义务履行不到位。

三是M公司已履行投资者冷静期制度的回访义务，并由投资者及回访检查人签署《回访确认函》。

四是M公司未严格按照合同约定方式向投资者披露基金净值等信息，且向投资者提供的净值与实际有偏差。

五是基金未按合同要求进行平仓止损操作，确因极端行情无法成交，此项不属恶意违约，但相关责任人员在特殊情况期间未及时联系投资者并沟通情况，保障投资者知情权，打好预防针，客观存在未及时披露重大信息的责任。

六是双方后续签署了补充协议，取消对单支股票投资比例的限制，但未修改投资策略，Y基金后续的投资操作未按约定的投资策略进行。

七是N证券公司根据托管合同的要求，在发现基金净值跌破止损线后，立即向M公司发出了风险提示函，已尽到风险提示义务。

（三）情况梳理与争议点判断

调解员经过分析提取出以下几点信息。

一是M公司内部治理方面存在问题，违反了《私募投资基金监督管理暂行办法》第25条“私募基金管理人应当根据基金业协会的规定，及时填报并定期更新管理人及其从业人员的有关信息、所管理私募基金的投资运作情况和杠杆运用情况，保证所填报内容真实、准确、完整”的规定。

二是M公司在营销过程中,对投资者风险揭示不到位,日常净值披露不准确,特别是极端行情期间未及时向投资者披露影响投资者合法权益的重大信息,违反了《私募投资基金监督管理暂行办法》第24条“私募基金管理人、私募基金托管人应当按照合同约定,如实向投资者披露基金投资、资产负债、投资收益分配、基金承担的费用和业绩报酬、可能存在的利益冲突情况以及可能影响投资者合法权益的其他重大信息,不得隐瞒或者提供虚假信息”的规定。

三是Y基金合同约定投资策略为“期货策略、量化对冲策略及多策略配置”,与Y基金实际重仓投机K股票的投资策略不一致,构成违约操作,且投资的K股票涉嫌操纵市场行为,从一侧面反映此股票“庄股”的可能性。因此,M公司的行为是存在过错的,且造成了巨大的损失,监管部门在调解期间也针对M公司上述违规行为下发了行政监管措施。

M公司及实际控制人L某对上述行为无异议,表示愿意承担赔偿责任,但双方经过协商,在计息方式上存在争议。

四、调解过程和结果

因投资者和M公司实际控制人L某均在H市,异地加之疫情因素,调解员决定采用电话调解形式先进行背靠背调解,后续视案情推进情况,伺机促成现场调解。鉴于投资者数量较多,调解员制定了“逐个击破”的方针,有人带头达成协议,或能起到连带效应,其他投资者心理受到暗示,或许更容易突破。

本着推进案情、搁置争议的思路,调解员首先摸清M公司和L某的心理底数,对其违规行为进行说明,试探其担责意愿和口径。L某表示知晓因公司存在的违规问题,导致投资者出现亏损,表明愿意承担赔偿责任,对投资者提出的本金索求无异议,但利息方面无法接受,最多按照银行利息赔付。

调解员逐个与投资者沟通,一是提示其进行的私募投资行为具有高风险性以及“买者自负”的原则,在签署投资合同时,投资者要对自己的签字行为负责,同时表明会以中立的立场按照“卖者有责”原则判断M公司是否存在过错及责任大小,与投资者建立初步信任,并对个别投资者上门骚扰L某家庭的行为进行劝导和利害分析，安抚投资者激动情绪，引导理性维权；二是向投资者理清 Y 基金产品现状，特别是 Y 基金被冻结资产的情况，告知投资者基金财产还是有一定保障的，且 L 某已明确表明愿意承担责任，并将 M 公司协调此事的最新进度及时反馈给投资者。

在沟通中调解员发现，A、B、C 相识，同一时期投资，D、E 为亲戚关系，一同投资。A、B、C 表示，近期 L 某曾与他们私下联系，同意赔付本金及 9.6% 利息，且首付款为本金的 20%，故他们以此为标准进行索求。经核实，L 某并未明确答应此要求，且未留下书面协议。此项争议为双方目前意见不统一的主要原因。经了解，在司法实践上，此类案件大部分判决至多拿回本金及银行利率利息。调解员亦向 A、B、C 表明其提出的 9.6% 利息较高，争取的可能性较小，压低投资者索求期望值；同时，调解员从资金的时间成本方面进行分析，投资者若是一直纠结于利息部分的些许差距，而本金也迟迟拿不到手，时间越长则损失的利息越高，得不偿失。

经过逐个多轮沟通，调解员发现 5 位投资者中出现了一定的分化，3 周后，投资者 D、E 首先表示愿意达成和解，按照本金加银行利息计算赔偿金额并分 12 期支付。攻下一城后，调解员对剩下的 A、B、C 3 位投资者再加以分析，发现 A 平时沟通较为直爽和果断，而 B、C 为一个小团体，投资金额较小但更加计较与 L 某之间前期发生的不愉快，心结始终放不下，不肯松口降低索求。调解员加大对 A 的劝导力度，并沟通 M 公司和 L 某，看是否能够适当再给一些"甜头"促使其达成协议，经过两周的沟通，双方表示愿意按本金加年化 6% 利息达成和解。

对于投资者 B、C，则始终坚持 9.6% 利息要求，调解员对 M 公司及 L 某也分析了司法实践情况，助其分析利弊。经过两周的多番沟通，包括调解工作站建议并促成 B、C 与 L 某在 H 市面对面沟通后，L 某决定同意 9.6% 利息，B、C 不再要求首付 20% 本金，而按 12 期平摊支付，双方最后各自退让一步，达成和解。

五、案例思考和启示

（一）调解工作方面

私募基金类的纠纷调解在我站尚属首例，在案件处理过程中，笔者进行了一些总结。

一是此类案件金额一般较大，每个投资者投资起点为 100 万元，实际投资者往往数百万元甚至上千万元,较一般的证券类纠纷标的大了不少,这就造成以往一些小额纠纷的处理经验不适用,例如,赔偿金额不是几千元或者几万元能够满足的,本案例笔者认为有一定的特殊性,M公司及L某一开始就愿意赔付本金,与投资者诉求差别仅在于利息方面,为后续的调解奠定了基础,若是双方的心理预期相差过大,则达成协议的难度较大。

二是私募基金产品往往设置为一批相互认识的投资者设立的“专户”,一旦出现问题,则投资者可能会联名提出诉求,投资者数量较多,各个投资者在利益损失和诉求方面不尽相同,综合处理难度大。

三是私募基金管理人的股东多为自然人,要牢牢锁定最后承担责任的实际控制人,自然人股东比券商的国企股东更灵活,协调可能性或许更大。

(二)行业治理方面

1. 本案例M公司的股权代持情况,在私募基金行业仍然是较为突出的一个问题,一是私募基金管理人多为自然人股东持股,一定程度上便于代持操作;二是部分实际控制人不愿抛头露面,习惯于找一位“代言人”,隐藏身份。一方面,股权代持情况投资者无法明确管理人真实的持股情况,责任情况以及遇到纠纷时,更难以追溯到真正的“事主”,导致无法解决;另一方面,在诚信建设的大背景下,对实际控制人的诚信行为无法准确记录和追踪。在监管实践中,此类机构往往更容易出现违法违规等行为。

2. 在监管实践中,暂未强制要求私募基金管理人按《证券期货投资者适当性管理办法》进行“双录”,但监管部门明确鼓励此做法,“双录”保障了双方的权益,避免出现不必要的纠纷。

3. 据中国证券投资基金业协会(以下简称中基协)统计,在工商登记中含有“投资”“基金”“资产管理”等字样的有限合伙企业中,仅有不到10%在协会登记备案,即大部分是游离于监管之外的,这些公司可能开展P2P、借贷等非私募业务又打着私募的名号,且常常出现无法兑付、“跑路”等情况,部分投资者无法分辨私募机构与之的区别,在合法权益被侵害后,又将其与私募机构混为一谈,对真正的私募行业造成了很大的负面影响。监管部门应加强监管,一方面,保护正规私募公司的良性发展;另一方面,保护投资者合法权益不受侵害。

（三）投资者教育和选择方面

从投资者的角度来看，特别是普通投资者、个人投资者，基本上比较容易理解私募基金投资下面几个特征：一是私募基金只面向特定的少数投资者募集资金，不得公开宣传；二是私募基金的投资起点较高，且需要特定规模的资产证明；三是私募基金操作较为灵活，有更高的收益可能以及更高的风险。但不少投资者对专业私募的理解、产品运行规律、自身的权力和义务等认知还不够清晰，造成容易被不法分子蒙骗，且容易发生投诉纠纷。因此，对培育投资者群体的专业素养、“卖者有责，买者自负”理念等工作依然任务艰巨，行业在帮助投资者认清“伪私募”，提高专业知识水平，风险防范意识，维护自身合法权益等方面还大有可为。

另外，随着市场的发展和有关制度的健全，在判断投资者投资适当性方面，私募基金管理人有了一定的依据，但难免有一些表面符合规定、实际缺乏理性投资理念或者动机不纯的投资者存在，这会使私募基金管理人在后续工作中遇到很多额外的难题。私募基金对投资者虽有一定门槛限制，财力能够有一定保证，但个别投资者存在集合投资，或在机构“策划”下集合投资的情况，以及个别投资者前期产品赚钱时“你好我好大家好”，后期遇到亏损时就翻脸不认人的情况依然存在。所以，私募基金管理人在选择投资者方面，除进行适当性方面的工作外，也要对投资者诸如性格、背景、其他投资经历、是否有不合理的投诉经历等情况尽可能有所了解，及时发现异常；而投资者首先明确自身是否为合格投资者，不被非法机构怂恿，守住合法合规投资的底线，避免因自身责任导致权益受到损害。

案例2:适当性管理问题引发理财产品销售纠纷调解案例

杨统海*

一、纠纷起因

2019年8月12日,投资者王某向中证山东调解工作站(以下简称工作站)递交调解申请,要求A证券公司赔偿他购买基金产品造成的损失并披露产品相关信息。

王某反映,他于2014年10月在A证券公司山东分公司认购了10万元B基金。在产品销售过程中,A证券公司一直宣传该产品是稳健增长理财产品,而且没有作任何风险评估。

A证券公司与王某约定,在产品开放期客户经理会主动联系,但过去两年时间一直没有联系,王某通过网站也无法查询到该产品信息。经电话咨询客服无果后,王某于2019年7月通过“12386”热线对A证券公司进行了投诉,双方没有达成和解。

工作站收到王某调解申请,征询公司同意调解,通知双方选定调解员对该起纠纷进行调解。

二、事实认定

调解员选定后,迅速向A证券公司了解情况。证券公司作了如下反馈。

---

* 中证山东调解工作站业务专员,中证资本市场法律服务中心调解员。

（1）工作人员介绍产品时，明确说明该款产品为公司发行的集合资产管理计划，王某在《A证券公司集合资产管理计划电子签名约定书》签字确认，并于2014年10月13日通过其电脑进行产品申购时签署了电子合同。

（2）王某在购买该产品时，工作人员进行了风险揭示并了解客户风险等级，王某本人在《客户投资风险承受能力测试》签字，并在开户回访中，明确表明了解风险揭示相关内容且登记资料有效。《客户投资风险承受能力测试》无须公司签字盖章。

（3）工作人员在王某认购产品后进行回访，已通知产品开放期。2017年6月6日工作人员进行电话服务，王某表示对公司服务满意，但不希望继续回访。

（4）对于近期无法查询产品相关信息的问题，工作人员多次电话沟通，耐心解释，指导明确相关操作，并打印产品公示内容向王某展示。

（5）王某投诉后，公司相关部门充分了解情况，多次联系王某，耐心解答疑问。2019年7月9日，总部资产管理部安排专人到济南会同山东分公司相关工作人员与王某会谈，对相关问题进行解释说明。

（6）王某曾在3个月时间内盈利超过3%，并按净值进行了赎回，说明王某明确知晓该产品为净值型产品。后期客户再次申购，市场发生巨大波动。公司认为，王某投诉源于产品业绩与其预期存在差距，王某也曾承认公司所陈述事实，但仍坚持索要赔偿。

经过查询相关记录，并对双方陈述进行分析辨别，调解员认定以下事实：

（1）投资者本人提供的《客户投资风险承受能力测试》显示只有客户签字，具体测试内容没有作答；而公司留存的版本则内容齐全。由此加上双方陈述可以认定王某当时仅是签字而没有亲自测试，测试内容由营业部工作人员代为办理。

（2）王某于2014年10月13日前往A公司山东分公司济南营业部现场开户，开户后自行认购B稳健增长理财产品10万元，2015年1月7日自行赎回该产品，其间盈利3.015%；2015年4月，王某通过互联网客户端，又自行认购该产品10.4万元，并一直持有。根据以上情形认定，王某知悉该产品净值型产品属性。

三、化解纠纷

认定基本事实以后,调解员组织双方进行了面对面和背靠背的耐心调解,明确指出双方存在的问题。

1. A证券公司在销售产品时,未严格遵守投资者适当性管理和实施指引有关规定,应承担相应的损害赔偿责任。

2. 王某作为具备完全行为能力的成年人,对自身风险承受能力应有相应的认识。不重视风险测评,在空白测评签字,也存在明显过错。

经过耐心调解,双方都认识到自身错误,公司愿承担部分损失,并承诺在开放期内协助客户进行产品转让。王某也同意这一解决方案,但对公司提出的补偿金额并不认同。调解员根据调解前一个交易日产品的净值,除去王某前期分红等投资所得,计算出浮亏金额,经过反复解释沟通,双方最终都接受了补偿金额。至此,双方签署调解协议,纠纷得到妥善解决。

四、案例启示

中国证券业协会(以下简称中证协)早在2012年12月30日就发布了《证券公司投资者适当性制度指引》,明确了证券经营机构可以通过由普通投资者填写《投资者基本信息表》等多种方式了解投资者基本信息,并通过投资者填写《投资者风险承受能力评估问卷》等方法对其风险承受能力进行综合评估。《投资者基本信息表》《投资者风险承受能力评估问卷》应当由普通投资者本人填写,证券经营机构及其工作人员不得以明示、暗示等方式诱导、误导、欺骗投资者,影响填写结果。经营机构还应当结合自身实际,通过多种方式和途径了解自己客户的风险承受能力。

由证监会制定,2017年7月1日起施行的《证券期货投资者适当性管理办法》对机构的适当性管理义务作了更为明确的规定。

该办法第3条规定,向投资者销售证券期货产品或者提供证券期货服务的机构应当在销售产品或者提供服务过程中,全面了解投资者情况,深入调查分析产品或者服务信息,科学有效评估,充分揭示风险,基于投资者的不同风险承受能力以及产品或者服务的不同风险等级等因素,提出明确的适当性匹配意见,将适当的产品或者服务销售或者提供给适合的投资者,并对违法违规行为承担法律责任。

该办法第18条规定,经营机构应当根据产品或者服务的不同风险等级,对其适合销售产品或者提供服务的投资者类型作出判断,根据投资者的不同分类,对其适合购买的产品或者接受的服务作出判断。

除对证券经营机构的适当性管理义务进行规定外,相关制度也对投资者行为作了适当约束。《证券公司投资者适当性制度指引》第9条规定,客户应当如实提供指引第7条和第8条规定的信息及证明材料,并对其真实性、准确性、完整性负责。《证券期货投资者适当性管理办法》第4条规定,投资者应当在了解产品或者服务情况,听取经营机构适当性意见的基础上,根据自身能力审慎决策,独立承担投资风险。

证券期货市场是风险多样的专业化市场,股票、债券、期货、期权等各种产品的功能、特点、复杂程度和风险收益特征千差万别,而广大投资者在专业水平、风险承受能力、风险收益偏好等方面都存在很大差异,对金融产品的需求也不尽相同,资本市场的长期稳定发展需要投资者的专业化程度和风险承受能力与产品相匹配。因此,在资本市场发展实践中有必要注重对投资者进行分类管理,“将适当的产品销售给适当的投资者”,防止不当销售产品或提供服务。

而且,经营机构与投资者同为资本市场的参与者,但两者的定位和角色迥然不同。经营机构通过提供金融产品和服务获取收益,具有天然的开发更多客户、销售更多产品的冲动,投资者则处于信息不对称的相对弱势地位,在金融产品日益丰富、产品结构日趋复杂、交叉销售日益频繁的当今资本市场,两者的这种差别更加明显。

投资者适当性制度正是平衡双方利益诉求、约束经营机构短期利益冲动、增强经营机构长期竞争力,同时提升投资者自我保护意识和能力的重要举措。境外成熟市场均高度重视适当性管理,建立了全面有效的制度机制,取得了良好效果。我国资本市场以中小投资者为主,更需要采取针对性措施来保护投资者特别是中小投资者的合法权益,引导市场健康、有序发展。

投资者适当性制度已经是我国资本市场的一项基础制度。2019年12月修订、2020年3月1日起施行的《证券法》第88条明确规定了投资者适当性管理的相关内容,这也是投资者适当性管理首次出现在《证券法》中,投资者适当性管理有了法律层面的制度保障。第 88 条要求证券公司全面评估投资者,要求证券公司评估并向投资者如实告知投资产品、服务的潜在风险,要求证券公司将合适的产品、服务提供给合适的投资者。与此同时,新《证券法》第 88 条也对投资者义务作了规定:“投资者在购买证券或者接受服务时,应当按照证券公司明示的要求提供真实信息。投资者拒绝提供或者未按照要求提供信息的,证券公司应当告知其后果,并按照规定拒绝向其销售证券、提供服务。”

“市场有风险,投资需谨慎”并非一句空话。适当性管理构筑的是投资者进入资本市场的第一道防线,从一定意义上来讲,没有健全并有效落实的适当性制度,就不会有成熟的经营机构和投资者,也不会有稳定健康的资本市场。

案例3:投资者适当性管理匹配销售解读

杨　喆*

投资者适当性管理既是现代金融服务的基本原则和要求,也是成熟市场普遍采用的保护投资者权益和管控创新风险的做法。2008 年全球金融危机之后,为维护金融市场健康稳定发展,国内外监管机构已逐步建立适当性管理制度。我国监管机构对于投资者适当性管理也非常重视,2016 年年底证监会发布了《证券期货投资者适当性管理办法》(以下简称《适当性办法》),规范了证券期货行业的投资者适当性管理要求。2018 年,中国人民银行、银保监会、证监会、外管局联合发布了《关于规范金融机构资产管理业务的指导意见》(以下简称《资管新规》),对于银行、信托、证券、基金、期货、保险资产管理机构、金融资产投资公司等金融机构资产管理业务的适当性管理进行了统一的规范性原则要求。2020 年 3 月 1 日施行的新《证券法》更是单独新增了"投资者保护"专章,将投资者适当性制度正式由人大立法进行规范。

上述有关投资者适当性的法律法规接踵而至,充分说明我国有关投资市场的投资者保护制度与规范日益完善,对于金融机构而言有利于妥善落实投资者适当性管理工作,对于投资者而言更是得到了法律法规的有力保障。本文结合近期的司法实践对投资者适当性管理义务进行简要解读。

---

* 渤海汇金证券资产管理有限公司合规经理。

一、案件情况

(一)基本事实

2016年9月,原告刘某与被告某证券资产管理有限公司(以下简称被告)签订了《××资管××号集合资产管理计划资产管理合同》(以下简称《资管合同》)。根据资管合同及约定,由原告刘某参与被告作为管理人设立的××资管××号集合资产管理计划(以下简称资管计划),该资管计划资金主要用于投资某信托有限公司(以下简称信托公司)设立的“××信托—××号事务管理类集合资金信托计划”(以下简称信托计划)。该信托计划用于向山东某股份有限公司(以下简称融资公司)发放信托贷款;信托计划存续期内,融资公司将归还信托贷款本息,从而实现资管计划投资收益。

原告刘某诉称在资管合同签订后,其依约购买了期限为18个月的资管计划B类份额,履行了合同约定的义务。原告将资管合同约定的100万元委托资产交付被告,被告接受并确认。原告认为,原被告双方签订的资管合同合法有效,双方应依约履行,但被告未按约定履行管理人的尽职管理义务,并怠于履行管理人职责,导致原告的投资目的未能实现,投资本金及对应的投资收益不能正常返还和实现。原告曾多次要求被告给出合理解释及切实可行的解决方案,但始终未能解决,损害了原告的合法权益,据此向法院提起诉讼。

(二)原告的诉讼请求

原告请求法院判令被告立即履行对资管计划的清算义务,于清算结束后立即办理对原告投资资金和应计资金成本的返还事宜。此外,原告请求法院判令被告赔偿因其违约及过错导致的原告投资本金损失60万元及对应的逾期收益损失3.985万元以及同期银行贷款利率计算的逾期利息。

(三)被告辩称

1.被告已开始对案涉资管计划进行清算,并已于2019年1月向原告分配相当于其40%投资款的款项,资管计划仍在清算过程中,被告勤勉尽责地履行清算义务的行为完全符合法律规定和合同约定,被告不存在任何违约行为或过错。

2.案涉《债务和解协议》处于正常履行状态,案涉资管计划的清算程序尚未终结,原告不存在任何损失。

3. 被告已依法履行投资者适当性管理义务和审慎调查义务,原告系自主决定参与资管计划,并确认自行承担风险,原告诉请被告赔偿损失没有任何事实依据和法律依据。

(四)法院判决

对于被告是否履行了投资者适当性管理义务的争议,原告认为其风险等级为C3,而涉案产品的风险等级为R5,被告将高于投资人风险承受等级的产品卖给了投资人,违反了《证券经营机构投资者适当性管理实施指引(试行)》第17条的规定,故被告未尽到投资者适当性管理义务。而被告认为,原告经测评属稳健型以上投资者,依据《评估问卷》可以购买涉案的混合型理财产品,风险等级匹配,故被告已尽到投资者适当性管理义务。

法院经审理认为,被告实质上已履行投资者适当性管理义务。原告在购买涉案产品的过程中,填答了《评估问卷》,签署了《风险揭示书》《资管合同》等多份文件。被告已通过《评估问卷》等方式了解了客户,并在《风险揭示书》中列明了资产变现风险、现状交付风险、延期交付风险等各类风险,原告在《风险揭示书》落款处签名,并亲笔手书“已阅读全部内容,愿意自行承担参与资管业务的风险和损失”。《资管合同》也明确载明了资管计划的投资范围、资金运作方式、担保责任、收益分配、风险提示等情况,且多处提示“管理人不保证委托资产本金不受损失,也不保证最低收益;涉案产品属高风险收益产品”。故被告在向原告销售金融理财产品的过程中,进行了投资者风险承受能力评估,多处进行风险警示,让投资者清楚地了解了涉案产品的特点、权益、投资风险及最差投资结果,尽到了必要的产品说明义务及风险提示义务。

原告虽主张其风险承受等级与产品的风险等级不匹配,故被告未尽到适当性义务,但其所引风险匹配规则来自2017年7月1日实施的《证券经营机构投资者适当性管理实施指引(试行)》,而涉案《资管合同》签订于2016年9月,根据法不溯及既往的原则,不宜以签订合同时尚未实施的规则要求被告。退一步说,即便依原告主张的风险不匹配成立,根据上述指引第19条及第20条的规定,当投资人购买与其风险承受能力不匹配的产品时,证券经营者应当与其签署确认风险警示。在本案中,原告已签署了列明资产变现风险、现状交付风险、延期交付风险等各类风险的风险揭示书,明确愿意自行承担参与资管业务的风险和损失,且资管合同多处载明不承诺保本付息及上述可能风险,故即便风险等级不匹配,被告在实质上也已经进行了特别的风险警示。因此被告实质上已履行投资者适当性管理义务。

综上所述,被告作为涉案资管计划的管理人已履行投资者适当性管理义务,其在涉案资管计划到期后与融资公司达成和解协议并未损害原告利益,和解协议正在履行当中且原告已如期获得第 1 期和解款项。原告主张因被告违约及过错而导致原告投资损失,理据不足,法院不予采信。原告诉讼请求无事实和法律依据,法院依法予以驳回。

二、案例事实剖析

本案的争议焦点为原告认为未按约定履行管理人的尽职管理义务,而被告提供了下列事实以证明其履行了投资者适当性管理义务。

1. 案涉资管计划依法由具有基金销售业务资质的代销公司进行代理销售,被告已尽到审慎选择受托方的适当性管理义务。

2. 被告已在案涉资管合同中详细披露案涉资管计划的投资范围和投资比例,投资者已明确表示对被告的前述投资运作行为及结果表示认可。资管合同第 4 条"集合资产管理计划的基本情况"第 4 项投资范围中明确约定:本集合计划主要用于投资××信托设立的"××信托－××号事务管理类集合资金信托计划",该信托计划用于向融资公司发放信托贷款;信托计划存续期内,融资公司归还信托贷款本息,从而实现资管计划投资收益。

3. 该资管合同不仅详细说明了投资范围,而且列明了本集合计划投资的信托计划概要,说明信托计划名称、受托人、信托类型、信托资金管理运用方式和信托贷款项下的担保措施。紧随上述内容的,是以黑色加粗字体特别标明"委托人确认:签署本合同即表示同意上述投资范围及具体的投资管理运用方式,且管理人在本计划成立后可自主在上述投资范围内进行投资而无须另行征得委托人同意,委托人对管理人上述投资运作行为及其结果均表示认同"。因此,投资者在签署案涉资管合同,认购案涉资管计划时,已明确知晓其投资款的具体投资运作方式,并对投资运作行为及结果表示认可。

4. 根据资管计划的投资范围和资产配置比例，资管计划属于与稳健型投资者风险承受能力相匹配的混合型理财产品。《资管合同》第 4 条投资范围和投资比例中第四项的“资产配置比例”项下明确约定：(1)集合资金信托类资产：占本集合计划资产总值的比例为 0～100%；(2)现金类资产：占本集合计划资产总值的比例为 0～100%；现金类资产包括现金、银行存款、货币市场基金等。从上述投资范围和资产配置比例来看，案涉资管计划属于混合型理财产品。《资管合同》第 4 条第 9 项“本集合计划的风险收益特征及适合推广对象”中明确约定：本集合计划主要投资于集合资金信托计划，属高风险收益品种产品，存在一定风险，适合具有匹配的风险承受能力且认同集合计划投资理念的投资者。在案涉《资管合同》附件一《××资管个人投资者风险承受能力评估问卷》后附的《分类标准及产品匹配》中，评估得分在 37～72 分的属于稳健型投资者，匹配的金融产品包括混合型理财产品，稳健型投资者愿意承担一定程度的风险，主要强调投资风险和资产增值之间的平衡，为了获得一定收益可以承受投资产品价格的波动，甚至可以承受一段时间内投资产品价格的下跌，此类投资者可以承受一定程度的资产波动风险和本金亏损风险。因此，稳健型投资者参与案涉资管计划与其风险承受能力相匹配，不存在风险承受能力不匹配的情况。

5. 被告多次明确揭示案涉资管计划的具体投资风险。在案涉《资管合同》第 24 条“风险揭示”及文件三《××证券资产管理有限公司资产管理业务风险揭示书》中，被告已对本集合计划面临的包括但不限于市场风险、管理风险、流动性风险、信用风险、本集合计划投资于信托计划、基金公司或基金子公司“一对多”特定客户资产管理计划的特有风险等作出详细、具体而充分的揭示。

6. 原告本人不仅通过签署案涉资管合同及相应文件，而且以录音录像的方式口头确认知晓风险并自主决定参与投资和自行承担风险，被告已切实履行投资者适当性管理义务。代理销售机构提供的双录资料(录音、录像)显示，原告在视频中当面签署案涉《资管合同》及相关文件，并以手动抄写和口头方式确认“本人确认已认真、详细阅读、知晓并理解《××证券资产管理有限公司资产管理业务风险揭示书》的全部内容，自主决定参与××证券资产管理有限公司资产管理业务，并愿意自行承担参与资产管理业务的风险和损失”。被告在收到原告签署的案涉《资管合同》及相关文件、双录材料时，没有理由对原告自主决定参与案涉资管计划并愿意自行承担全部风险和损失的真实意愿进行怀疑或作出相反的解读。

三、投资者适当性法规有关匹配销售的要求

前述的案件事实完整的还原了金融机构履行投资者适当性管理的细节,尤其是对于投资者进行充分风险揭示的履行流程以及妥善的留痕安排。这其中值得重点关注的是原告提出的其风险等级为 C3,而涉案产品的风险等级为 R5 的不匹配销售事宜。针对此类的高于投资者风险承受能力资管产品的适当性管理,从 2017 年施行的《适当性办法》到 2018 年发布的《资管新规》及相关指引对前述事宜的规范程度不尽相同,笔者在此特意梳理出相关适当性管理法规的具体规范进行对比解读。

(一)《适当性办法》对于匹配销售的规定

1.《适当性办法》第 18 条明确规定了经营机构应当根据产品或者服务的不同风险等级,对其适合销售产品或者提供服务的投资者类型作出判断,根据投资者的不同分类,对其适合购买的产品或者接受的服务作出判断。

2. 若经营机构告知投资者不适合购买相关产品或者接受相关服务后,投资者主动要求购买风险等级高于其风险承受能力的产品或者接受相关服务的。《适当性办法》第 19 条规定经营机构在确认投资者不属于风险承受能力最低类别的投资者后,应当就产品或者服务风险高于其承受能力进行特别的书面风险警示,投资者仍坚持购买的,可以向其销售相关产品或者提供相关服务。

3. 此外,《适当性办法》对于经营机构向普通投资者销售高风险产品或者提供相关服务,应当履行特别的注意义务也进行了特别规定。第 20 条明确经营机构向普通投资者销售高风险产品的,应制定专门的工作程序,追加了解相关信息,告知特别的风险点,给予普通投资者更多的考虑时间,或者增加回访频次等。

(二)《资管新规》及相关指引对于匹配销售的规定

1. 此后发布的《资管新规》进一步细化了前述的匹配销售的适当性管理原则。第 6 条确立了金融机构发行和销售资产管理产品,应当坚持"了解产品"和"了解客户"的经营理念,加强投资者适当性管理,向投资者销售与其风险识别能力和风险承担能力相适应的资产管理产品。禁止欺诈或者误导投资者购买与其风险承担能

力不匹配的资产管理产品。金融机构不得通过拆分资产管理产品的方式，向风险识别能力和风险承担能力低于产品风险等级的投资者销售资产管理产品。

2.《证券期货经营机构私募资产管理业务管理办法》作为证监会落实《资管新规》的配套细则指引，更是在第 27 条明确证券期货经营机构和销售机构在募集资产管理计划过程中，应当按照中国证监会的规定，严格履行适当性管理义务，充分了解投资者，对投资者进行分类，对资产管理计划进行风险评级，遵循风险匹配原则，向投资者推荐适当的产品，禁止误导投资者购买与其风险承受能力不相符合的产品，禁止向风险识别能力和风险承受能力低于产品风险等级的投资者销售资产管理计划。

结合本文案例以及法规可知，投资者适当性管理的核心是“将合适的产品销售给合适的投资者”。经营机构作为具备专业化适当性管理能力的机构，应通过了解投资者的基本信息、财务状况、投资经验、风险偏好、诚信记录等信息来了解投资者，并对投资者进行分类。同时，也应根据风险特征和程度，对销售的产品或者提供的服务划分风险等级。在销售资产管理产品时，经营机构按照适当性匹配管理要求，将合适的产品销售给合适的投资者。

具体至本文讨论的投资者适当性管理匹配销售的规范，较早发布的《适当性办法》明确除风险承受能力最低类别的投资者不能购买高于其风险承受能力的产品以外，非风险承受能力最低类别的投资者在购买高于其风险承受能力的产品或购买高风险产品时，需要确认相关风险警示。这就意味着，早期的监管思路是在特定条件下允许投资者主动购买高于其风险承受能力的资管产品，赋予了投资者更大的选择权。之后随着《资管新规》及其配套细则进一步明令禁止向风险识别能力和风险承受能力低于产品风险等级的投资者销售私募资产管理计划，可以看出监管思路的逐渐转变。考虑层出不穷的私募资管计划投资纠纷以及较高的投资金额，监管对于私募资管计划的投资者适当性管理日趋严苛，也是从法规层面更加充分地保护普通投资者权益。

相信随着我国大资管行业的蓬勃发展，以投资者适当性制度正式纳入新《证券法》立法为基石，未来更加详尽的投资者适当性管理规范将陆续出台，不断完善投资者保护。

案例4:“卖者尽责” 才能“买者自负”

——跨区域涉众型资管产品纠纷调解案例分析

周秦达*

一、案情概要

A公司为一家业界知名基金销售公司,通过电话、客户端App及微信推销等方式吸引600余名投资者购买了号称风险小、收益高的资管产品,可产品到期清算时却亏损严重。投资者随即向中证资本市场法律服务中心申请纠纷调解,要求相关机构赔偿损失及预期收益,总金额超6亿元。

二、主要争议

投资者认为,销售经理从没告知是第三方发行的资管产品,且明知投资者风险承受能力低,还诱导购买高风险产品,理应赔偿所有损失。代销机构则认为,投资者主张的损失是自行申购、持有资管产品导致的,代销机构仅是依据投资者申购要求提供了购买资管产品的相关服务,与投资者的财产损失之间没有因果关系,所以不应由代销机构承担责任。

* 中证资本市场法律服务中心高级经理。

三、调解过程

纠纷受理后,中证资本市场法律服务中心调解员根据当事人提供的销售合同、风险测评材料、微信聊天记录截屏等证据材料以及各方当事人陈述,迅速展开案情研判。

经了解,A公司代销了共计10支集合资产管理计划,2017年年中起通过多种推销方式吸引大量投资者认购。相关资管产品投向为补充上市公司流动资金,期限为1~2年,业绩比较基准为6.8%~7.3%。自2018年中旬开始,上述产品陆续进入兑付期。由于底层标的上市公司资金链断裂,多层嵌套的产品风险向上传导,最终导致投资人本金及收益无法按期兑付。

据投资者反馈,A公司虽然通过网上"一键勾选确认"的方式对投资者开展风险测评工作,但在投资者不符合购买标准的情况下依然推荐购买相关产品。A公司在销售阶段未向投资者出示资管产品说明书,也未说明其代销机构的身份。A公司称其向投资者说明了产品性质及相关风险,但无法提供有效的相应证明。

基于上述证据事实,公益调解员确定了以"卖者尽责,买者自负"为原则,"背靠背"与"面对面"相结合的调解方案。

(一)背靠背,因案施策多举措

在第一阶段,公益调解员通过"背靠背"的沟通方式向代销机构摆证据、讲事实,让其明白投资者若提起诉讼,根据新《证券法》规定及《九民纪要》精神,代销机构败诉概率大,积极调解才是解决问题的最佳方案;投资者这边,公益调解员帮助投资者逐一梳理了损失计算过程、纠正了计算结果,这一举动也赢得了投资者对调解员的信任与认可。

(二)面对面,专业调解化纷争

经过充分的前期准备,在第二阶段公益调解员主持召开了"面对面"的现场调解。公益调解员指出,当事人的合法权益受法律保护。在本案中,A公司向投资者推介了资管产品,投资者在A公司完成购买行为,A公司亦对投资者进行了风险评估。据此,A公司不仅是该产品的代销机构,还为投资者提供了个人投资产品推介、进行客户评估等服务,双方之间构成个人理财服务法律关系。因此,A公司在相关产品销售过程中应当履行基金销售机构的合规性义务。

根据《证券投资基金法》(2015 年修正)第 9 条及《投资者适当性管理办法》第 3 条、第 6 条、第 18 条、第 22 条的规定,机构推介投资产品时应根据客户的风险偏好提供合适的投资产品,且应向客户充分揭示相关风险。对于风险较大的产品,代销机构不应主动向经评估不适宜购买该产品的客户推介或销售。

对照上述金融监管的规范性要求,A 公司在本案中存在如下过错。

首先,在本纠纷中,A 公司向投资者主动推介了“风险较大”的“经评估不适宜购买”的资管产品,违反了上述规定。产品说明书中载明“不保证一定盈利”、“不保证最低收益”、该产品为“较高风险”品种,该产品的上述特点与投资者的风险偏好明显不符,应属于不适宜投资者购买的理财产品。据此可以认定,A 公司推介行为存在重大过错。

关于 A 公司称其作为代销机构将本产品风险等级确定为“中风险”适合投资者购买的主张,调解员认为,产品管理人、托管人及代销机构均与该产品存在一定程度的利害关系,其对该产品的风险评级缺乏客观性,且该风险评级结果与产品招募说明书中揭示的基金为“较高风险”品种的内容不一致,故对 A 公司的前述主张不予采信。

其次,A 公司未向投资者说明涉案基金的运作方式和风险情况,其推介行为存在明显不当。本案中,在投资者购买相关产品过程中,A 公司未向投资者出示和提供资管产品说明书,没有尽到提示说明义务,应认定 A 公司具有侵权过错。A 公司虽主张其向投资者说明了相关产品的相关情况,但无法提交有效证据,故对其该主张不予采信。

另外,投资者购买相关产品时在电子版的《投资人风险提示确认书》上签字,但上述确认书的内容系通用的一般性条款,未有关于投资者本次购买产品的具体说明和相关内容,故投资者的上述签字行为并不能免除 A 公司就相关产品的具体相关情况向投资者作出说明的义务,也不能因此而减轻 A 公司未向投资者说明相关产品具体相关情况的过错。

综上所述,A 公司在向投资者推介资管产品过程中,存在明显不当推介行为和重大过错,若无 A 公司的不当推介行为投资者不会购买资管产品,相应损失亦无从发生,故应认定 A 公司的过错行为与投资者的损失之间存在因果关系。

最后，根据《证券法》第 88 条、《九民纪要》第 74 条的规定，金融产品发行人、销售者未尽适当性义务，导致金融消费者在购买金融产品过程中遭受损失的，金融消费者既可以请求金融产品的发行人承担赔偿责任，也可以请求金融产品的销售者承担赔偿责任，还可以请求金融产品的发行人、销售者共同承担连带赔偿责任。在其未尽投资者适当性义务的情况下，A 公司及相关产品的管理人对投资者负有连带赔偿责任，因此建议机构方直面问题，适当赔偿投资者损失。

另外，公益调解员向投资者指出，在“买者自负”和“打破刚兑”的大背景下，投资者应当根据自身实际情况作出判断、审慎决策，选择与自己风险识别能力和承受能力相匹配的产品，独立承担投资风险。经过公益调解员耐心的释法明理，各方最终作出让步并达成权益转让的调解方案，转让款近 6 亿元。这一调解方案既有效化解了各方矛盾，又避免了刚性兑付，各方当事人均高度认可。

（三）优服务，签约战“疫”不停步

第三阶段，公益调解员组织开展协议签署工作，一场突如其来的新冠肺炎疫情为后续调解协议签署工作带来严峻挑战。中证资本市场法律服务中心坚决贯彻落实证监会党委、投服中心党委工作部署和各地疫情防控要求，在全面做好疫情防控同时，全力推进调解协议签署工作。面对时间紧、任务重、人手少等诸多困难，中证资本市场法律服务中心主动担当作为、克服疫情影响，积极引导当事人通过在线调解平台等远程方式完成相关流程。同时，对确有面签需要的当事人在防疫专用隔离酒店内设置签署场所，会场座位保持一米以上间隔，投资者在出示“随申码”、测量体温合格后方能入场，严格限制现场人数及滞留时间。经过周密的组织安排，600 余名投资者调解协议签署工作高效有序开展并陆续得到履行，标志着这起跨区域、影响大的涉众型纠纷得到圆满解决。

四、案例点评

截至 2020 年 8 月 15 日，笔者通过互联网数据检索到全国法院系统涉及“投资者适当性”的裁判文书 313 份。适当性纠纷多发生在沿海经济发达地区，近年来有明显向内陆蔓延的趋势，这和我国法治环境健全、投资者维权意识增加有关。

法律既是社会现实的反应，也是社会发展的助推器。数据反映，2019 年以来适当性诉讼增长趋势明显,2020 年受新冠肺炎疫情影响涨势有所放缓(见图 3-1)。

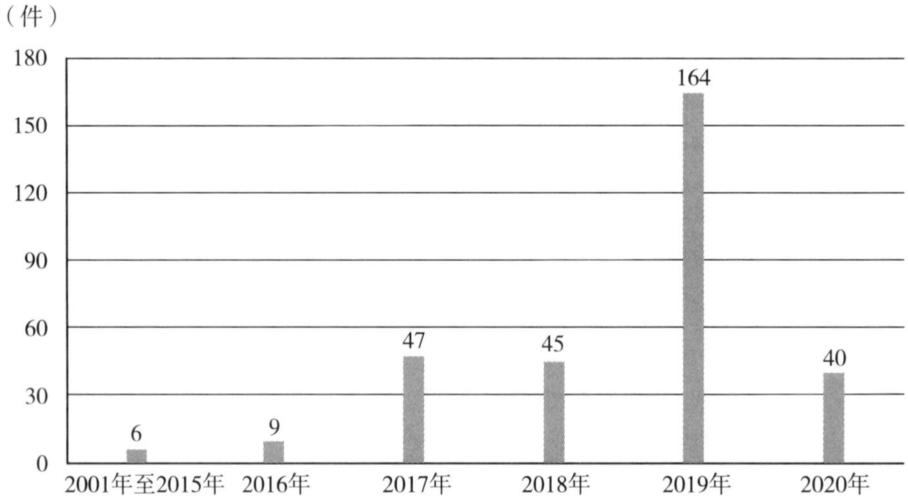

图 3-1　2001~2020 年适当性诉讼审理案件数

分析法院二审、再审比例可以发现,适当性纠纷上诉比例高、纠纷多反复,这和《九民纪要》前审判尺度、审判理念相对不明确有关。分析审理时长、标的额数据不难发现,适当性纠纷近半数要经过半年以上的审理周期;标的金额近半数在 50 万元以上(见图 3-2 至图 3-4)。

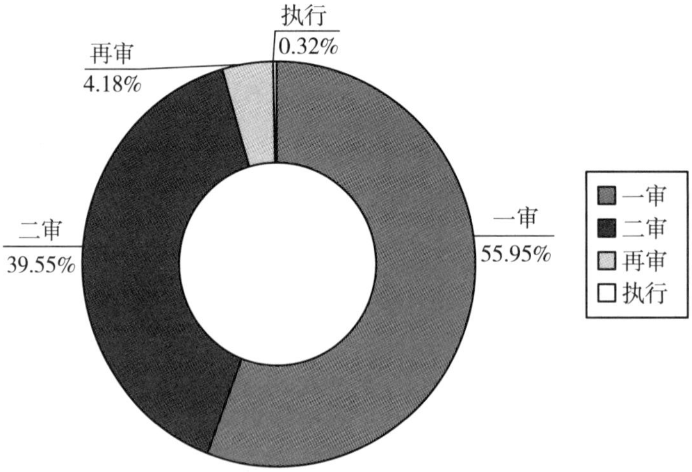

图 3-2　适当性诉讼审理级别

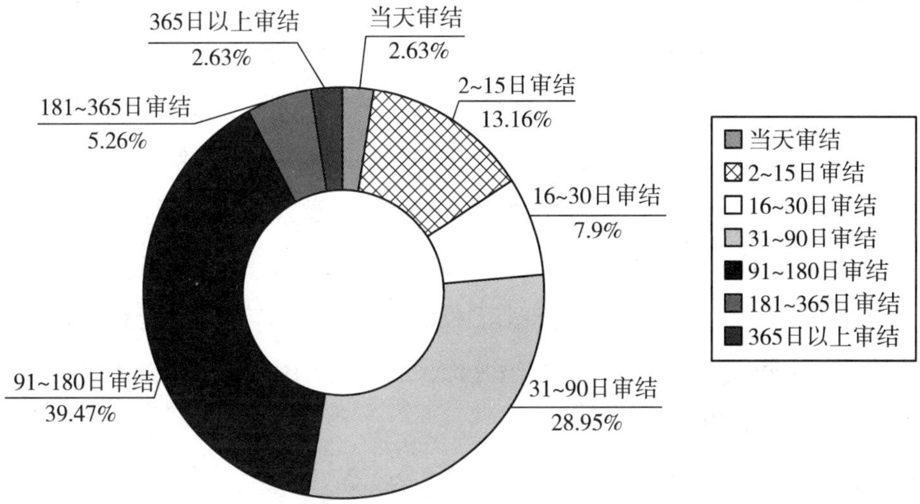

图3－3　适当性诉讼审理时长

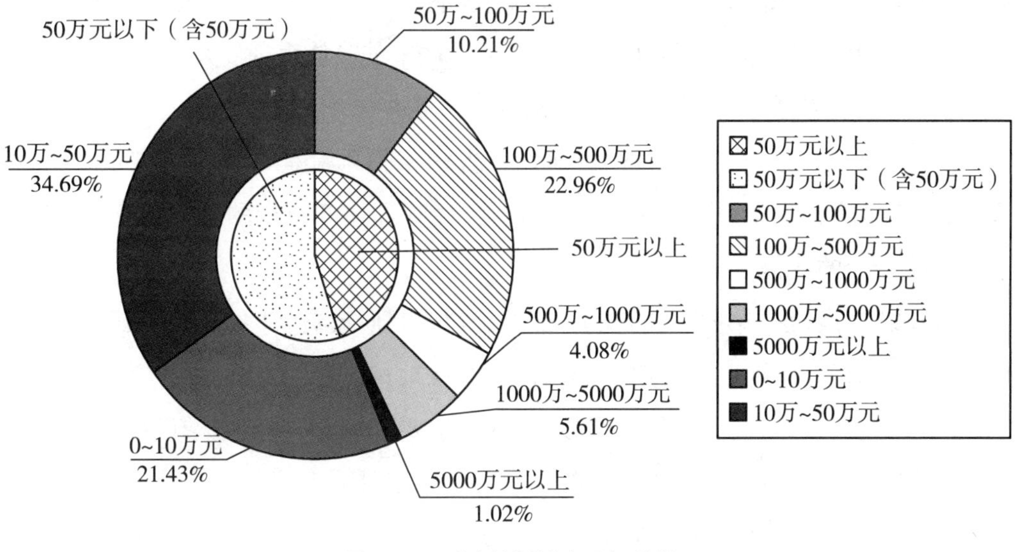

图3－4　适当性诉讼审理标的额

综上所述，以金融机构违反适当性义务为由要求赔偿损失的案件无论是数量还是类型都呈爆发性增长，而我国金融消费者权益保护理论仍在形成过程中，难以形成法律层面制度供给，法院审理相关纠纷案件标准各异且争议较大。在实务中，亟须将纠纷争议关键问题的裁判尺度加以明确，给市场明确的预期；而社会发展也需要司法层面进一步落实向金融消费者倾斜的保护理念，注重实质平等、责任分配，为金融资管业发展打下长远发展的根基。

在这样的大背景之下,最高人民法院于 2019 年 7 月 3 日至 4 日在黑龙江省哈尔滨市召开了全国法院民商事审判工作会议,并在同年 9 月 11 日通过了《九民纪要》。《九民纪要》确立了“卖者尽责,买者自负”的审判理念,既要求机构方履行投资者适当性管理义务,也要求投资者审慎决策、独立承担投资风险。透过现象看本质,结合相关规定,我们对卖者尽责、买者自负的核心要点梳理如下。

(一)投资者评估是“卖者尽责”的实现基础

金融机构对投资者需要履行合理审慎的评估义务,只有对投资者进行全方位的了解,才能明确投资者风险承受能力并提供相匹配的服务,所以全面评估投资者是卖者尽责的实现基础。

新《证券法》第 88 条规定,证券公司向投资者销售证券、提供服务时,应当按照规定充分了解投资者的基本情况、财产状况、金融资产状况、投资知识和经验、专业能力等相关信息。新《证券法》充分体现了“卖者尽责,买者自负”的适当性原则,该条款就是要求金融机构全面评估投资者在证券法中的具体表现。

(二)“卖者尽责”要求评估产品风险并如实告知

对所售产品充分了解,并在销售前充分告知相关风险是“卖者尽责”的应有之义,投资者风险和收益的告知说明义务是适当性管理义务履行的基石,而产品评估又是风险告知的前提。

根据新《证券法》第 88 条的规定,证券公司应当向投资者“如实说明证券、服务的重要内容,充分揭示投资风险”。但新《证券法》并未规定“如实说明”及“充分揭示风险”要达到什么程度。对此,可参考《九民纪要》的相关规定来予以理解。根据《九民纪要》第 76 条的规定,人民法院在审理相关案件时应当根据产品风险和金融消费者的实际情况,综合理性人能够理解的客观标准和金融消费者能够理解的主观标准来确定卖方机构是否已经履行了告知说明义务。

客观标准认为一般人是理智的,不带有任何情绪化的判断;一般人是趋利避害的,作出的判断是对风险及收益平衡的结果;一般人是具有一定的知识储备和相关能力的,也即通过适当方式使一般理性人能作出理性判断的即符合客观标准。主观标准,简单说就是具体问题具体分析,要根据不同情况进行不同程度的告知。针对特殊人群(老年人、残障人群等)、特殊产品(如高风险产品)都需要进行个性化的告知方案设计。根据《九民纪要》第 76 条的规定,如果卖方机构简单地以金融消费者手写了诸如“本人明确知悉可能存在本金损失风险等内容”主张其已经履行了告知说明义务,不能提供其他相关证据的,人民法院对其抗辩理由不予支持。该规定通过主观、客观两个维度,结合例证明晰了告知说明义务的相应标准。

结合实务,笔者认为金融机构对具体产品的情况和风险告知至少包括产品的提供者、价款、费用构成及去向、资金使用方式、履行期限、实际收益的计算方法、售后服务以及各方权利义务与责任等影响金融消费者投资决策的信息,并就合同的主要条款作出说明。此外,金融机构还应将投资本金和收益可能发生的最大损失风险向金融消费者作出特别说明。

以王某与建行恩济支行案①为例,法院对金融机构是否帮助投资者达到“了解产品”的问题给出了否定的评价,认为金融机构只向投资者披露了一般性的内容,但并未就涉案产品本身进行具体的说明。该判例体现了目前司法实践强化金融机构履行告知说明义务,倾向于保护投资者合法权益。

(三)合适的产品卖给合适的人是“卖者尽责”的核心

金融机构在充分履行了解投资者、了解产品、告知风险义务后,如果将不适当的产品销售给不适格的投资者,那前面所做的努力也是徒劳。适当性匹配是“卖者尽责”的核心,卖方机构将产品风险与投资者风险承受能力按一定规则进行匹配,还得综合考虑投资者对流动性、投资期限等其他方面的需求;卖方机构在合理认为二者具有匹配度时,方可向金融消费者推荐或销售。

新《证券法》第 88 条要求证券公司应销售、提供与投资者相匹配的证券、服务。如果证券公司违反规定导致投资者损失,应当承担相应的赔偿责任,即金融机构如果违反投资者适当性义务造成投资者损失,应当承担相应赔偿责任。那么是否履行投资者适当性义务应由哪一方承担举证责任呢?应由金融机构承担。

根据《九民纪要》第 75 条的规定,卖方机构对其是否履行了适当性义务承担举证责任。卖方机构不能提供其已经建立了金融产品(或者服务)的风险评估及相应管理制度、对金融消费者的风险认知、风险偏好和风险承受能力进行了测试、向金

---

① 参见《中国建设银行股份有限公司北京恩济支行与王某财产损害赔偿纠纷二审民事判决书》,载威科先行网:https://law. wkinfo. com. cn/judgment-documents/detail/MjAyNDMzNjg5NDI% 3D? searchId = d1285f963c4d492f959666f5e8e354b6&index = 2&q = % EF% BC% 882018% EF% BC% 89% E4% BA% AC0108% E6% B0% 91% E5% 88% 9D21776% E5% 8F% B7&module = ,最后访问日期:2020 年 8 月 12 日。

融消费者告知产品(或者服务)的收益和主要风险因素等相关证据的,应当承担举证不能的法律后果。如此规定,主要是为了弥补投资者因信息不对称及专业知识有限而导致的举证能力不足。

在过去,“谁主张,谁举证”是金融机构核心的诉讼策略之一。但是《九民纪要》基于金融机构具有信息掌握优势和专业优势,明确了举证责任的倒置。金融消费者仅需对侵权事实和损失承担举证责任;金融机构对其是否履行了适当性义务承担举证责任。那么应当举证的具体证据包括哪些呢?笔者认为,至少包括以下几点:

1.履行产品评级义务。即已经建立了金融产品(或者服务)的风险评估及相应管理制度。

2.履行投资者评测义务。即已经对投资者的风险认知、风险偏好和风险承受能力进行了测试。

3.履行告知说明义务。即已经向投资者告知产品(或者服务)的收益和主要风险因素等要素,并适当地推荐。

(四)投资者提供真实信息是“卖者尽责”的前提

根据新《证券法》第88条的规定,投资者在购买证券或者接受服务时,应当按照证券公司明示的要求提供真实信息。投资者拒绝提供或者未按照要求提供信息的,证券公司应当告知其后果,并按照规定拒绝向其销售证券、提供服务。虽然说金融机构有义务了解自己的客户并将适当的产品、服务卖给适当的投资者,但投资者的真实信息是实现投资者适当性管理的重要前提,否则一切将化为泡影。

《九民纪要》第78条第1款规定,因金融消费者故意提供虚假信息、拒绝听取卖方机构的建议等自身原因导致其购买产品或者接受服务不适当,卖方机构请求免除相应责任的,人民法院依法予以支持。这是《九民纪要》对金融消费者自身过错需担责的具体表述,投资者应当提供真实信息甚至可以成为卖者尽责的前提。金融消费者在提供虚假信息或拒绝提供相关信息购买金融产品时,依法可以获得的信赖利益肯定会减少,这符合法理与人情。

(五)审慎决策、独立承担风险是“买者自负”的内涵

在卖者尽责的前提下,投资者也应履行应尽的义务。除提供真实信息外,投资者还应根据自身实际情况作出判断、审慎决策,选择与自己风险识别能力和承受能力相匹配的产品,独立承担投资风险。

《九民纪要》第78条第2款规定，卖方机构能够举证证明根据金融消费者的既往投资经验、受教育程度等事实，适当性义务的违反并未影响金融消费者作出自主决定的，对其关于应当由金融消费者自负投资风险的抗辩理由，人民法院依法予以支持。这一款属于因果关系抗辩及金融机构举证责任的结合。

结合法院判例，《九民纪要》出台之前，在(2018)京01民终7058号、[①](2018)苏01民终1641号[②]民事判决书中法院认为金融机构能够证明“适当性”义务的违反并未影响投资者的自主决定的，金融机构部分或全部免责。《九民纪要》出台之后，最高人民法院(2019)最高法民终1594号[③]民事判决书判决金融机构免责，驳回投资人全部诉讼请求。根据最高人民法院裁判意见，建设银行向曹某推介信托产品，符合《信托公司集合资金信托计划管理办法》第16条的规定。同时，根据查明的案件事实，曹某先后多次购买信托产品，属于合格投资者的认定标准，《信托计划说明书》《风险声明书》《信托合同》在多处明确提示了可能产生的风险，故曹某已经充分认识到了案涉信托计划的风险，某银行不应承担赔偿责任。金融机构举证证明了金融消费者既往投资经验非常丰富，属于合格投资者，在签署案涉信托计划风险申明书、信托计划说明书、信托合同时，完全可以充分认识到信托产品可能产生的风险，可主张适用《九民纪要》第78条第2款规定的免责事由，不影响投资人自主作出投资决定，投资人应自负投资风险。

在刘某与民生银行马鞍山路支行委托理财纠纷案中，合肥市中级人民法院在(2019)皖01民终8546号[④]判决书中同样参考了《九民纪要》的裁判思路，但最终法

---

① 参见《康某某与中国建设银行股份有限公司北京紫金长安支行财产损害赔偿纠纷二审民事判决书》，载中国裁判文书网：http://wenshu.court.gov.cn/website/wenshu/181107ANFZ0BXSK4/index.html?docId=d452a01f7da042ba83f8a963008809e9，最后访问日期：2020年8月12日。

② 参见《李某某与中国民生银行股份有限公司南京分行侵权责任纠纷二审民事裁定书》，载威科先行网：https://law.wkinfo.com.cn/judgment-documents/detail/MjAyMzkwNjcyODY%3D?searchId=50c4ab91de584900bbcc35a65705bbec&index=1&q=%EF%BC%882018%EF%BC%89%E8%8B%8F01%E6%B0%91%E7%BB%881641%E5%8F%B7&module=，最后访问日期：2020年8月12日。

③ 参见《曹某、吉林省信托有限责任公司合同纠纷二审民事判决书》，载威科先行网：https://law.wkinfo.com.cn/judgment-documents/detail/MjAzMDE2ODEyMjk%3D?searchId=e7698a07fa644932bea8ff2a96a45174&index=1&q=%EF%BC%882019%EF%BC%89%E6%9C%80%E9%AB%98%E6%B3%95%E6%B0%91%E7%BB%881594%E5%8F%B7&module=，最后访问日期：2020年8月12日。

④ 参见《中国民生银行股份有限公司合肥马鞍山路支行、刘某委托理财合同纠纷二审民事判决书》，载威科先行网：https://law.wkinfo.com.cn/judgment-documents/detail/MjAyOTEzNDEzNjM%3D?searchId=41f8f09a53c64855b7c5848e84cd9d17&index=1&q=%EF%BC%882019%EF%BC%89%E7%9A%9601%E6%B0%91%E7%BB%888546%E5%8F%B7&module=，最后访问日期：2020年8月12日。

院也仍对责任的承担进行了分配,认定投资人具有投资经验负有审慎义务而判决承担 20% 的责任。

综上所述,《九民纪要》并未排除过错责任,法院在判决此类案件当中,仍会考察双方在合同订立和履行过程当中各自的过错,对双方权利义务边界进行清晰的划分。金融消费者在提供虚假信息或拒绝提供相关信息购买金融产品时,依法可以获得的信赖利益相应减少。适当性义务的目的在保护相对弱势的金融消费者,保证缔约平等,如果投资者自身并不处于弱势地位,则其理应对风险有更高的认识和谨慎注意义务。所以,投资者应当提供真实信息,根据自身实际情况作出判断、审慎决策,选择与自己风险识别能力和承受能力相匹配的产品,这是至关重要的。

五、结　　语

在“卖者尽责,买者自负”的大原则下,金融机构必须加强对代销产品风险水平的判断能力,充分认识代销业务风险,严格执行“投资者适当性管理”;广大投资者在购买金融产品前,也应问自己 4 个问题:我买的是什么? 极端风险是什么? 发生极端风险概率大不大? 我愿不愿意承受这个风险及概率? 想得明白看得清,风险自然没踪影。

作为中国证监会批准设立的我国唯一跨区域、跨市场的全国性证券期货纠纷专业调解组织,中证资本市场法律服务中心将努力发扬求真务实、担当作为、主动服务的良好作风,继续打好作风建设这场硬仗,秉承“为民、奉献、专业、引领”的理念,坚持“依法、中立、专业、便捷”的原则,贯彻落实新《证券法》要求,继续提升纠纷化解能力,进一步发挥专业优势,以更优良的作风推动投保工作提质增效,为建设规范、透明、开放、有活力、有韧性的资本市场贡献力量。

Cases Review of Dispute Mediation

第四篇

上市公司专题

案例1：上市公司欺诈发行引发涉众纠纷司法协同案例

陈光卓*

一、案情介绍

2016年5月，创业板上市公司X股份有限公司由于IPO申请文件中相关财务数据存在虚假记载、上市后披露的定期报告中存在虚假记载和重大遗漏，收到中国证监会《行政处罚和市场禁入事先告知书》。2017年8月，X公司正式摘牌退市。其为创业板第一家退市的公司，也是中国资本市场第一家因欺诈发行而退市的公司。众多投资者因X公司退市出现损失，陆续向福建省福州市中级人民法院、辽宁省沈阳市中级人民法院提起诉讼，请求作为X公司上市保荐机构的XY证券公司股份有限公司（以下简称XY证券公司）承担赔偿责任。

二、案件调解及审理情况

福建省福州市中级人民法院受理后，对该系列纠纷案件高度重视，成立专案合议庭审理，笔者作为当时的承办法官之一，也参与该系列案件的审理。

（一）启动证券期货纠纷多元化解协调机制，开展诉中调解

案件受理后，福建省福州市中级人民法院开展诉中调解，并启动证券期货纠纷

* 国浩律师（福州）事务所高级顾问、中证资本市场法律服务中心兼职调解员，原福建省福州市中级人民法院民二庭副庭长。

多元化解协调机制,向证券监管机构了解监管部门对于投资者索赔是否建立起相应的多元化解机制,并定期通报法院受理此类纠纷的相关数据及情况。经启动证券期货多元化解协调机制,审理法院获悉,为了化解欺诈发行责任人与投资者的群体性纠纷,XY证券公司作为X公司上市保荐机构,已决定出资设立规模为人民币5.5亿元的“X公司欺诈发行先行赔付专项基金”,用于赔付适格投资者遭受的投资损失。且中国证券业协会与中国证券投资者保护基金有限责任公司、深圳证券交易所、中国证券登记结算有限责任公司、XY证券公司共同组成X公司投资者先行赔付工作协调小组,推进先行赔付方案的制定完善和各项工作的实施。

合议庭法官联系了中国证券投资者保护基金有限责任公司,了解先行赔付方案内容及赔付情况。XY证券公司亦表示,其先后组织多场专家论证会、投资者座谈会,广泛听取投资者、监管部门、协调小组成员单位、法律专家和金融工程专家意见,并征求了最高人民法院的指导意见,对先行赔付方案进行了全面论证。在对投资者先行赔付方案充分了解的基础上,合议庭法官询问当事人是否愿意在法庭主持下进行调解。XY证券公司亦表示,愿意按照先行赔付方案,与提起诉讼的符合先行赔付标准的适格投资者达成和解。部分投资者经法官释法析理,接受了和解方案,通过撤诉、和解等方式,另行向赔付基金管理人申请赔付。

(二)对于争议较大无法和解的案件,法院通过示范判决,对XY证券公司是否承担责任及其责任范围作出认定

对于经组织调解,双方争议较大,无法达成和解的案件,福州市中级人民法院及时对案件进行了审理并作出裁判。在该系列纠纷案件中,法院审理认定,从证监会针对X公司以及相关责任人员作出的《行政处罚决定书》《市场禁入决定书》以及对被告XY证券公司作出的《行政处罚决定书》可见,X公司在申请首次公开发行股票并在创业板上市的过程中,通过在会计周期期末以借款等方式虚构应收账款的收回、冲减应收账款,又在下一会计周期期初将应收账款冲回,从而导致其向证监会报送的IPO申请文件以及公开发行的募集文件中的相关财务数据存在虚假记载,其行为已构成虚假陈述。被告XY证券公司作为X公司的上市推荐人和证券承销商,未遵守业务规则和行业规范,未勤勉尽责地对X公司的上述文件进行审慎核查,存在过错,依法应对投资者因该虚假陈述而遭受的投资损失承担赔偿责任。法院通过分析认定虚假陈述的揭露日和更正日、系统风险因素的影响,明确投

资者损失计算方法，以认定证券公司应承担的责任大小。

三、司法裁判与先行赔付机制的协同

因X公司欺诈发行而被摘牌退市，涉及数以万计中小投资者利益保护。法院在审理此类纠纷案件中，不仅应准确适用法律，认定当事人责任，还应当兼顾先行赔付机制，引导广大投资者通过多元纠纷化解机制解决纠纷。故在司法协同方面，应以保护投资者利益作为司法裁判的首要价值取向，同时对于先行赔付方案的合理性依法进行评价，从而在此类纠纷处理中实现法律适用的统一，达到定分止争，规范上市公司行为，保护证券投资者权益之目的。

本案审理主要从以下方面体现司法裁判与先行赔付机制的协同。

1. 在虚假陈述更正日、揭露日的认定方面，采纳证券公司自愿增设第二个更正日的意见

《关于审理证券市场因虚假陈述引发的民事赔偿案件的若干规定》（以下简称《若干规定》）第20条规定："虚假陈述揭露日，是指虚假陈述在全国范围发行或者播放的报刊、电台、电视台等媒体上，首次被公开揭露之日。虚假陈述更正日，是指虚假陈述行为人在中国证券监督管理委员会指定披露证券市场信息的媒体上，自行公告更正虚假陈述并按规定履行停牌手续之日。"在本案中，对于X公司的虚假陈述，X公司于2015年7月15日公告称收到证监会的《立案调查通知书》，《立案调查通知书》只载明公司涉嫌违反证券法律法规，并未揭露虚假陈述的具体内容，而且该公告发布后亦未对X公司的股价产生不利影响，故该日不应认定为本案的虚假陈述揭露日。

X公司于2015年11月27日发布《关于对以前年度重大会计差错更正与追溯调整的公告》，首次对外公开了公司在2011~2014年相关财务报表中的会计差错并自行予以更正，该更正公告所揭露的虚假陈述内容即系证监会此后在《行政处罚决定书》中所认定的X公司虚假陈述的内容，故X公司的上述更正行为符合《若干规定》第20条关于更正日的规定，法院对被告XY证券公司关于2015年11月27日为第一个更正日的诉讼理由予以采信。

2015年12月10日，X公司再次发布《关于2015年半年度财务报告会计差错

更正的公告》,首次对外说明了公司 2015 年上半年度财务报告会计差错并自行予以更正,该更正公告所揭露的虚假陈述内容虽不是 X 公司在 XY 证券公司保荐其上市过程中所作出,而且证监会在此后作出的《行政处罚决定书》所认定的违法事实也未包含此项,但 XY 证券公司自愿增加该日为第二个更正日,而且设定第二个更正日可扩大赔付范围,更有利于保护投资者的利益,故法院对被告 XY 证券公司关于 2015 年 12 月 10 日为第二个更正日的诉讼理由亦予采信。

对于揭露日及更正日的认定,有利于明确投资者所主张的损失是否属于赔付范围。法院结合最高人民法院司法解释规定,并考虑先行赔付方案中关于揭露日及更正日认定意见,从有利于投资者利益保护的角度,采纳证券公司关于增设第二个更正日的意见,有利于厘清证券公司责任范围,实现对投资者利益的适度倾斜保护。

2. 在扣除证券市场系统风险因素所致损失方面,对于证券公司在先行赔付方案中关于扣减市场风险所致损失时应减半扣减的相关承诺,认定亦适用于诉讼案件

《若干规定》第 19 条规定:“被告举证证明原告具有以下情形的,人民法院应当认定虚假陈述与损害结果之间不存在因果关系……(四)损失或者部分损失是由证券市场系统风险等其他因素所导致。”证券市场系统风险是整个证券市场以及所有投资者共同面临的问题,投资者因系统风险所遭受的损失与虚假陈述行为不具有因果关系,该部分损失不应由虚假陈述行为人承担。

法院审理查明,从 2015 年中期开始,我国证券市场发生了大幅震荡,X 公司所在的创业板综合指数也出现大幅下跌,X 公司的价格走势与创业板综合指数走势亦基本一致,市场系统风险客观存在,故在认定投资者遭受的损失时应扣除系统风险所致的损失。

在扣减市场风险所致损失时,XY 证券公司主张采用个体投资者在买入至卖出 X 公司股票或股票暂停上市期间,X 公司股价涨跌幅与对应的相同区间的创业板综合指数涨跌幅,以个体市场风险相对比例修正法扣减市场风险所致损失,即投资差额损失 = 扣减市场风险因素之前的投资差额损失 * (1 - 证券买入卖出或暂停上市日期间指数加权平均跌幅/证券买入卖出或暂停上市日期间股价加权平均跌幅),该计算方法公平合理,法院予以采纳。

但XY证券公司在此前发布的《关于设立先行赔付专项基金的公告》中，已承诺在扣减市场风险所致损失时应减半扣减，该公告还载明该赔付方案在专项基金存续期间不可变更及撤销，而且该公告并未明确对于自行和解者的赔付方案和提起诉讼的投资者的赔付方案将有所差别，故法院对被告XY证券公司关于不予减半扣减市场风险所致损失的诉讼理由不予采纳。

3. 关于损失的具体计算方法方面，采纳证券公司“移动加权平均法”的计算方法，认可证券公司先行赔付方案中的赔付范围及赔偿金额计算方法，委托先行赔付专项赔付基金管理人计算投资者实际损失

依照《若干规定》第30条的规定，原告的损失为投资差额损失、投资差额损失部分的佣金、印花税以及上述两项资金的利息损失。对于投资差额损失的具体计算，《若干规定》第31条规定：“投资人在基准日及以前卖出证券的，其投资差额损失，以买入证券平均价格与实际卖出证券平均价格之差，乘以投资人所持证券数量计算。”第32条规定：“投资人在基准日之后卖出或者仍持有证券的，其投资差额损失，以买入证券平均价格与虚假陈述揭露日或者更正日起至基准日期间，每个交易日收盘价的平均价格之差，乘以投资人所持证券数量计算。”上述规定只是原则性的规定以平均价格之差来计算投资人的实际损失，但具体应当采用什么计算方法，现行法律法规未作出明确规定。

现双方对于投资差额损失的计算方法存在争议，原告主张按普通加权平均法计算，如在计算买入均价时，将投资人所购买的所有股票总价与其在揭露日之前出售的所有股票总价相减，同时将其所购买的股票总量与卖出股票总量相减，再将股票总价之差与股票总量之差相除，计算出每一股的买入均价。而被告认为应按移动加权平均法计算，如在计算买入均价时将投资者每笔买入与下一笔买入进行加权计算，将得出的结果再与下一笔买入进行加权计算，如此循环，直至计算至最后一笔买入。

上述两种计算方法相比较，普通加权平均法将投资人买入和卖出的股票进行整体核算，虽然计算较为简单、结果也较为客观公平，但在此种计算方法中，因揭露日前卖出股票的价格直接影响了买入均价的计算，即揭露日之前的卖出价越低计算出的买入平均价就越高，因此可能存在将揭露日之前卖出股票所遭受的损失（与虚假陈述不具因果关系的损失）也计入赔偿范围的情形；而移动加权平均法可避免

此问题,其计算过程更为复杂,计算结果也更接近客观真实。综上比较,法院对被告所主张的计算方法予以采纳。

被告XY证券公司在《关于设立先行赔付专项基金的公告》中所公布的赔付方案(包括赔付范围及赔偿金额计算方法等)合理合法。诉讼中,经该专项赔付基金的管理人中国证券投资者保护基金公司确认,按该赔付方案所确定的计算方法,原告应获得的赔偿数额为X元,对于该款,被告XY证券公司依法应予赔偿。

四、多元化解的成效

因上市公司欺诈发行引发的涉众纠纷影响面广,涉及众多投资者利益保护,故应在法院、监管机构、行业协会间建立起多元化解协调机制,并启动多元化解协调机制。法院审理XY证券公司因X公司欺诈发行涉及索赔案件时,经办法官多次与专项赔付基金的管理人中国证券投资者保护基金公司联系,了解先行赔付方案的内容、确定赔付计算依据及具体计算方法,并在判决书中通过充分说理,不仅实现了案件的法律适用与先行赔付方案保持一致,还兼对先行赔付方案合理性进行了法律评价,有利于投资者充分理解先行赔付方案,积极引导广大投资者损失通过先行赔付机制获得赔偿。

据悉,XY证券公司设立的现行赔付基金,经过两个阶段的赔付申报,接受赔付并与XY证券公司达成有效和解的适格投资者共计11,727人,占适格投资者总人数的95.16%;实际赔付金额为241,981,273元,占应赔付总金额的99.46%。小部分投资者亦通过诉讼得到了赔偿。

五、本案典型意义及引发的思考建议

本案所涉纠纷多元化解的成功经验,得到最高人民法院、证监会的肯定。本案亦入选最高人民法院、证监会于2018年12月发布的《证券期货纠纷多元化解十大典型案例》,作为十大典型案例的首件案例,最高人民法院、证监会充分肯定了其典型意义,即“X公司投资者先行赔付是我国资本市场因上市公司欺诈发行退市,保荐机构先行赔付投资者损失的首次尝试,对推进证券期货纠纷多元化解机制试点工作有重要意义。在法院系统和监管部门的支持下,在先行赔付工作协调小组成员单位和广大证券公司的共同努力下,此次先行赔付工作进展顺利,通过主动和解的方式化解了经营机构及发行主体与众多投资者之间的矛盾纠纷,促进了 X 公司的平稳退市,促使相关责任主体吸取教训,规范经营管理,提升合规意识和风控水平,没有因第一单上市公司欺诈发行退市引发社会矛盾,维护了资本市场和社会的和谐稳定”。

法院对于本案的示范判决及与投资者先行赔付机制的协同,圆满解决了国内首家上市公司欺诈发行退市引发的涉众纠纷。但本案关于如何有效保护投资者利益问题,仍值得我们进一步思考。对于广大投资者,建议如下:

一是及时关注上市公司信息披露内容。本案投资者与证券公司对于虚假陈述的揭露日、更正日与证券公司存在重大认识分歧,系因其投资时未及时关注上市公司所披露的重大信息,导致在揭露日或更正日之后买卖股票造成的损失无法获得赔偿。

二是理性维权。因证券虚假陈述涉众纠纷中,监管机构及行业组织通常会启动非诉化解机制,引入专业力量对于投资者损失进行评估和认定。投资者可积极参与非诉调解,参与赔付方案的讨论,理性看待证券市场系统风险因素的影响,合理主张损失金额,及时高效解决纠纷。在可通过非诉调解机制解决纠纷的情况下,审慎选择通过诉讼方式主张权利,避免增加不必要的诉讼成本。

案例2:法院示范性判决在证券期货纠纷调解中的应用及展望

叶　翩[*]　张志旺[**]　范壮壮[***]

一、引　言

"5·15"投资者保护宣传日之际,中证中小投资者服务中心(以下简称投服中心)设立的全资子公司——中证资本市场法律服务中心在上海正式揭牌成立。中证资本市场法律服务中心全面承担投服中心纠纷调解工作职能,成为我国唯一的跨区域跨市场的全国性证券期货纠纷公益调解机构。同时,中证资本市场法律服务中心与上海金融法院共同签署了《诉调对接战略合作协议》,为证券期货纠纷多元化解注入新的动力。如何实现诉调有效对接,是值得探讨的课题。笔者认为,以投服中心为代表的投资者保护组织参与法院示范性判决的诉讼活动,中证资本市场法律服务中心运用法院示范性判决推动和建立权威、高效的证券期货纠纷调解机制,有利于化解日益复杂的证券期货纠纷,有利于更好地保护投资者合法权益。

二、法院示范性判决的定义及依据

2016年5月25日,最高人民法院、中国证券监督管理委员会发布了《关于在全国部分地区开展证券期货纠纷多元化解机制试点工作的通知》。该通知指出:"建

---

[*] 浙江导司律师事务所高级合伙人,中证资本市场法律服务中心调解员。
[**] 北京德恒(宁波)律师事务所高级合伙人。
[***] 浙江导司律师事务所律师助理。

立示范判决机制。证券期货监管机构在清理处置大规模群体性纠纷的过程中，可以将涉及投资者权利保护的相关事宜委托试点调解组织进行集中调解。对因虚假陈述、内幕交易、操纵市场等行为所引发的民事赔偿纠纷，需要人民法院通过司法判决宣示法律规则、统一法律适用的，人民法院应当及时作出判决。”该通知确立了通过法院作出示范性判决引导和开展证券期货纠纷多元化解的机制。

2018 年 11 月 30 日，最高人民法院、中国证券监督管理委员会发布了《关于在全面推进证券期货纠纷多元化解机制建设的意见》。该意见提出，健全诉调对接工作机制，建立示范判决机制。对于示范判决所确立的事实认定和法律适用标准，引导其他当事人通过证券期货纠纷多元化解机制解决纠纷，降低投资者维权成本，提高矛盾化解效率。

2019 年 1 月 16 日，上海金融法院通过了《上海金融法院关于证券纠纷示范判决机制的规定》（以下简称《上海金融法院示范判决机制》）。示范判决机制，是指在群体性案件中法院通过有示范性个案的先行审理、先行判决解决共通性的事实认定和法律适用问题从而对其他同类案件及潜在案件发挥指导性作用的审判机制。① 类似美国的集团诉讼制度、德国的团体诉讼制度，示范判决机制是世界各国对证券类群体性诉讼的又一次积极探索。示范判决机制其意义在于对已进入或即将进入诉讼程序的大量同类案件，挑选出示范性案件以解决其共通性问题，实现对其他相同或类似案件一揽子解决，从而提高诉讼效率、减少司法资源的重复浪费。

三、法院示范性判决在证券期货纠纷调解中的作用

在我国证券期货市场中，中小投资者更易面对纠纷以及更难解决纠纷。在面对及解决纠纷时，中小投资者面临着如下矛盾：（1）监管机构投诉为主与监管资源有限的矛盾；（2）对诉讼及仲裁信任度高与诉讼及仲裁成本较高、耗时较长的矛盾；（3）调解解决成本小、门槛低与案件涉众广、专业性强、事实认定及法律适用不统一的矛盾。

同时，作为证券期货纠纷多元化解机制的重要组成部分，证券期货纠纷调解机

① 上海市第一中级人民法院课题组《支持诉讼示范判决研究》。

制具有方式灵活、门槛低等优势,但因存在纠纷具有群体性、专业性强、事实认定困难、法律适用和责任认定不统一、利益纠葛复杂等不足,因而面临当事人认可程度不高、调解协议效力及执行力不足、"诉调、信调、调调"衔接制度不完善等困境。[①] 针对中小投资者维权现状、证券期货纠纷之特点及证券期货纠纷调解机制目前的困境,示范判决机制将发挥怎样的作用和功能,本文具体阐述如下。

(一)提高当事人对调解组织的认可程度

在纠纷中资金实力与专业技能都处于弱势的中小投资者本着"司法是维护公平正义的最后一道防线"的朴素认知,更倾向于将纠纷诉诸法院以维护自身合法权益。全面承担调解工作的中证资本市场法律服务中心系投服中心的全资子公司,而投服中心的股东为证券交易所、证券登记结算机构,在投资者看来,这些单位可能与其维权对象存在一定的利益关系。因此,这使原就处于弱势的投资者不愿主动寻求调解。

在示范判决机制下,示范性判决将同类案件共通性的事实认定及法律适用问题预先解决,让纠纷当事人可以将"诉讼预期"转化为"调解预期",并逐渐树立对证券期货纠纷调解的认可与信心。

(二)平衡调解当事双方的对话地位

在证券期货纠纷中,投资者面对的多为体量庞大、专业能力强以及有着专门法律团队的上市公司或金融机构,在调解中双方处于"倾斜式"的对话地位。在这种情况下,投资者或者继续调解,其将面对地位上差距带来的调解过程中心理上的不适;或者放弃调解转而进入诉讼程序,但这种"倾斜式"地位也将在诉讼程序中继续延续。

一方面,示范判决机制中的重要一环便是支持诉讼,即在示范性案件诉讼过程中,专门机构协助投资者正确认识示范案件的重要性、收集证据、整理同类案件投资者的诉请等,并在人力、财力、心理以及专业能力方面提供支持。这一过程中以投服中心为代表的投资者保护组织可作为支持诉讼的机构参与其中,为示范性案件争取对广大投资者最为有利的判决结果。该过程使投资者保护组织成为投资者的坚实后盾,均衡双方当事人的对话地位。

---

① 陈明克:《我国证券纠纷调解机制》,载《武汉金融》2018 年第 4 期。

另一方面,在既有示范性判决的前提下,投资者在调解过程中便增加了“对话筹码”,对纠纷中的主要争议事实及适用法律有了一定的了解,缩小信息差,对调解结果有了合理而又清晰的预期。这些都会使投资者在调解中的对话地位得到提升。

(三)提高调解成功率与效率

除上述认可度不高以及当事双方对话地位不平等之外,调解过程中各参与方面临的主要问题是争议事实如何认定、相关法律如何适用以及损失赔偿如何计算。如在虚假陈述案件中,3 个重要时间点的认定(虚假陈述实施日、陈述日及基准日)、虚假陈述与投资者损失之间是否存在因果关系,以上问题的解决将会使调解过程冗长,当事双方亦易在上述阶段中放弃调解,从而使调解成功率与效率都大大降低。而对于损失计算方法及系统性风险与非系统风险的分别计算等问题,目前,如投服中心、中国证券投资者保护基金公司等已建立起专门用于投资者基础损失计算、证券市场系统性风险扣除和证券市场非系统性风险扣除等的系统。但究其根本该计算归属于第三方机构,从投资者角度理解,其计算结果的公信力不如法院直接给出的计算标准及计算过程。

示范性判决案例本就旨在解决同类证券期货纠纷中共通性的事实认定及法律适用问题,最大限度覆盖平行案件已经或可能遇到的问题。特别是上述提到的损失计算等疑难问题,更加需要示范性判决提供统一标准。因此,将示范性判决作为调解过程中的指导与“准星”,便可提高调解成功率与效率。

(四)“同案同调”,保证调解权威性

如前所述,证券期货纠纷具有人数多且空间分布广、专业性强及案情复杂等特点,这可能会导致面对同一侵权人的中小投资者维权案件,由于调解员专业知识、经验差异及当事双方的态度、对话地位差异等原因最终得出不同的调解结果。这种“同案不同调”的现象会给当事双方,尤其是投资者一种调解缺乏专业性及权威性的错觉,不利于多元化纠纷解决机制的构建及推广。引入示范性判决后,调解员在调解过程中有例可循,做到不盲目、不随意,有利于保证调解的权威性、保持调解公信力。

四、示范性判决应用于证券期货纠纷调解的展望及建议

目前,法院示范性判决在证券期货纠纷调解中的应用尚未全面展开、作用机制亦尚未完全成熟,未来在实操过程中亦可能暴露诸多问题,本节中笔者就法院示范性判决如何更高效、更精准地应用于证券期货纠纷调解提出展望及建议。

(一)构建并灵活适用“示范性判决组合”

证券期货纠纷的特点之一便是“个性化”,即在同一案件中,面对同一侵权人的侵权行为,被侵权人即众多的投资者会产生各种不同的损失、提出各种不同的诉求。诚然,对因此产生的每一案件都单独进行审理或者调解是维护各方公平的应然选择,但考虑效率问题,这却并非实然选择。亦正是这种“公平与效率”的反复博弈,示范性判决机制才成为解决“应然选择与实然选择”的“必由之路”。

虽然示范性判决机制兼顾了证券期货纠纷的“公平与效率”问题,并且从机制本身的理论角度出发,示范性判决本身的目的即为最大限度地覆盖群体纠纷案件中共性的事实问题和法律问题,但将其应用到证券期货纠纷调解中时,示范性判决固有的“单一性”与调解案件的“个性化”矛盾便凸显出来。具体来讲,在调解过程中,在调解双方均同意使用示范性判决的前提下,可能出现如下情形。

其一,现有示范性判决未能完全覆盖调解案件。由于示范性判决的选定与数量存在一定限制,面对众多“个性化”的调解案件,调解案件的事实问题或法律问题仅可以在现有示范性判决中找到部分适用,也即现有示范性判决只能部分覆盖调解案件中的共性事实问题或法律问题。

其二,调解方对于适用的示范性判决提出部分异议。在实际调解过程中,存在调解一方或双方对于所适用的示范性判决部分结果提出异议的可能性。如在前述的虚假陈述案件中,调解一方或双方可能同意示范性判决中虚假陈述实施日及陈述日的认定,但否认适用同一示范性判决中对于基准日的认定,或者同意示范性判决中对于 3 个重要时间点的认定,却对同一示范性判决中损失如何计算提出异议等。

上述情形是将示范性判决应用于证券期货纠纷调解后的可预见性情形,针对该等情形,笔者提出如下建议。

1. 构建“示范性判决组合”

《上海金融法院示范判决机制》中详细规定了示范性案件的选定条件及选定方式，并强调示范性案件在解决案件本身争议的同时重点关注并解决同类案件共通的事实问题与法律问题。考虑前述情形，在单一的示范性判决无法涵盖多样化的调解案件时，构建“示范性判决组合”便可有效解决这一困境。

“示范性判决组合”是指针对同一证券期货纠纷，选定并审理出多个示范性判决构成组合，以期能够完全覆盖平行案件共通事实问题及法律问题。如此，分布于多空间的多样化调解案件均可在“示范性判决组合”中的一个或者多个示范性案件中找到适用参照。

2. 灵活适用“示范性判决组合”

如前述情形二，调解中若出现调解一方或双方对所适用的示范性判决部分结果提出异议之情形，在构建“示范性判决组合”的基础上，调解组织可针对具体调解案件灵活适用组合中的示范性判决。调解组织可以根据案件本身涉及的事实、法律争议及调解双方具体诉求，灵活匹配示范性判决，亦可考虑如“示范性判决 A + 示范性判决 B + ……”等组合方式于已有的“示范性判决组合”中挑选出适用于该调解案件自身的、专属的示范性判决组合。一方面，该做法可以最大限度地适用示范性判决对案件进行调解，从而提高调解的效率；另一方面，亦可保证案件调解的质量及公正性。

（二）用好、用足支持诉讼

《民事诉讼法》第 15 条规定：“机关、社会团体、企业事业单位对损害国家、集体或者个人民事权益的行为，可以支持受损害的单位或者个人向人民法院起诉。”申言之，证券支持诉讼是指投资者保护机构支持受损害的投资者向法院起诉。[①] 因此，支持诉讼之于调解组织而言，是降低投资者维权成本、提高证券期货纠纷调解效率与质量从而有效保护投资者合法权益的有力抓手。支持诉讼是示范性判决得以启动、成形及运用的基础，与示范性判决密不可分。接下来，笔者将从示范性判决的启动、示范性判决的审理以及示范性判决应用于调解 3 个阶段着眼，为调解组织如何用好、用足支持诉讼这一“利器”以解决投资者维权痛点提供若干建议。

---

① 上海市第一中级人民法院课题组《支持诉讼示范判决研究》。

1. 示范性判决的启动

在群体性证券期货侵权事实发生后,投服中心作为专业的投资者保护机构相较法院而言更易于接触广大被侵权的投资者,相较投资者个人而言具有更专业的知识、财力、人力,更易于形成被侵权投资者规模效应。同时,《上海金融法院示范判决机制》第 6 条规定:“群体性证券纠纷中由国家机关或依法设立的公益性组织机构支持诉讼且符合示范案件选定条件的,优先选定作为示范案件。”因此,投服中心应当针对某一特定证券期货侵权事实,接受甚至于主动联系受到损失的投资者,并基于此统计并分析该群体性证券期货纠纷中的共性问题与个性问题,为法院更好选定示范性案件提供数据支撑,加快示范判决机制的启动。

投服中心参与示范性判决的启动之中,除上述作用外,亦能扩大投服中心作为投资者保护机构在投资者群体中的影响力与公信力,有利于中证资本市场法律服务中心后续调解工作的推进。

2. 示范性判决的审理

法院选定示范性案件后便正式步入审判程序。

从理论角度出发,新《证券法》第 95 条规定了投资者提起虚假陈述等证券民事赔偿诉讼时,诉讼标的是同一种类,且当事人一方人数众多的,可以依法推选代表人进行诉讼。该条第 3 款同时规定:“投资者保护机构受五十名以上投资者委托,可以作为代表人参加诉讼,并为经证券登记结算机构确认的权利人依照前款规定向人民法院登记,但投资者明确表示不愿意参加该诉讼的除外。”上述规定明确指出了以投服中心为代表的投资者保护机构可以作为诉讼代表人。

从各地法院出台的规定和相关公告中,可以看出对投资者保护机构作为公益机构担任或指派诉讼代表人持支持态度。《上海金融法院关于证券纠纷代表人诉讼机制的规定(试行)》第 24 条第 2 款亦规定:“投资者保护机构自身以投资者身份提起诉讼,或者接受投资者的委托指派工作人员或委托诉讼代理人参与案件审理活动的,可以指定该机构或者其代理的当事人作为代表人。”

上述规定在《民事诉讼法》亦有迹可循,《民事诉讼法》第 55 条第 1 款规定:“对污染环境、侵害众多消费者合法权益等损害社会公共利益的行为,法律规定的机关和有关组织可以向人民法院提起诉讼。”

虽然,对于投资者保护机构以何种身份、何种方式参与证券期货纠纷示范性案件的审理,目前我国立法并未进行全面明确的规定,但以上条款和意见均可作为参照与切入点,已提供了一定的法律依据和理论基础。

从实操角度出发,被选定的示范性案件由于本身案情相较平行案件更加复杂,且无已宣判案件作为参考,加之可能存在的社会舆论施加影响,因此,无论是法院,抑或是投资者都面临如取证、质证困难、损失计算困难及心理压力大等问题。同时,投资者由于本身处于诉讼相对弱势地位(专业知识不足、财力精力有限、心理负担重等),这种相对弱势地位便会在示范性案件中更加凸显。以上情况对于示范性案件审理极为不利,其消极影响甚至可能反噬示范性判决机制本身的意义。在这种情况下,投资者保护机构积极参与其中,为投资者提供专业及法律意见,协助其收集证据,及时提供财力帮助,安抚稳定投资者情绪,在可能的情况下出庭辩论、发表支持诉讼意见等,将极大地推动示范性案例得以公正有效的判决。

3. 示范性判决的应用

对于以投服中心为代表投资者保护机构参与支持诉讼后产生的示范性判决,中证资本市场法律服务中心作为调解组织将其运用于调解中时,无疑提升了调解组织的公信力,增强了投资者对该示范性判决的认同感,从而推动调解更为有效地达成。

五、结　　语

任何发展与改革总是会伴随阵痛,证券期货市场也不例外。证券期货市场若要切实服务好中国经济,则必须保护好中小投资者权益,则必须要建立健全证券期货纠纷多元化解决机制。目前,宁波市中级人民法院、宁波证监局、中证资本市场法律服务中心联合签署《合作框架协议》,诉调对接机制正在全国范围内继续推广和铺开。未来,示范性判决机制将在证券期货纠纷调解中发挥更大的作用。诚然,在广泛应用之后,也将面临诸多未能预测的疑点难点。以投服中心为代表的投资者保护机构如何通过支持诉讼参与到示范性判决中,示范性判决又如何在调解中发挥最大的功效,需要学界的进一步探讨,并最终通过立法实现其规范化。故本文谨作抛砖引玉,期待示范性判决机制进一步应用后的广泛探讨。

案例3:虚假陈述民事赔偿中的先行赔付制度

——从X公司虚假陈述民商事赔偿案件引发的思考

陈春熙* 刘 璐**

一、案情回顾

(一)案情概述

2016年5月,创业板上市公司X股份有限公司由于IPO申请文件中相关财务数据存在虚假记载、上市后披露的定期报告中存在虚假记载和重大遗漏,收到中国证监会《行政处罚和市场禁入事先告知书》。2017年8月,X公司正式摘牌退市。其为创业板第一家退市的公司,也是中国资本市场第一家因欺诈发行而退市的公司。众多投资者因X公司退市遭受损失,如不能及时获得赔偿将引发涉众纠纷,出现大量索赔诉讼和投诉,影响退市工作顺利进行和资本市场稳定。

为了化解欺诈发行责任人与投资者的群体性纠纷,作为X公司上市保荐机构的XY证券股份有限公司(以下简称XY证券),决定出资设立规模为人民币5.5亿元的“X公司欺诈发行先行赔付专项基金”,用于赔付适格投资者遭受的投资损失。中国证券业协会与中国证券投资者保护基金有限责任公司、深圳证券交易所、中国证券登记结算有限责任公司、XY证券共同组成X公司投资者先行赔付工作协调小组,推进先行赔付方案的制定完善和各项工作的实施。XY证券先后组织多场专家论证会、投资者座谈会,广泛听取投资者、监管部门、协调小组成员单位、法律专家

---

* 上海锦天城(重庆)律师事务所合伙人。

** 上海锦天城(重庆)律师事务所律师。

和金融工程专家意见，并征求了最高人民法院的指导意见，对先行赔付方案进行了全面论证。

（二）案件处理经过及结果

从2017年6月开始，经过两个阶段的赔付申报过程，至2017年10月完成第2次赔付申报的资金划转，接受赔付并与XY证券达成有效和解的适格投资者共计11,727人，占适格投资者总人数的95.16%；实际赔付金额为241,981,273元，占应赔付总金额的99.46%。本案先行赔付方案也得到了法院的认可，福建省高级人民法院、辽宁省高级人民法院、福州市中级人民法院、沈阳市中级人民法院等在审理XY证券因X公司欺诈发行涉及索赔案件时，法律适用与先行赔付方案保持一致。

二、案例分析

（一）先行赔付制度概述

1. 我国证券市场投资者先行赔付制度的历史沿革

综观我国证券市场投资者先行赔付制度的发展历程，其共历经三个典型发展阶段：

第一阶段，规范性文件阶段。证券市场中"先行赔付"一词最早出现在中国证监会的规范性文件中。2015年11月，为贯彻落实国务院办公厅《关于进一步加强资本市场中小投资者合法权益保护工作的意见》要求，证监会在其出台的进一步完善新股发行制度的有关意见中首次提出要"强化中介机构责任，建立保荐机构先行赔付制度"。其后，2015年12月30日证监会发布《公开发行证券的公司信息披露内容与格式准则第1号——招股说明书》（以下简称《准则1号》），《准则1号》第18条明确规定："招股说明书扉页应载有发行人的如下声明：'发行人及全体董事、监事、高级管理人员承诺招股说明书及其摘要不存在虚假记载、误导性陈述或重大遗漏，并对其真实性、准确性、完整性承担个别和连带的法律责任。'"虽上述关于先行赔付的规定仅存在于证监会的规范性文件中，且仅进行了原则性规定，但为后续证券市场出现的欺诈发行、虚假陈述案件中投资者合法权益的维护，起到了良好的促进作用。

第二阶段，实践尝试阶段。本文案例为我国资本市场因上市公司虚假陈述、欺诈发行退市,保荐机构先行赔付投资者损失的首次尝试。此案前后,我国证券市场开启对先行赔付制度的大胆尝试,并不出现了大量先行赔付制度适用的优秀案例。其中,具有典型意义的为万福生科案、海联讯案。在万福生科案中,平安证券作为万福生科首发上市的保荐机构及主承销商,出资 3 亿元设立专项基金,对因万福生科欺诈发行、虚假陈述而遭受损失的投资者先行赔付,并由中国证券投资者保护基金有限责任公司作为赔付基金管理人。该案系我国证券市场上首个证券中介机构主动出资先行赔付投资者损失的案例。另在海联讯案中,海联讯的 4 名控股股东共计出资 2 亿元设立专项基金,对因海联讯欺诈发行、虚假陈述而遭受损失的投资者进行先行赔付,并由投保基金公司作为赔付基金管理人。该案系我国首例由控股股东主动出资先行赔付的案例。上述案例均为我国证券市场中小投资者权益保护制度的完善提供了丰富而宝贵的经验,对先行赔付制度的正式出台起到了积极的推进作用。

第三阶段,成文法阶段。2020 年 3 月 1 日起实施的《证券法》正式在立法层面上确立了先行赔付制度。本次《证券法》修订最大的亮点就在于投资者保护机制的完善,专门设置"投资者保护"章节,以成文法的方式对投资者先行赔付制度从适用主体、适用范围、赔付方式及责任分担等细节进行了规定,标志着我国证券市场先行赔付制度进入了规范化阶段。

2. 证券市场先行赔付的含义

虽证券市场先行赔付制度由来已久,但无论法律法规,抑或是部门规范性文件均未对先行赔付作出准确的定义。根据法律法规对先行赔付范围、主体、对象等要素的规定,并结合司法实践中先行赔付制度的适用及各专家学者的意见,所谓"证券市场先行赔付"系指:在证券市场发生虚假陈述或欺诈发行时,在发行人、上市公司等市场主体据以承担赔偿责任的行政处罚、司法裁判尚未作出之前,由虚假陈述民事赔偿的可能的连带责任人之一先行垫付赔偿金额,向投资者承担赔偿责任,然后再由先行赔付者向未参与先行赔付的发行人、上市公司以及其他责任人进行追偿的一种措施。

(二)证券虚假陈述中先行赔付制度的适用

近年来,我国的证券市场虚假陈述案件呈持续上升态势,且在经济发达地区尤为集中。通过中国裁判文书网对关键字"证券虚假陈述"进行检索,截至 2020 年 6

月 9 日共有裁判文书 3 万余篇，其中 2019 年裁判文书多达 10,053 篇。从案件地域分布来看，2019 年案件量排名前三位分别是江苏省 5881 件，占比 20%；上海 4811 件，占比 16.4%；四川省 3670 件，占比 12.6%。详见图 4－1 和图 4－2。

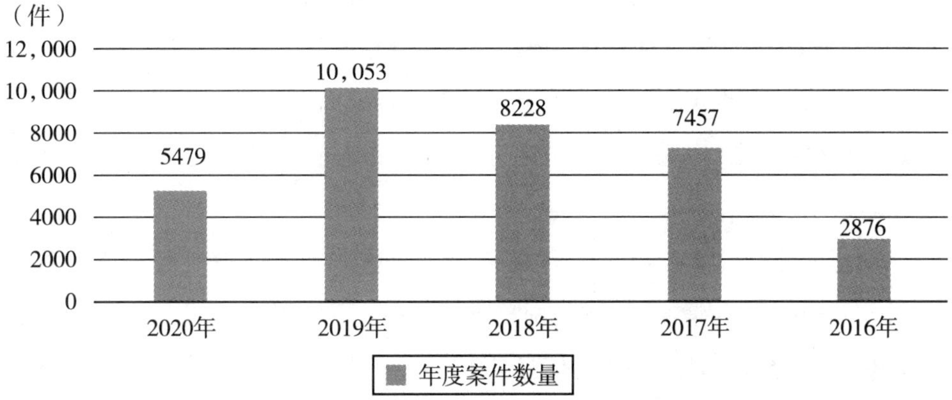

图 4－1　关于证券虚假陈述案件年度情况

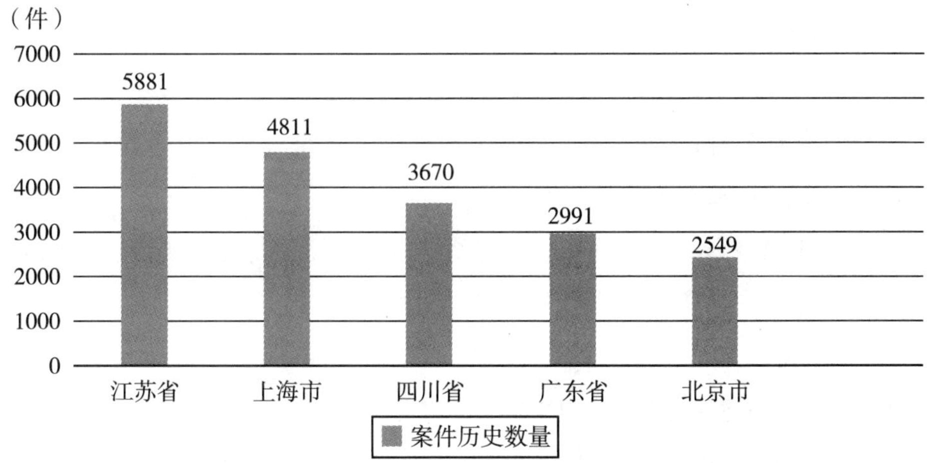

图 4－2　关于证券虚假陈述案件地域分布情况

1. 证券市场虚假陈述的概述

（1）证券虚假陈述的定义

所谓证券虚假陈述，根据《最高人民法院关于审理证券市场因虚假陈述引发的民事赔偿案件的若干规定》（以下简称《若干规定》）第 17 条关于虚假陈述的定义，系指信息披露义务人违反证券法律规定，在证券发行或者交易过程中，对重大事件作出违背事实真相的虚假记载、误导性陈述，或者在披露信息时发生重大遗漏、不正当披露信息的行为。

(2)证券虚假陈述的类型

在本文案例中,X 公司虚假陈述的主要情形为“IPO 申请文件中相关财务数据存在虚假记载、上市后披露的定期报告中存在虚假记载和重大遗漏”,事实上根据表现形式的不同,虚假陈述可分为虚假记载、误导性陈述、重大遗漏和不正当披露 4 种类型。根据《若干规定》第 17 条的规定,并结合证监会发布的《信息披露违法行为行政责任认定规则》中关于信息披露违法行为之认定,虚假陈述的 4 种表现类型分别具备以下含义。

其一,虚假记载。系指信息披露义务人在信息披露文件中对所披露内容进行不真实记载,包括发生业务不入账、虚构业务入账、不按照相关规定进行会计核算和编制财务会计报告,以及其他在信息披露中记载的事实与真实情况不符的情形。

其二,误导性陈述。系指信息披露义务人在信息披露文件中或者通过其他信息发布渠道、载体,作出不完整、不准确陈述,致使或者可能致使投资者对其投资行为发生错误判断的情形。

其三,重大遗漏。系指信息披露义务人在信息披露文件中未按照法律、行政法规、规章和规范性文件以及证券交易所业务规则关于重大事件或者重要事项信息披露要求披露信息,遗漏重大事项的情形。

其四,不正当披露。系指信息披露义务人未按照法律、行政法规、规章和规范性文件,以及证券交易所业务规则规定的信息披露期限、方式等要求及时、公平披露信息的违法情形。

2. 证券虚假陈述先行赔付的主体

从上述案例中可以看到,作为 X 公司上市保荐机构的 XY 证券股份有限公司,决定出资设立规模为人民币 5.5 亿元的“X 公司欺诈发行先行赔付专项基金”,用于赔付适格投资者遭受的投资损失。由此引发下一个思考,即谁才是适格的先行赔付义务人。

根据《证券法》第 93 条关于先行赔付的规定,如下主体可作为证券虚假陈述的先行赔付主体。

(1)发行人、发行人的控股股东、实际控制人

发行人作为虚假陈述的直接责任主体,其应当承担赔偿责任无须过多赘述。

发行人的控股股东、实际控制人因其本身对拟上市公司或上市公司占据主导地位，其持有股份所享有的表决权已足以对公司股东会、股东大会的决议产生重大影响，公司本身系虚拟法人，很大程度上上市公司或拟上市公司的虚假陈述系经控股股东、实际控制人的授意所作出。因此，发行人就其虚假陈述对投资人承担赔偿责任外，发行人的控股股东、实际控制人在证券发行、交易过程中，作出虚假陈述，造成投资者损失的，仍应就其自身违法行为给投资人造成的损失承担连带赔偿责任。

(2)证券公司等证券机构

根据《证券法》第29条之规定，证券公司承销证券，应当对公开发行募集文件的真实性、准确性、完整性进行核查。发现有虚假记载、误导性陈述或者重大遗漏的，不得进行销售活动；已经销售的，必须立即停止销售活动，并采取纠正措施。证券公司有前款所列行为，给其他证券承销机构或者投资者造成损失的，应当依法承担赔偿责任。因此，在证券发行的过程中，作为证券的专业承销机构及推荐人，理应对发行资料进行真实性、准确性和完整性进行审慎的核查，一旦发现发行文件中存在虚假陈述情形的，应当要求发行人更正。否则，法律当推定证券承销商及推荐人存在过错，其应就投资人虚假陈述遭受的损失承担赔偿责任。当然，发行人的控股股东、实际控制人、证券公司能够举示证据证明自己无过错的，根据《证券法》第93条之规定可以向发行人进行追偿。

因此，在本案例当中，因行政机关认定的上市公司存在IPO申请文件中相关财务数据虚假陈述的行为，由此可推定上市保荐人的XY公司存在过错。为维护广大投资者的合法权益，避免群体矛盾的过激化、扩大化，XY公司牵头成立先行赔付专项基金，联合证券业自律组织、证券交易机构组成联合工作小组，并依托最高人民法院及金融机构提供法律及金融专业论证，对解决虚假陈述引发的民事赔偿群体纠纷起到了积极的效果。

3. 证券虚假陈述中先行赔付范围

关于证券虚假陈述中投资者获赔范围，《若干规定》仅为概述性规定，即以投资人因虚假陈述而实际发生的损失为限，该实际损失包括投资差额损失、投资差额损失部分的佣金和印花税。在具体案件审理中，人民法院可综合整体市场的走势情况、相关股票交易情况、个股价格变动与大盘指数及行业指数变动的相对关系等因素，依法、公平、合理地确定当事人应承担的相应损失，以平衡好投资者保护和资本市场稳健发展的关系。关于投资者的获赔数额，司法实践中人民法院在计算相关股票的买入均价时，有先进先出法、加权平均法、移动加权平均法等多种方式，具体应根据个案的情况予以确定。且为明确损失金额，人民法院往往委托第三方专业机构对投资者具体损失金额进行核定，以保证计算结果的准确。

4. 证券虚假陈述中先行赔付的程序

综合我国现有证券市场先行赔付司法实践，当先行赔付事件触发时，一般按照如下程序履行：首先，由先行赔付义务人设立投资者专项赔付基金，并广泛征求有关专业人士意见进行论证，确立先行赔付方案。其次，先行赔付义务人委托中立第三方机构，一般为投保基金公司负责赔付专项基金的管理及运作，担任基金管理人。同时，专项补偿基金由第三方银行进行专户管理。再次，赔付义务人自行或委托第三方向投资者发布赔付申报信息，由投资者按照约定程序进行损失申报。最后，投资者损失经核定后，赔付义务人与投资者达成先行赔付协议，由基金管理人委托第三方银行将赔付金划至适格投资者指定账户。至此，先行赔付程序履行完毕。

三、证券虚假陈述民事案件中先行赔付制度思考

任何制度的进步和完善都非一蹴而就的，在看到投资者先行赔付制度得以确立的同时，亦引发笔者对于该制度适用性的思考：当虚假陈述引发民事赔偿案件后，谁愿意主动来承担先行赔付责任？先行赔付人与投资者达成的赔付协议是否具有可执行性，如何做到赔付协议与诉调的对接，切实维护投资者权益？

（一）关于先行赔付主体的主动性问题

从《证券法》第93条关于先行赔付主体“可以”委托投资者保护机构，就赔偿事宜与受到损失的投资者达成协议的表述来看，从法律角度先行赔付为自愿条款并非法律的强制性规定。不想让立法目的落空让先行赔付制度成为一纸空文，就需要激发赔付主体主动赔付意愿。鉴于发行人、发行人控股股东、实际控制人一般具备雄厚的资金实力，其承担先行赔付责任不存在实质性障碍；而证券公司作为承销商、保荐人除具备较强经济实力外，从维护良好商誉出发，亦具有承担先行赔付义务的主动性。此外，《行政处罚法》第27条关于主动消除或者减轻违法行为危害后

果的,应当依法从轻或者减轻行政处罚的规定,以及证监会发布的《关于改革完善并严格实施上市公司退市制度的若干意见》第4款第2项关于"涉嫌欺诈发行的公司或其控股股东、实际控制人,在受到证监会行政处罚前,按照公开承诺回购或者收购全部新股,赔偿中小投资者经济损失,及时申请其股票退出市场交易的,可以从轻或者减轻处罚"的规定,均为提高义务主体实施先行赔付的主动性和积极性,提供了充分的法律依据和政策保障。

(二)关于赋予赔付协议强制执行力的问题

赔付主体与投资者达成的先行赔付协议,性质上属于平等民事主体经协商一致达成的民事协议,本身并不具备强制执行力。赔付协议达成后,若赔付主体未予履行赔付义务的,投资人还需通过诉讼或仲裁方式取得裁判文书,并通过申请司法强制执行获赔。然而,如此一系列程序走下来,必将使投资人遭受不必要的损失及诉累,有悖于投资者先行赔付制度关于投资者高效维权、充分维权的立法初衷。因此,引入诉调对接机制,是有效解决该症结的方式之一。事实上,早在2016年5月25日,最高人民法院、证监会就联合发布了《关于在全国部分地区开展证券期货纠纷多元化解机制试点工作的通知》,通知明确证券期货监管机构、试点调解组织的非诉讼调解、先行赔付等,均可与司法诉讼对接,经试点调解组织主持调解达成的调解协议,具有民事合同性质。经调解员和调解组织签字盖章后,当事人可以申请有管辖权的人民法院确认其效力。经人民法院确认有效的具有明确给付主体和给付内容的调解协议,当事人可以申请人民法院强制执行。据此,若能于司法实践中切实落实先行赔付机制与诉调机制对接,将对先行赔付制度的发展与完善起到积极的推进作用。

四、结　　语

任何一项制度的立足和发展,都有待时间的检验。虽然《证券法》对于投资者先行赔付制度仅进行了概述性规定,但无疑是投资者权益保护体系构建的支柱力量,是我国证券领域争议多元解决机制重要的一环。笔者相信,投资者保护体系的日趋完善,将会为社会经济的发展及法治化的推进增添新的活力。

Cases
Review of Dispute
Mediation

第五篇

期货专题

案例1:极端行情与客户纠纷化解

王燕玲*

强平纠纷是期货交易中的“常见病、多发症”。而盘中突发性异常波动,往往伴随客户纠纷的高峰期。例如,2020年原油、化工等期货合约均在出现了巨大的行情波动时引发了客户纠纷。这种巨幅震荡,甚至瞬间反转的行情极易引发客户投诉纠纷。

那么,在极端行情发生时,哪些业务节点是客户纠纷的触发点?期货公司又该怎样来防范和化解,以便更好地保证自身的合规运营,同时保护好中小投资者的合法权益呢?

一、引发纠纷之源——强平

期货实行保证金制度和当日无负债制度,是天然带杠杆交易的衍生品。在极端行情下,客户的账户如果没有足够的资金,为避免对他本人和期货公司造成更大的损失,期货公司只能采取强平措施,将亏损一举锁定。

最高人民法院《关于审理期货纠纷案件若干问题的规定》第36条第2款规定:“客户的交易保证金不足,又未能按期货经纪合同约定的时间追加保证金的,按期货经纪合同的约定处理;约定不明确的,期货公司有权就其未平仓的期货合约强行平仓,强行平仓造成的损失,由客户承担。”上述规定明确了期货公司的强平权,即在特定的情况下,期货公司可以在不经客户同意的情况下对客户的账户进行强制

* 华泰期货有限公司法律事务经理。

平仓而无须承担责任,所造成的损失由客户承担。

而从行业的诉讼和客户投诉的案例中,也可以看到由强平引发的投诉、纠纷是期货行业中最常见的纠纷。其类型主要分为以下几种:

(1)期货公司未经通知,将客户的持仓强平;

(2)期货公司未经电话通知,只通过系统推送及手机短信通知后即进行平仓;

(3)期货公司超量平仓;

(4)期货公司挂强平单后,客户才追加资金;

(5)客户确定在某个时间会入金,但未到该时间之前仍被强平;

(6)客户认为期货公司强平的价位不是最优价位。

二、规避与化解之道——合规、合理、和谐

(一)坚持合规,是规避与化解纠纷的原则

在强平引发纠纷的几种情形中,未通知客户就进行平仓的情况比较少,因为目前期货公司都有专门的风控系统,可以通过系统向客户推送追加资金的信息。而在发生极端行情,尤其夜盘交易中发生极端行情时,由于人手不足及行情急速变化等原因,有可能来不及电话通知,仅通过系统来推送通知信息后进行强平的情形比较常见。对此,从法律规定和合同约定来看,期货公司并没有违规。但应该竭尽全力克服困难进行电话通知或利用微信等即时通信工具进行通知。这不仅是对客户的增值服务,也能保证服务进一步到位,落实信息提前送达,取得客户的沟通理解,为避免和减少纠纷做好铺垫,这也是期货公司竞争力的体现。

在实际的处理过程中,笔者还遇到过客户投诉因其在外地,没有接公司的电话通知,也没有登录交易系统,看不到系统推送的追保信息。经调查,公司风控部在强平前已经致电客户,但客户未接电话,随后又通过系统推送短信和系统信息提示,但客户既未入金也没有减仓。在此情况下,风控部门依规将客户的持仓实行强平。查清事实后,我们耐心向客户进行解释,并为客户再次解释强平规则,提醒客户随时关注自身的持仓。由于确实提前有过电话通知但客户未接,最终取得客户的理解,投诉得以妥善解决。

期货公司强平权目的在于控制风险,这既是控制客户面临的风险,又是控制期

货公司面临的风险。如果客户因资金不足发生爆仓,期货公司将不得不动用风险准备金进行垫资后再进行追索。既然是风险控制而非投资决策的措施,就只能要求强平后能使风险得到合理有效的控制,而不可能追求投资回报。因而,法规规定,投资者不能以期货公司未在最优价位上进行强平而要求期货公司承担赔偿责任。

(二)处置合理,是规避与化解纠纷的关键

在行业中,人们经常听到有客户抱怨刚接到风险通知,才过几分钟一看账户就已经被强平了。因而,在强平通知的问题上,特别需要关注通知与强平挂单时间的把握,这也是非常考验期货公司风控能力的重要标志之一。笔者认为,期货公司通知客户后,应该预留合理的时间给投资者进行平仓或追加资金。虽然并没有法规直接对此进行规定,但在司法实践中,可以看到法院审理涉及强平的案件时,都会充分考虑是否预留合理时间的问题。由于法律法规上对于合理的时间并没有具体的规定,这就取决于法官行使自由裁量权,对具体情况具体判断。

根据我们实践中的体会,认为在考量合理时间的长度时可以综合考虑以下因素:一是客户是否有客观条件处理。这个因素在突发异常行情的早期尤其需要提前考虑。现在由于有网银等工具,提高了入金的便捷度;又有手机交易系统,提高了处理持仓的可行性。相对而言,这个因素的影响比较以前显然有所降低。二是区别应对当时行情的剧烈程度及客户账户的风险程度。若客户的风险度比较低,行情的波动也比较平缓,那合理时间可以要求相对长一点;但如果行情极端,客户的风险度也非常高,那对于期货公司预留的合理时间则不宜过于苛刻。三是客户对于账户风险的关注度。若客户在接到期货公司风险通知后,没有积极主动去关注和处理账户风险,任由账户风险加剧后,以期货公司未给予合理时间进行处置而对强平提出异议的,这显然不能成立。期货公司要经常"借机"提示投资者:他们有责任时刻关注自身的持仓和账户风险,投资者永远都是账户风险处置的第一责任序位。

同时,遇上极端行情,期货公司首先应提前做好风险排查,进行风险压力测试。若期货公司风控人员能够及时预判客户账户的风险状况,在时间允许的情况下,期货公司可以尽可能多次致电客户,做好电话录音、短信通知、客户交易端通知等相关留痕。尤其是当遇到极端行情时,压力测试可以为期货公司争取到更多的通知客户的时间,这对在极端行情下,减少因强平而出现的纠纷是非常重要的。

法规虽然赋予期货公司强平的权利,但是,有权利就有边界。期货公司的强平权也只能在风险控制的度内使用。若强平的过程中存在超量平仓现象,那投资者可以向期货公司主张权利。对此,期货公司可以采取恢复仓位,或赔偿损失,或其他双方协商一致的解决方式来承担责任。

如果客户在期货公司挂强平单后入金又该怎么处理呢?笔者认为,客户入金体现出其意愿是保留仓位,那么此时期货公司应当尊重客户的意愿,立即将强平单撤回,但是单子被迅速成交或因其他客观原因无法撤回的情况除外。同时需要特别注意的是,客户入金应以期货公司系统查到入金为准。若只是在途资金,则客户不能以资金在途为由要求期货公司撤回强平单。对此,为了保证撤回的及时性和准确性,客户和期货公司应保持及时沟通,期货公司内部也应该加强部门之间的联动互通。

在实践中,还会遇到客户认为其已经明确回复了入金时间,但还没到该时间其仓位已被强平。针对这种情况,客户的异议是否成立就得看期货公司和客户是否就此有过约定。约定可以是事前的,比如,在签订期货经纪合同时,双方就对风险的处置需经双方协商达成了一致。约定也可以是事中的,比如,期货公司通知客户风险时,客户提出在某个时刻入金,要求期货公司暂缓处置,期货公司表示同意。一般来讲,事前约定的方式甚少。而事中的约定却很容易因期货公司的人员在与客户沟通中的用语模棱两可而引发争议。所以,若期货公司不能接受该处置方式时,一定要在客户提出当时就明示拒绝,并向客户解释清楚,才能避免后续强平后引发客户纠纷。

(三)沟通和谐,是规避与化解纠纷的技巧

定分止争既是一门技术,更是一门艺术。在处理客户纠纷的一线工作中,笔者对此深有体会。虽然做到了以事实为依据,以法律、法规、监管的规定及合同约定为基础,但仅仅这些并不一定就能避免客户纠纷。要充分理解客户遭受损失后的心情,越是在其着急冲动的情况下,越是不能针尖对麦芒,情绪化处置"得理不饶人"。处置纠纷的最终目标不是官司打赢,而是与客户共赢。

需要对客户付出更多的耐心、同情心、责任心和服务心。以理服人同时以情动人,使客户真正理解期货公司和客户的利益根本上是一致而不是对立的,理解追保和强平都是在长期的交易实践中形成的、唯一行之有效制度和法规，也是关键时刻锁定风险、保障权益的唯一措施。还可以拿出众多真实的案例，使客户认识到追保和强平在绝大多数情况下，都为投资者实实在在地锁定了风险，避免了更大的损失。

有些时候，客户投诉的诉由是对强平有异议，但经与客户多次沟通，才发现客户并非对市场或交易规则不理解，而只是因为此前客户对服务人员的工作产生误解，而投诉强平刚好给了客户一个发泄的出口。这就需要找准真正的原因，对症下药，让有关当事人与客户充分沟通。这样在误会消除后，客户对公司的认可度还会进一步提高。处置纠纷，不是为了赢得纠纷，而是为了赢得有黏性、有认可度的客户。

三、扎实开展投教工作，把风控意识转化为客户的自觉行动

市场的发展需要稳步向前，投资者的培育更是一个逐步推进的过程。目前，对不同金融市场投资者的教育，更多的是由监管机构、自律组织以及经营机构在市场准入及服务过程行中，开展投资者教育工作。

投资者教育对于期货公司及投资者来讲，都是双赢。投资者需要通过投资者教育活动来更好理解和更新专业交易知识和交易规则。而期货公司开展投教工作不仅能够为市场培育更多的专业投资者，更能够有效避免因投资者不理解市场交易规则而发生纠纷。

笔者曾接到一起客户投诉。客户认为期货公司无权擅自对其账户采取强制平仓措施，故强制平仓侵犯了他的财产权利，违背了“买者风险自担”的要求。经查，公司采取的强制平仓措施合法合规，没有任何瑕疵。但在与客户的交流中，客户却始终不接受期货公司在其账户出现风险而未及时处置的时候有权进行强制平仓的说法。经进一步了解，该客户系来自 IB 渠道，长期进行证券交易。于是我们特意联系 IB 营业部，请 IB 营业部配合公司一起向客户进行解释，充分对比讲解证券市场与期货市场的异同，以及证券交易规则与期货交易规则的异同，详细分析期货市场合约到期交割、杠杆交易、保证金交易、强平制度等股市完全没有的风险点。经过多次努力，客户逐渐理解了期货公司采取强平措施既是法律赋予的控制风险应急

手段,又是对客户账户的锁定保护措施。在此基础上,客户主动撤销了投诉。之后客户不仅更加注重风险防范,而且遇到盘中异常波动,都能主动与期货公司互动配合。

杭州市法院曾审理一起案件,原告称2010年11月11日尾盘时,卖出1109白糖合约50手未果,怀疑期货公司故意设卡不让成交。11月13日,其向期货公司提出11日、12日结算账单中占用保证金、追加保证金、可用资金等算错,要求下一交易日开市时暂不强行平仓,待其筹集资金后追加保证金,期货公司对此异议和要求未予处理,并将其持有的50手1109白糖期货合约强行平仓,造成重大损失。

法院经审理查明:2010年11月11日,期货公司向朱某某发出追加保证金通知书;12日在公司网站公布了调整保证金通知;同日,发出强行平仓通知。后期货公司分次挂单强行平仓,并全部成交。另法院审理过程中发现朱某某为了进行期货交易,曾进行民间借贷,后无力偿还,被法院判令其偿还贷款人本息。最后法院判决驳回朱某某的全部诉讼请求。

从该案件的审理及判决,可以看到经过多年发展,期货经纪业务已经相对成熟,业务流程、业务环节也已经完善。投资者在进入市场交易前,充分了解期货交易机制和交易特点的基础上,按照合同约定进行交易,将有助于控制风险,维护自身权益,预防和减少与期货公司纠纷。朱某某与期货公司发生纠纷,其根源在于朱某某在交易过程中,对期货交易风险认识不足,风险控制不够,当行情走势不利于其持仓时,又缺少足额资金进行追保。同时,朱某某进行期货交易的部分资金来自民间借贷,这一做法相当于进一步放大交易杠杆,将自身暴露在更大的风险中,当保证金不足时,难以有效补足。

作为前车之鉴,投资者在进行期货交易前,一定要充分认识期货交易风险,在交易过程中做好风险控制,当保证金不足时,选择及时追加或自行平仓,同时要以个人资金进行期货交易,避免投入借贷资金。

纠纷,是市场主体都不乐见的。但由于市场充满不确定性,突发性异常波动无法避免,因而"浮亏—追保—强平—纠纷"也同样无法避免。笔者在长期的实践中深切体会到:对于投资者,需要无时无刻帮助他们提高对交易风险的认识和交易规则的理解。只有更早、更多、更全、更有效率及更有针对性地开展投资者教育工作,提高投资者的风控意识和专业水平,才能有效预防投资者纠纷的产生。而对期货公司的风控、合规部门而言，责无旁贷需要经常深入排查各业务流程的风险点，强化内部风控机制，提升风险预判和风控服务能力，积极处理客户纠纷，给予客户更专业、更好的服务体验。笔者相信，每一次市场异常波动都是对市场参与者的教育，只要市场主体各方都不断强化风险意识和法律意识、市场意识，就能推动市场的稳健合规发展。

案例2:张某与某期货公司的特殊返还纠纷评析

曹赫男*

一、案情简介

2019年4月,针对大连商品交易所"关于调整豆粕、玉米和铁矿石品种手续费减收方案相关事项的通知"及"关于延长并优化黄大豆二号手续费减收措施的通知",某期货公司分公司客户张某提出想要参与其中两个品种的交易,同时想申请这两个品种的手续费减收返还。分公司负责人在了解客户需求后便与客户进一步沟通,因分公司负责人在向客户说明情况时可能存在表述不当的问题,致使客户认为分公司负责人对其进行了口头承诺,口头承诺的内容是"待交易所将手续费返还给期货公司后,期货公司会根据张某的实际交易情况,将交易所实际减收额度按照65%的比例返还给张某,且张某不需要承担税费"。因返还比例高,之后张某介绍其朋友杨某也参与相关交易,杨某随即在分公司开立了期货账户。因为考虑减收返还个人期货账户产生的所得税较法人期货账户高,张某则以其担任业务负责人的公司名义在期货分公司申请开立了一个法人期货账户,并且申请将两个账户所产生的减收返还统一返还至该法人期货账户,以减少产生的所得税。

分公司将该事项呈批至期货公司总部,根据该期货公司内部管理制度的规定,对于手续费减收返还比例超过60%的事项,必须经公司领导层审批同意后才可进

* 新晟期货有限公司合规审查部、监察审计部总经理,高级会计师。

行。而就上述65%的手续费减收返还事项，该公司领导层认为，若将个人期货账户交易产生的减收返还也汇至法人期货账户，此种操作存在避税嫌疑和财务风险，并且客户收入所产生的税费应由客户自行承担，故分公司呈批的事项未得到总公司领导层审批同意。

因领导层未同意，分公司就返还账户和税费问题与客户进行了多次沟通，但始终未能达成一致意见，因而迟迟未签署书面返还协议。在未签订书面协议的情况下，客户入场交易，并于2019年8月撤离资金后要求分公司返还交易所实际减收额度65%的手续费。分公司又就该事项呈批至期货公司领导层，领导层认为，因客户要求的65%的手续费返还比例未获批同意，且双方并未签订书面返还协议，客户的返还申请没有合同依据，且会涉及企业经营合规风险及合同管理风险，所以对该返还事项不予认可。

分公司经过与客户多次沟通后，客户同意税费由其自行承担，返还比例按照交易所实际减收额度（扣除税费后）65%的比例返还，同时按两个客户名下账户的实际交易量分比例支付至对应账户。之后，分公司就将与客户协商的结果向公司领导层汇报，并申请返还客户，但公司领导层仍未同意该事项。双方就此事沟通协商未果，后张某向分公司提出投诉，分公司按照期货公司内部有关客户投诉事件的处理规定，受理了张某的投诉申请，并启动投诉处理工作流程，经过沟通，双方均坚持己见，互不相让，最终分公司拒绝了张某的请求。张某对处理结果不服，又向广东中证投资者服务与纠纷调解中心投诉期货公司。

二、调解过程及结果

调解中心将张某的投诉情况告知期货公司后，期货公司对该事项展开了调查，而后表示，因当时客户提出的返还方式不符合合规要求以及返还比例高等原因，双方未就返还事项达成一致，因此未签订书面返还协议。而业务的基本规范应是先签订书面协议后开展正式交易，且分公司负责人也未引导客户采取先进行交易后补签书面协议的方式。在双方没有达成书面协议的情况下，客户入场交易。期货公司认为，客户的返还请求没有合同依据，会涉及企业经营合规风险及合同管理风险，所以不同意按张某的要求返还相应手续费。张某则认为，分公司之前已经口头承诺会根据实际交易情况将交易所实际减收额度按65%的比例返还,现在交易所已将手续费返还给期货公司,因此期货公司应兑现承诺,将手续费返还给自己。双方各执一词,纠纷调解工作陷入僵局。

三、案件评析

在本案中,张某认为期货公司应按照口头承诺的65%的比例返还交易所实际减收额度,而期货公司则坚持认为分公司负责人没有与张某进行口头约定,且张某未与公司签订书面返还协议,其返还请求没有合同依据。双方的争议焦点在于:(1)分公司负责人是否作出了口头承诺;(2)如果分公司负责人作出了口头承诺,双方之间的口头协议是否成立。根据“谁主张,谁举证”的原则,在本案中,张某主张分公司负责人对其作出了口头承诺,分公司负责人则对此予以否认,则张某应对分公司负责人曾对其作出过口头承诺这一事实承担举证证明责任。在本案中,张某并不能提供相关证据证明上述事项,故张某要承担举证不能的不利后果,至此,应认为分公司负责人未对张某作出过口头承诺,则双方之间也不成立口头协议。

客户在本案中存在过错。第一,客户为了减少扣税金额,要求分公司将两个客户交易产生的减收返还同时返至一个法人期货账户,此种操作不仅存在避税嫌疑,还可能给期货公司造成财务风险。其侵犯了税收法律法规的立法意图,使其公正性、严肃性受到影响,且对社会公德及道德造成不良侵害,使诚信纳税受到威胁,造成守法经营在市场竞争上处于不利地位。第二,客户缺乏契约精神。契约观念能够使人们清楚地认识到自己所担任的法律角色,受到必要的约束,从而有效地选择自己的行为。客户作为从事期货交易的投资者,在开展交易之前,应当先行了解并熟悉相关的业务流程和业务规范,对于“先就交易相关事项与期货公司签订书面合同后再入场交易”的业务基本规范不应全然不知。在本案中,客户在知晓业务规范要求的情况下仍不签订书面合同就进行交易,是缺乏契约精神的表现。第三,客户的法律意识较为薄弱。在商事活动中,为明确交易双方的权利和义务,约束双方的行为,对于一些无法即时履行的合同,通常会以书面形式订立协议,使合同的履行更加有保障,同时,使在交易活动中受侵害的一方维权时有据可依。因此,对本案这种合同标的数额不小的情形，为了更好地保障自身合法权益，订立书面合同是十分有必要的。况且从事期货交易，客户与期货公司之间均通过订立书面合同开展后续合作。而在本案中，首先，张某对分公司负责人所述事项没有确认其真实性、确定性及合理性，殊不知自己的理解存在偏差；其次，即便分公司负责人确实作出了口头承诺，张某也不应轻易相信，在未与期货公司签订书面协议的情况下就进场交易，而后以口头承诺为依据，要求期货公司返还相应手续费。因张某忽略了书面合同的重要性和必要性，故导致维权时依据不足。

此外，分公司负责人也存在过错。作为期货公司分支机构的负责人，应该熟知公司内部的管理制度，且对自己的权限有明确的认知。在本案中，分公司负责人当时是否对客户进行口头承诺现已无从知晓。倘若分公司负责人擅自对客户作出口头承诺，并且未与客户约定就返还事项必须采用书面协议的方式，使客户误以为口头承诺可以实现，继而引发纠纷，则其行为违反了该公司《分支机构管理办法》中“分支机构不得擅自与他人订立任何形式合同、协议”的规定，且其行为事实上具有越权审批业务的性质，还违反了该公司《授权分责制度》中“分支机构和个人不得越权审批业务”的规定。本案对期货公司是否造成经济损失尚未可知，但该事件持续时间长，客户多次投诉期货公司，这必定对期货公司的形象和声誉造成不良影响，期货公司可依据《授权分责制度》的罚则规定对分支机构负责人作出免职、开除、辞退、解除劳动合同、赔偿经济损失等处分，如在本案中遭受了经济损失，还可向分支机构负责人追偿。倘若分公司负责人未曾对客户作出口头承诺，综合本案情况，分公司负责人很有可能在表述时使用了不恰当或存在歧义的词语和句子，导致客户误以为自己能够获得高比例的手续费减收返还，因而引发纠纷。分公司负责人虽未直接违反期货公司内部管理规定，但在与客户进行沟通时未持谨慎态度、用语不够规范，使客户在理解上产生偏差，进而引发客户多次投诉，给期货公司造成不良影响，对此，分公司负责人也存在过错。

此外，期货公司内部可能存在着部分审批程序重复、审批流程延长、审批效率拖延等现象。分公司就该事项向期货公司总部提交了多次呈批，审批流程历时许久才完成，耗费的时间较长，期货公司内部审批效率低下，有待改善。

四、本案启示

(一)期货公司要加强内部管理和员工培训;业务人员则要对自身权限有明确的认知,严格按照公司的规章制度办事

第一,期货公司应加强公司内部管理和员工培训,重视对员工行为规范的培养,贯彻落实公司各项规章制度,强化业务人员的规则意识;第二,业务人员要充分学习和领会公司的管理制度,明确自己的工作权限,对于自己没有决定权限的事项,必须在获得有决定权的领导的书面授权后才能执行;第三,业务人员应了解口头合同的法律性质,在遇到类似情况时,先与客户约定合同须采取书面形式,在一定程度上排除口头合同成立的可能性。对于自己没有决定权限的事项、具有不确定性的事项,不要轻易对投资者作出承诺,如确有必要让客户了解相关情况,要注意语言表达上的规范,避免使用有歧义的词语和句子,防止客户作出其他不利于期货公司的解释,并向客户强调"该事项具有不确定性,一切应以书面协议为准"。

(二)业务人员应事先告知客户相关的业务规范要求,确保客户对返还流程、返还比例决定权限的归属足够了解

本案客户在投诉时存在以下说法:"分公司让客户先交易后续走返还流程";但分公司负责人表示,其并未告知客户可以采取此种操作方式。为防止类似情况再次发生,无论客户是否知晓相关业务基本规范,业务人员在与客户进行事前沟通时,对于较重要的业务规范要求、手续费返还流程、返还比例最终决定权限的归属等信息,应对客户进行必要的提示和说明,并向客户强调其在未签订书面返还协议的情况下擅自进行交易的后果。总之,业务人员要切实履行对客户的勤勉忠实义务,增强责任意识,提升专业服务水平。

(三)期货公司应优化审批流程,提高工作效率

期货公司应推进职能的优化调整,简化审批程序,减少不必要的流程节点。紧密围绕规范管理的思路,进一步下放和明确管理事项审批权限。同时,按照既体现规范管理,又讲求效率、效能的原则,在进一步下放管理事项审批权限的基础上,明确分管领导和各部门管理事项的审批权限。另外,实行限时办结制度,将各事项进行级别分类,分别对应不同的审批时限。同时,加强跟踪督办,确保各事项有序高

效运作。

(四)期货公司应提升客户投诉处理能力

首先,建立健全公司内部投诉纠纷解决机制,提高投诉处理工作人员的业务水平,确保投诉渠道畅通无阻,投诉处理机制运行有效,投资者反映的问题能够及时得到解决,从而尽快排除可能存在的风险隐患;其次,增强员工的风险防范意识,期货公司各相关部门在办理客户开户、进行投资者教育和风险揭示、开展投资者适当性教育工作和投资咨询业务时,应对投资者正确、规范参与期货交易进行必要的引导,避免引起投诉纠纷;最后,增强员工的风险化解意识,当发生投诉纠纷时,员工应向客户告知、解释和说明投诉或纠纷处理的途径、方法和流程,积极引导投资者正确认识投诉问题的性质,理性、合法表达利益诉求,解决纠纷。

(五)期货公司应加强投资者教育,切实维护中小投资者的合法权益

维护中小投资者合法权益一直是期货监管工作的重中之重,是资本市场持续健康发展的基础。中小投资者是我国现阶段资本市场的主要参与群体,且处于信息弱势地位,中小投资者抗风险能力和自我保护能力较弱,合法权益容易受到侵害。因此,保护中小投资者能够体现市场参与者之间的平等,是期货市场发展的永恒主题,是期货市场发展的根基。

期货公司要进一步加强投资者教育,加强中小投资者合法权益保护工作。首先,期货公司应积极承担各项产品和服务的投资者教育义务,将投资者教育纳入开户、交易、营销及客户服务等各个业务环节;其次,要充分发挥媒体的引导和宣传功能,加大普及期货知识的力度,开展警示宣传,帮助投资者提高风险防范意识和自我保护能力;最后,要保障相关费用支出和人员配备,让中小投资者保护工作真正实现常态化、规范化和制度化。

(六)投资者应提高风险防范意识和自我保护能力

第一,资本市场的健康稳定发展离不开投资者的参与,离不开良好的投资理念。投资者应树立科学理性的投资理念,包括理性投资、长期投资、价值投资等。主动识别并防范投资风险,不听信传言,不盲目跟风,在承诺的高额回报面前,要保持理性、清醒,时刻牢记“期市有风险,投资需谨慎”的箴言。

第二,投资者应加强期货知识学习,养成良好的投资习惯。投资者可充分利用合法期货经营机构提供的教育资源,努力充实自身的投资知识,加强对金融产品的

了解和认识,熟悉所投资产品的收益风险特征,不从事不熟悉产品和不能承受相应风险的产品的投资。

第三,投资者应了解、重视自己的合法权益,积极履行知情权、监督权等投资者权利。增强维权意识,当自身合法权益受到侵害时,积极采取调解、仲裁、诉讼等方式解决问题,保护自己的合法权益。

案例3:期货经纪合同纠纷调解经验评析

黄　祎*

一、纠纷简介

2020年4月,投资者A通过中国投资者网向中证资本市场法律服务中心递交了纠纷调解申请,内容如下:

(一)纠纷内容

2019年6月20日,A通过第三方交易软件在B期货公司开户。8月22日,A登录B公司交易账户时发现多次委托无效,事后了解是B公司提供的交易软件存在漏洞,导致软件当天上午发生瘫痪。

9月10日晚开盘前,B公司风控部通知A持有的6手镍合约达到平仓线,双方协商只平部分仓位,但B公司未经A同意平掉了所有仓位。

A准备就以上事项投诉B公司,B公司派D市分部负责人C与A协商赔偿事宜。C说提供一个稳赚不赔的交易策略给A使用以弥补亏损。A看C职位高,非常信任C的专业能力,在C的指导下使用该交易策略交易,亏损十万余元。

(二)调解请求

请B公司赔偿损失。如果B公司不同意赔偿,请贵中心将该纠纷移交证监局,B公司存在几个违规问题:(1)公司在交易系统瘫痪时未能及时通知投资者,也没有采取任何应急措施,在事中事后恶意隐瞒投资者,也未按规定报备监管部门,请相关部门要求B公司将系统瘫痪事件告知每一个投资者,对投资者损失予以赔偿,

* 中证资本市场法律服务中心纠纷调解部业务经理。

并对B公司作出相应处理。(2)B公司在全国有多处经营网点都没有经营许可证,请监管部门调查处理。(3)C代表B公司向投资者提供交易策略并作出赢利承诺,B公司是否应承担相应责任,请监管部门调查处理。

二、纠 纷 研 究

收到A的调解申请后,考虑期货交易的专业性强、该投资者诉求多样,中证资本市场法律服务中心指派具有丰富调解经验的退休法官担任本纠纷调解员,由中证资本市场法律服务中心工作人员担任调解助理,配合开展调解工作。

调解员首先全面分析了A提供的申请资料。

(一)分析调解请求

虽然纠纷受理部门会对投资者的申请初筛,但这种初筛更多是大方向上的筛选。调解员仍有必要紧密结合《中证资本市场法律服务中心调解规则(试行)》(以下简称《调解规则》)第8条、第9条受理范围的规定判断投资者的调解请求是否合理。[①] 如本纠纷中A"请求调解机构将本纠纷移交监管机构""请求监管部门作出相应处理""请监管部门调查处理"等表述涉及行政监管内容,不属于调解组织的受理范围。

因此,调解员还需要帮助此类投资者重新梳理调解请求。本纠纷中可将A的调解申请调整为:(1)请求公司赔偿交易系统瘫痪造成的损失。(2)请求公司赔偿未经本人同意平掉所有仓位造成的损失。(3)请求公司赔偿工作人员违规提供交易策略、承诺收益造成的损失。

---

① 《调解规则》第8条规定:"资本市场主体间因证券、期货、基金等相关业务产生的民事纠纷属于本中心或分支机构调解受理范围,主要包括:(一)投资者与上市公司之间的纠纷;(二)投资者与证券期货经营机构之间的纠纷;(三)投资者与资本市场其他主体之间的纠纷;(四)本中心认为可以受理的纠纷。"

《调解规则》第9条规定:"存在下列情形之一的,本中心或分支机构不予受理:(一)纠纷不属于本规则第八条规定的适用范围;(二)当事人之间无直接民事法律关系;(三)同一纠纷已进入司法、行政程序或正在由其他争议解决机构处理,或已由本中心或分支机构调解结案,或已有生效判决、仲裁裁决等处理结果,但人民法院、证券期货监管机构、自律组织、仲裁机构等依据纠纷多元化解机制转交本中心或分支机构的除外;(四)申请人在规定期限内无法提供本规则第十五条规定的必要信息;(五)本中心或分支机构收到调解申请之日起7日内无法与当事人取得联系,或征询被申请人后10日内未取得有效答复,或当事人不同意调解;(六)机构电话接听不及时等服务态度问题,无证据证明造成明显损失;(七)本中心或分支机构认为不适宜调解的其他情形。"

(二)梳理纠纷证据

投资者总共提交了如下证据支持其调解请求:

1. 证明请求 2 的通话录音;

2. 证明请求 3,A 同 C 对话的微信截图,内容如下:

图一:

时间:2019 年 9 月 26 日

内容:C:A 总您好,我是 B 公司×××,电话是×××。

A:您好! 我电话×××。

C:A 总,节后您什么时候方便,我去您那一趟,找半天时间交流一下。

图二:

时间:2019 年 11 月 14 日

内容:C:我在×××大厦××楼了。[①]

A:就到。

两个小时后

C:(发出一张 K 线图)配文字"1 分钟 K 线,SP 就是结算价"。

A:好的。

图三:

时间:2019 年 11 月 14 日

内容:C:发出一张 K 线图。

A:上面有结算价,也有均价,用哪个。

C:结算价就是均价。

A:上面这个图不对,均价为 452.9;SP 为 455.77。

C:(发 K 线图)我的是对的。

图四:

时间:2019 年 12 月 16 日

内容:A:C 总好! 策略用不起来,亏了不少。你看看程序能不能给我用。

C:最近行情就是来回震荡,本来就难做,马上又是元旦节,观望气氛比较浓厚。

① 该地址为 B 公司某营业部办公地点。

调解员对以上证据作了初步分析。首先,考虑实践中调解员都是兼职工作,而做大段录音证据的核实工作需要耗费大量的时间精力,不利于提高调解效率,因此调解员建议A将录音证据整理成文字形式,并将能够证明其请求的部分重点标注出来。但由于《调解规则》未对投资者提交的证据格式作要求,且投资者提出工作繁忙没有时间整理录音文字版,该项要求只好作罢。其次,A提供的微信对话证据较为零散,还需要同B公司核实并补充调取更多资料才能复盘纠纷全貌。

因此,为帮助投资者掌握更多证据,调解员走访了B公司。

B公司作出以下回复:

1. 请求1:B公司承认交易系统在上午9时至10时瘫痪,调解员调取了A当天的交易记录。

2. 请求2:B公司不同意赔偿强平损失。提供了与A通话的录音文字版,该证据表明A只给调解机构提供对自己有利的前半部分录音,隐瞒了后半部分对自己不利的录音。在后半部分录音中,公司已经和A说明了会全部平仓,A当时也表示同意公司的平仓决定。

3. 请求3:B公司承认微信对话截图的真实性,但认为该证据证明力不足,仅靠零碎对话无法证明C有提供稳赚不赔的策略给A;退一步讲,即使C有不当行为,也是其个人行为,而不是职务行为。B公司已将C作了开除处理,没有其他相反证据。

(三)请求权基础分析

经过前期对证据的收集整理工作,调解员接下来对该纠纷的请求权基础进行分析。

1. 本案的法律关系

本案包含的法律关系为:A与B的期货经纪合同关系,B与C的雇佣关系,A与C无法律意义上的关系。

2. 相关请求的法律依据分析

请求1:《期货交易管理条例》第26条规定客户可以通过互联网向期货公司下

达交易指令。[1] A同B公司签订的《期货经纪合同》第27条规定:“由于网上交易系统受各种因素的影响存在中断可能性,为保证乙方交易的正常进行,甲方为乙方提供备用下单通道,乙方不能正常进行网上交易时,可改作电话方式或书面方式下单。”即在交易系统发生故障时,投资者可自行改为电话方式或书面方式下单交易。但其实在实践中,交易系统瘫痪后,投资者采用电话下单的方式只能下达平仓指令而不能下达开仓指令。也就是说,交易系统瘫痪会对有开仓交易需求的投资者造成影响。

当然,B公司无法认定A在交易系统瘫痪时是否有开仓需求,但毕竟公司交易系统瘫痪存在过错,B公司同意对A进行赔偿。那在A没有实际交易的情况下,如何认定A此时的损失？A当天的交易结算单显示投资者在交易系统恢复正常后交易亏损3600元,B公司同意将3600元作为其该项主张的赔偿金额。

请求2:B公司提供的证据能够证明对A所有合约进行强制平仓应为双方合意,应由A自行承担此部分损失。

请求3:需认定两个问题:一是投资者提供的证据是否足以证明C为A作过交易指导;二是B公司是否要为C的行为承担责任。

问题一,要仔细分析这几张对话截图。从图一可以看出,C与A添加微信的时间同A所述发生系统瘫痪和强制平仓亏损后的时间相吻合,且C作为B公司D市分部负责人主动添加A的微信,并主动要求前往A所在地用半天时间交流,其行为与投资者所述“B公司派C前来解决问题”的表述相吻合。从图二、图三看出C在指导A认识K线、结算价、均价,结合图四A说“策略用不起来,亏了不少”,可以佐证C曾指导过A使用交易策略。图四中C回复说“最近行情就是来回震荡,本来就难做,马上又是圣诞节和元旦,观望气氛比较浓厚”,看出C与A在围绕交易策略产生的效果交流,此时A使用策略发生亏损已是既成事实,C还在引导A继续观望。

虽然B公司辩称仅有的微信截图证明力不够,但将4张图片对话串联起来分析,调解员有理由相信C作为D市分部负责人,主动联系A并教A认识K线等行

---

[1] 《期货交易管理条例》第26条规定:“客户可以通过书面、电话、互联网或者国务院期货监督管理机构规定的其他方式,向期货公司下达交易指令。”

为,能够佐证其主动为A提供了交易策略指导;且A作为一个理性人,缘何敢投资十几万元使用该策略交易?能推断其一是A相信C作为B公司D市分部的负责人的“专业能力”,二是也离不开C对其作出过类似保证收益的承诺。

问题二,B应该为C的行为承担法律责任。首先,C为A提供交易策略的行为缺乏法律依据。虽然期货公司可以从事期货投资咨询业务,向客户提供交易咨询等服务,[①]但法律同时规定该项业务应当与客户签订服务合同,明确约定服务内容、收费标准及纠纷处理方式等事项。[②] 而显然A并未与B公司签订此项合同,C为A提供交易策略的行为没有合同依据。

进一步来说,依据《期货交易管理条例》第2款“期货公司不得向客户作获利保证”[③]以及《期货从业人员管理办法》第14条第3款“期货从业人员应当遵守下列执业行为规范……(三)向客户提供专业服务时,充分揭示期货交易风险,不得作出不当承诺或者保证”的规定可以看出,C向投资者作出保证收益类承诺的行为属于直接向客户作获利保证的行为,违反了期货从业人员行为规范。

其次,B公司是否要为C的行为承担法律责任?回答这个问题关键在于判断C的行为是个人行为还是职务行为。判断公司工作人员的行为是否属于执行职务行为,应考虑如下几个重要因素:(1)工作人员是否享有公司的授权;(2)是否发生在工作时间和工作场所;(3)该行为的实施是否以“工作”或“职务”的名义实施;(4)遭受损害的第三人是否有理由相信工作人员的行为属于职务行为。[④] 在本纠纷中,C是受B公司指派去解决同A的纠纷,享有公司的授权;和A约定的地点是公司工作场地,时间也在工作时间内;跟A交流时介绍的身份是B公司D市分部负责人的职务;A也有理由相信C的行为代表着B公司的意思,因此C的行为属于职务行为。退一步讲,即使B公司对C联系A的行为并不知情,但B公司对其员工负有监督管理职责,应该督导员工严格遵守法律法规及行业规则,禁止员工违规给

---

① 《期货公司监督管理办法》第73条规定:期货公司可以依法从事期货投资咨询业务,接受客户委托,向客户提供风险管理顾问、研究分析、交易咨询等服务。

② 《期货公司监督管理办法》第74条规定:期货公司从事期货投资咨询业务,应当与客户签订服务合同,明确约定服务内容、收费标准及纠纷处理方式等事项。

③ 《期货交易管理条例》第24条第2款规定:期货公司不得向客户作获利保证;不得在经纪业务中与客户约定分享利益或者共担风险。

④ 参见《王某某与宏源期货有限公司等期货交易纠纷二审民事判决书》(2015)高民(商)终字第439号。

客户提供投资咨询服务,违规承诺投资收益。B 公司对普通员工的监督管理尚且需达到这个要求,对 C 这一分部负责人来讲,更要强化此种监督管理职责。在 B 公司无相反证据证明自己没有责任的情况下,理应认定 B 公司对 C 未尽到监督管理职责,由 C 的行为导致的过错 B 应该承担责任。B 在承担责任后可以再向 C 追偿。

三、调解过程

由于纠纷发生正值疫情期间,本次调解除前往 B 公司调取证据外,其他部分全都采用线上调解的方式进行。调解员在调解助理的配合下,同投资者 A 和 B 公司分别建立微信群沟通,并对双方当事人做了侧重不同的说服工作。

(一)同投资者调解的侧重点

第一,调整调解请求。调解员首先向投资者声明,申请请求 2、请求 3 的部分内容属于行政监管范畴,调解只解决投资者同机构的民事纠纷,且调解成功与否完全基于双方当事人自愿原则;接下来将重新梳理的调解请求发至微信群,由投资者确认。

第二,阐明投资者本人也有过错。此部分集中在对投资者请求 3 的说理:首先,根据 A 以往的证券市场交易记录可知,其具有丰富的证券投资经验,理应明白没有交易策略稳赚不赔,且从双方签订的《期货交易风险说明书》《期货经纪合同》《客户须知》《客户交易须知》等相关文件材料的约定来看,B 公司已经明确告知了客户开立期货账户及进行期货交易需要知晓的事项,包括期货公司及其工作人员不得向客户作出获利保证、期货公司禁止所有工作人员对客户作出获利保证等,A 既然已经对这些文件签字,就表明其知晓上述内容,A 不顾合同提示私自采信 C 的交易策略属于投资不审慎的行为。其次,“买者自负”是市场经济的一个基本理念,产品的购买者要从购买行为中获得利益,也要自己承担决策风险。A 作为理性人,由自己作出了采用 C 的交易策略投资的决定,造成亏损其本人也有过错。

(二)同机构调解的侧重点

第一,阐释与诉讼相比,调解保密性优势明显。B 期货公司的母公司为上市公司,如果投资者选择诉讼方式化解纠纷,相关裁判文书会上网公开,不利于上市公司维护形象。

第二,调解员有理由合理推断C为A提供了声称稳赚不赔的交易策略,B公司理应为C的行为承担责任。通过微信对话看出:C在指导A认识交易的知识;C和A接触时,C的职务不同于B公司一般员工,而是B公司D市分部负责人,和A接触的原因也是为了解决A因亏损而向B公司索赔的事宜,因此A有理由相信C的行为就是B公司的意思表示;且C作为分部负责人,竟然试图通过为客户推荐稳赚不赔的交易策略来弥补客户亏损,该行为背离了从业人员操守,B公司对其员工没有尽到监督管理的职责。在C的行为上B公司存在过错。

经过调解员背对背的调解,双方认识到了自己的责任,愿意各退一步化解纠纷。A降低了和解金额预期,B公司也愿意承担部分责任。

(三)组织签约

最后一次调解需组织双方当事人签署调解协议,在这之前做好了如下准备工作:一是联系双方固定了调解协议的内容,并将调解协议提前发给双方当事人确认;二是在签约前一天,建好包括调解员、投资者A、B公司授权代表人、调解助理4人的微信群,并在群内约定第二天上午9时准时开展最后一次调解;三是拟好调解提纲,固定了调解流程和调解员的发言内容。

这里要补充说明的是,虽然此前双方当事人都表明了和解的意愿,但不排除当事人突然变卦,且最后一次调解是投资者A同B公司授权代表人首次凑到一起,双方是否会产生对立情绪难以预测。由于这次调解直接决定着调解结果,调解员思考再三,拟将法院开庭审判的流程部分引入调解当中,从形式上增加调解的"权威性"和"震慑性",尽力减少当事人临时变卦的可能。

但又由于双方当事人都是第一次接触此种"开庭"般的调解形式,所以在调解提纲的拟定过程中,调解员也为双方当事人写好了发言内容的初稿,供正式调解时由调解助理发给当事人借鉴回答。事后看来,在这种"开庭式"的线上调解方式下,双方当事人被"自动带入"比较严肃的调解场合,表现出了很大程度地遵守,一定程度上减少了调解的不确定性。

最后一次调解如期进行,以下是本次借鉴开庭流程的在线调解各方的发言实况。

(8时50分)

调解助理:请双方当事人做好准备,关于投资者A与B期货公司最后一次调解将于10分钟后开始。

双方当事人回复:收到。

(8时50分~9时)

【准备工作】

调解助理联系双方当事人告知其准备好身份证明文件。

(9时)

【身份确认】

调解助理:现核对双方当事人身份。请申请人提供身份证正反面照片。

申请人:上传证明文件。

调解助理:请被申请人提供公司的授权委托书、营业执照。

被申请人:上传证明文件。

调解助理:报告调解员,双方当事人身份经核对无误。

【正式调解】

调解员:投资者A与B期货公司线上调解现在开始。

首先由申请人陈述意见。

申请人:关于与B公司的纠纷,我同意在赔偿金额上作出一定让步。申请书上3项请求赔偿总额不少于10万元,支付方式首次一次性支付不少于5万元,其余的2个月付清。

调解员:被申请人发表答辩意见。

被申请人:我注意到申请人申请书上有坚持举报等内容,因此在代表公司陈述意见前,我希望了解申请人是否有对相关行为约束的承诺。

申请人:这点请放心,只要事得到妥善解决,我承诺今后不再通过任何形式向任何部门,对B公司再提起与本纠纷有关的任何举报、投诉、诉讼等;今后也不以任何形式发表或作出不利于对方的言论和行为。

调解员:被申请人对申请人的上述承诺还有何补充意见。

被申请人:没有了。

【调解突发状况】

此时,申请人突然私信调解助理,要求调解协议书一定要体现公司诚意,将系统瘫痪以及C某指导投资者交易给其造成了损失写入调解协议。

调解进程中断,调解助理在请示调解员后,联系投资者直接致电调解员。

调解员分析投资者此时提出该项要求,是基于刚在微信群里投资者作出了“今后不再通过任何形式向任何部门,对 B 公司再提起与本纠纷有关的任何举报、投诉、诉讼等;今后也不以任何形式发表或作出不利于对方的言论和行为”的承诺,投资者心态上会认为承诺后自己处于“弱势”,不再掌握同 B 公司“要价”的筹码,因此要求在调解协议上增加 B 公司承认自己责任的条款增加对 B 公司的制约。

调解员迅速判断,此时将投资者的要求写入调解协议不具有可操作性,于是说服投资者将此类内容加入调解协议并不重要,对投资者而言重要的是 B 公司能按时付款,调解员请投资者不要着急,她接下来会要求 B 公司明确付款条件以约束 B 公司,请投资者回到正常的调解流程。投资者的顾虑被打消,调解得以恢复。

【确定调解方案】

调解员:被申请人针对陈述发表答辩意见。

被申请人:正在就方案请示领导,请稍等。

(半小时后)

被申请人:为尽快并彻底了结本纠纷,我方通过第三方向 A 支付金额人民币 100,000 万元,一次性解决本纠纷。

调解员:被申请人能否确定下具体支付时间。

被申请人:本月 30 日之前。

调解员:申请人对被申请人提出的上述支付方式及支付期限有何意见。

申请人:无意见。

【确定支付方式】

调解员:现在请申请人确定支付方式,由申请人提供银行账号、开户行。

申请人回复银行信息。

【确定保密义务】

调解员:现在对双方提出保密意见。双方是否愿意作出承担保密及违约责任的承诺。

双方当事人回复愿意。

【上传调解协议】

调解员:在汇总双方前述协商意见的基础上,拟出了相关协议条文,请调解助理上传交由双方确认。

调解助理:上传协议。

调解员:双方是否同意上述协议内容?

双方当事人回复同意。

【告知协议签字、邮寄流程】

调解员:现告知相关书面签字程序,协议一式三份,先由中心快递送至申请人A处,由申请人签字后再由被申请人签字盖章,再由被申请人邮寄至中证资本市场法律服务中心用印。

双方当事人回复收到。

调解员:本次调解结束。

四、经验分析

回顾调解全过程,其实在初期存在阻碍调解成功的几大因素,但很可贵的是在调解员细心、用心、耐心地调解下,调解障碍被各个击破,纠纷双方实现了握手言和。

(一)阻碍调解的因素

1. 投资者配合度不高

在本纠纷中,投资者频繁扬言不在乎调解结果,要拿着证据向证监局投诉,[①]对调解工作不积极不主动。例如,其声称掌握了C推荐交易策略、承诺收益的录音证据,但“担心”调解组织将录音证据“泄露”给B公司,不愿意将证据提交给调解员;又以工作繁忙为由拒绝将已提交的录音证据整理成文字版;在调解员告知可能可以签署调解协议,希望在线下组织最后一次调解时,又提出B公司和调解员必须到其居住地签约。

2. 机构配合度不高

起初,B公司是一合规工作人员作为授权代表人参与调解,该工作人员态度强

① 事后分析这是投资者的矛盾心理,既希望通过调解获得赔偿,又害怕B公司不配合调解,故意用投诉的方式给公司施压。

硬,称与投资者打过交道,其蛮横无理,公司绝对不会答应投资者的赔偿请求,并以不回短信、不接电话的方式拖延提交相关证据材料。

3. 线下调解难开展

由前述可知,双方当事人配合调解的积极性都不高,本需要通过同当事人面对面沟通的方式增强调解说服力,但由于当时正值新冠肺炎疫情期间,投资者和 B 公司又分隔两地,线下调解难以开展,这就大大增加了调解的难度。

(二)击破障碍的方法

1. 帮助投资者收集证据解决证据不足的问题

在投资者不愿意提供更多证据支持调解的前提下,调解员转而将证据收集的工作集中在同 B 公司的沟通中。并且在做好防护措施的前提下,调解员决定亲自前往 B 公司调取证据。在同 B 公司首席风险官的面谈过程中,主要对请求 3 所涉事项作了问询,因为公司无法提出有力的相反证据,调解员得以结合同 B 公司的谈话,验证投资者微信对话的证明力。

2. 同 B 公司首席风险官面谈解决公司不配合的问题

此次调解员前往 B 公司调取证据,由 B 公司首席风险官接待。调解员站在上市公司的角度,向其阐明调解保密性的优势有利于维护上市公司形象以及公司确实存在过错。不同于一般合规工作人员,首席风险官能够站在维护公司利益的角度对纠纷审慎思考,对调解的配合度和接受度大大提高。面谈结束后,B 公司立即将授权代表人换成了首席风险官,为纠纷调解成功奠定了良好的基础。

3. 灵活运用微信、电话,提高线上调解效率

电话沟通的优势是对话方便,有利于充分了解当事人想法,但劣势也比较明显:投资者会大篇幅阐述与调解诉求无关的事实,且容易情绪激动,电话沟通动辄耗费数个小时,不利于调解员控制沟通进度,固定调解成效;而建立微信群沟通,由调解员主导问话方向,投资者更多的是回答调解员的问题;文字输入的对话方式也不便于投资者大篇幅阐述与调解诉求无关的事实,方便调解员保留对话内容,巩固调解阶段性成果。[①] 因此,本案在调解方式的采用上,尤其在跟投资者的联系上,采

① 当然,微信群聊沟通主要依靠对文字的理解,适用于能够使用微信输入并理解大段文字的投资者。且建议在有调解助理时使用,由调解助理添加当事人微信并建群,将调解员拉入群聊,此种操作调解员无须直接添加当事人微信,可以保障调解员的隐私安全。

取了优先建立微信群的方式帮助投资者调整调解请求、核对相关证据，之后调解员才选择电话的方式跟投资者沟通其过错责任。

4. 严格调解程序，增强线上调解的权威性

在调解前，调解员介绍了自己的身份，询问了当事人是否有要求调解员回避的事由，告知了调解期限；在跟当事人正式调解时，会提前一天约定调解时间并做到准时开展调解；借鉴了法院开庭审判的流程，以“开庭”般的调解形式展开最后一次调解——在当事人无法同调解员面对面接触的情况下，通过严格调解程序，在当事人之间树立了一个严谨、认真、权威的调解员形象和调解活动的形象，自然而然地提升了当事人对调解的尊重与重视，提高了他们对调解工作的配合度。

5. 拟订调解提纲，力求每次调解都取得实效

调解员对要进行的调解活动有一条明确的调解主线，才能在跟双方当事人沟通的过程中牢牢按照主线走向，把控调解进程。本纠纷中每一次调解工作开展前，调解员都会列出跟当事人的对话提纲，明确本次调解要解决哪些问题。每一次调解都不是“即兴”展示，而是有准备地开展，这样既能够由调解员带领当事人一步一步往前推进调解，也使每一步调解都取得实效。

五、纠纷启示

（一）对调解机构的启示

现阶段需注意的是，实践中绝大多数投资者误以为民事调解组织等于行政监管部门，表现在如下方面：第一，混淆调解组织与监管机构的权限，以为调解组织有权调查并处理经营机构的合规问题。第二，以为通过调解，纠纷一定能成功化解，市场主体一定能承担赔偿责任。此种认识误区会对调解带来不利后果：一是很多本不属于调解范畴的纠纷会涌向调解组织，加大调解受理部门审查纠纷以及和投资者解释民事调解组织与行政监管部门区别的负担；二是投资者会盲目抬高对调解成功的期望，一旦出现调解不成功的后果，情绪容易出现非常大的反弹，甚至投资者会到处投诉调解组织调解“不尽责”，引发新一轮纠纷。

因此，建议今后无论是调解组织对调解机制的宣传，还是“12386”热线直转调解时对调解性质的介绍，抑或是调解员在调解工作开展之前，都可着重向投资者阐

明如下两点:一是阐明调解组织和行政监管部门的区别,明确告知投资者调解只负责协调双方当事人的民事纠纷,调解组织没有监管权力,调解过程中也不涉及对经营机构违规的认定和处罚,凡涉及机构合规经营问题,投资者应向监管部门反映;二是调解遵循自愿原则,调解完全可能以不成功结案,当事人可选择诉讼、仲裁等其他方式维护自身合法权益。

(二)对市场机构的启示

一是重视从业人员教育和管理。《九民纪要》提出新的司法审判指导精神。其中"关于金融消费者权益保护纠纷案件的审理"一章确立了优先保护金融消费者的审判思路,在此种背景下,证券经营机构更要坚定以投资者为本位,重视对员工的管理,加强员工的道德教育和职业操守教育,提高专业素质。要引导员工利用专业优势向投资者介绍证券投资知识,揭示市场潜在的风险,帮助投资者成为成熟、理性的投资者。

二是做好证据留存工作。证据保存是老生常谈的问题,但也确实是调解过程中市场主体类似"保护盾"作用的自我保护方式。在本案中,对A所有合约进行强制平仓确为双方合意,但A在给调解员提供证据时只截取前半部分录音,隐瞒了后半部分对自己不利的录音,遇到类似的行为,市场主体唯有做好充分的证据留痕工作才能捍卫自己的合法权益。

(三)对投资者的启示

一要理性投资,不轻信投资收益承诺。投资者应提高自身风险识别能力与投资判断能力,不能轻信承诺投资收益的行为;要在投资前详细了解市场行情、投资标的、风险收益等,在此基础上理性作出投资决定。

二要保存好同机构工作人员沟通、操作时的证据。比如,在本案中,得益于A在同C交流的过程中没有删除微信对话,能够在B公司想要否认C的行为责任时,作为较为有力的证据提交;而进一步而言,如果A能提供同C沟通时的通话录音等证据,对推动本案顺利调解会大有裨益。

Cases
Review of
Dispute
Mediation

第六篇

债券专题

案例:论公司债券虚假陈述纠纷的违约救济

张燕伟[*]　戴嘉锋[**]

前　言

近年来,随着我国债券市场的快速发展,债券违约案例的数量和规模不断增加,如何运用市场化、法治化的手段化解迫在眉睫的债券市场各类纠纷,已引起各方高度关注。但由于我国长期以来存在重股轻债的市场格局,我国的证券法从某种程度上讲,是一部"股票法",其中许多规则的设计,多是将股票作为"证券"来进行设计的,而未考虑债券的特殊性。债券规则以依附股票规则并在形式上通过"证券"表述的方式呈现,具有在基本法内容上的边缘化特征。① 即便2019年12月28日通过的《证券法》(以下简称新《证券法》)首次系统构建了助力公司债券发展的良好法律框架,但新《证券法》对公司债券规则的修订,只是宣示了一个市场化公司债券法律制度构建的良好开始,其中的不足也显而易见。② 以至于有学者呼吁,考虑从短期来看,《证券法》的定位仍是以解决上市公司股权融资为主的部门法,而非资本市场基本法,中国需要一部《债券法》!③ 而多年来,在最高人民法院于2003年1月9日公布的且自2003年2月1日起施行的《关于审理证券市场因虚假陈述引发的民事赔偿案件的若干规定》(以下简称《若干规定》)的指引下,司法实务中的

---

* 上海市汇业律师事务所合伙人。

** 华东政法大学经济法学院硕士研究生。

① 洪艳蓉:《〈证券法(三审稿)〉债券规则评析》,载《中国法律评论》2019年第4期。

② 参见洪艳蓉:《新〈证券法〉债券规则评析》,载《银行家》2020年第3期。

③ 参见李曙光:《债券市场规模达到96万亿,中国需要一部〈债券法〉》,载《第一财经日报》2020年3月11日,第A11版。

债券虚假陈述案件亦多按照侵权纠纷处理。2020 年 7 月 15 日,最高人民法院发布的《全国法院审理债券纠纷案件座谈会纪要》(以下简称《债券纪要》)中也表现出相同的倾向,如在规定债券违约案件的管辖时仅考虑发行人及增信机构无法偿付本息或履行增信义务的违约情形,而将债券欺诈发行与虚假陈述认定为侵权纠纷案件。但是,不容否认的是,债券虚假陈述案件中存在违约责任成立的空间。将所有债券虚假陈述引发的民事责任一律按照侵权纠纷处理,不仅无视了当事人之间存在的合同关系,也不利于债券投资者权益的保护。本文以公司债券虚假陈述纠纷为切入点,提出在公司债券虚假陈述纠纷中,违约救济有其存在的合理性与必要性这一观点,并通过对其适用范围、成立要件、诉讼程序等的研究,试图为解决公司债券虚假陈述纠纷开辟出一条"新的"救济路径。

一、债券虚假陈述民事责任的性质

(一)我国实务界对债券虚假陈述引发的民事赔偿责任性质的认定

《若干规定》第 1 条规定:"本《规定》所称证券市场因虚假陈述引发的民事赔偿案件,是指证券市场投资人以信息披露义务人违反法律规定,进行虚假陈述并致使其遭受损失为由,而向人民法院提起诉讼的民事赔偿案件。"在最高人民法院民事审判第二庭编著的《最高人民法院关于审理证券市场虚假陈述案件司法解释的理解与适用》中,亦记载了"《规定》正是为了健全证券市场各种法律责任制度,调整证券市场侵权行为之一的虚假陈述行为引发的侵权民事法律关系而制定的"。[①]

鉴于此,在我国的司法实践中有部分法院倾向于将债券虚假陈述引发的民事责任认定为侵权责任,甚至排除认定为其他性质的责任的可能性。例如,在中金创新(北京)资产管理有限公司与江苏北极皓天科技有限公司、中海信达担保有限公司南京分公司等公司债券交易纠纷一案中,[②]原告因债券募集说明书中存在虚假陈述,以违约为由起诉发行人、发行人高管等要求其承担违约责任,江苏省宜兴市人民法院认为,本案属于因虚假陈述引发的民事赔偿案件,应当适用《若干规定》,从

① 《最高人民法院关于审理证券市场虚假陈述案件司法解释的理解与适用》,人民法院出版社 2015 年版,第 83 页。

② 案号:(2017)苏 0282 民初 6889 号。

而裁定将该案移送至发行人所在的省人民政府所在的市中级人民法院即南京市中级人民法院处理。

但是,在海口农村商业银行股份有限公司与刚泰集团有限公司、国信证券股份有限公司公司债券交易纠纷一案中,[①]债券持有人主张《募集说明书》中存在虚假记载、误导性陈述或者重大遗漏,主承销商应按照《募集说明书》中的声明对发行人的债务承担连带赔偿责任,海南省高级人民法院和最高人民法院均认为该案系公司债券交易合同纠纷,并未将该案认定为侵权纠纷。

(二)我国理论界对证券虚假陈述引发的民事赔偿责任性质的争议

我国理论界目前专门针对债券虚假陈述民事责任性质的讨论较少,不过对于证券虚假陈述民事责任的性质,理论界有诸多争论,主要包括以下几种观点。

1. 区分说。该说认为,对于证券市场中民事责任的性质应当分不同的市场讨论,在证券发行市场(一级市场)中,证券发行中的交易行为存在合同。《证券招募说明书》在英美法系中被视为一种"最高诚信合同",证券发行中的交易行为属于面对面的交易,即发行人对认购者。所以在这种情况下的证券违法行为一般被视为违反合同的行为,对此类违法行为在举证责任、受害人范围和赔偿数额的确定上较为简单,尤其是在证券尚未在二级市场挂牌交易时,更是如此。在二级市场上,交易不再是面对面地进行,违法行为人和受害人之间可能并不存在合同关系,而且在受害人范围的确定以及因果关系的证明、赔偿数额的确定上都比较复杂,难以解决,所以应确定为一种侵权责任。[②]

2. 违约责任和侵权责任竞合说。该说认为,证券市场民事责任在一定条件下是侵权责任和违约责任的竞合,而在大多数情况下只是一种侵权责任。该说将投资者买卖股票的行为理解为一种买卖标准合约的行为,可以将一级市场上发行人的招股说明书、上市公告书视为是一种要约,投资者购买其股票就是购买其标准合约,所以,一旦上述信息披露文件中存在虚假陈述的话,就构成违约。但同时证券违法行为侵害了投资者获取真实、准确信息的权利,妨碍了投资者对其投资行为的辨别、判断,进而侵害了投资者在证券市场获得公平交易、公平竞争、公平获得机会

① 案号:最高人民法院(2019)最高法民辖终 375 号,对应的一审案号为海南省高级人民法院(2019)琼民初 18 号。

② 参见于莹:《证券法中的民事责任》,中国法制出版社 2004 年版,第 36 页。

的权利,从这个角度来讲,它也是一种侵权行为。因而在证券虚假陈述中侵权责任和违约责任并不是简单的非此即彼的关系,而是一种亦此亦彼的竞合关系。①

3. 侵权损害赔偿责任说。该说认为,证券市场虚假陈述的民事赔偿责任为侵权损害赔偿责任。主要理由是,《证券法》规定了许多初始信息披露义务,还规定了后续的持续性信息披露,这些信息披露义务是法定的而非约定义务,无法被合同义务所容纳。② 此外,因为合同具有相对性,承担合同责任的主体只能是合同关系的相对人,只有侵权责任才能更好地保护投资者的权益。

4. 独立责任说。该说认为,民事责任并非只有契约责任和侵权责任两种,除这两种责任以外,尚有法定责任,即根据法律的特别规定而使特定人负责的责任。③证券市场虚假陈述民事赔偿责任属于法定责任,是通过立法的方式明确规定的具体制度与适用,而无须通过合同法或者侵权法进行一次次演绎推导。④

笔者认为,在上述观点中,侵权损害赔偿责任说将所有证券虚假陈述引发的民事责任一律理解为侵权责任,忽视了当事人之间存在合同的法律事实,存在为了简化法律关系而"一刀切"牺牲当事人利益之嫌。该说难以解释的是,为何在合同合法有效存在的情况下,当事人不能依据合同约定维护自身权益。同时侵权损害赔偿责任说也并不能如其所说,达到更好地保护投资者的权益的目的。在侵权责任能够成立的情况下,同时纳入违约责任,能够使投资者有更多的诉讼方案可供选择,为投资者提供更全面的保护。区分说虽然认识到了证券发行市场中违约责任的存在,但机械地通过发行市场和交易市场的切割来区分责任性质,并不能准确反映实际的法律关系。证券发行市场上也不排除侵权责任的存在,公平、完整、及时、准确地获知证券信息,是作为证券法核心的信息披露法律制度赋予市场投资人的基本权利,发生在任何阶段的虚假陈述,都将使投资人的这项权利以至其现实利益遭受损害,⑤因而以不同的市场划分责任性质存在过于僵化的问题。独立责任说为解决证券虚假陈述引发的民事责任提供了一种新的解决思路,但是缺乏相关的可

① 参见宋一欣、牟敦国:《证券民事赔偿实务手册》,百家出版社 2002 年版,第 127 ~ 128 页。

② 参见杨立新主编:《疑难民事纠纷司法对策》,吉林人民出版社 2000 年版,第 58 页。

③ 参见曾世雄:《损害赔偿法原理》,中国政法大学出版社 2001 年版,第 4 页。

④ 参见齐斌:《证券市场信息披露法律监管》,法律出版社 2000 年版,第 265 ~ 266 页。

⑤ 最高人民法院民事审判第二庭编著:《最高人民法院关于审理证券市场虚假陈述案件司法解释的理解与适用》,人民法院出版社 2015 年版,第 234 页。

执行的法律规范，因而目前并不现实。违约责任和侵权责任竞合说较好地反映了当事人之间的法律关系，也更切合保护投资者的目的，不过对于该说认为在大多数情况下只是一种侵权责任笔者持保留意见。债券与股票有众多不同的地方，特别是在债券的《募集说明书》中，往往记载了如下内容或与如下内容类似的内容："投资者认购或持有本期公司债券视作同意《债券受托管理协议》《债券持有人会议规则》及债券募集说明书中其他有关发行人、债券持有人、债券受托管理人等主体权利义务的相关约定。"笔者认为，无论任何卖出债券的投资者是否知道买进的投资者是谁，同样也无论任何买进债券的投资者是否知道卖出债券的投资者是谁，对于讨论债券虚假陈述的民事赔偿责任是否适用违约责任而言，关键在于分析投资者和相关民事赔偿责任主体之间是否存在合同关系，而并非投资者和其上家或下家投资者是否属于合同关系。根据上述《募集说明书》记载的内容，无论债券投资者是通过发行市场认购或交易市场受让从而持有债券，均受《募集说明书》等相关债券发行文件中的相关约定的约束，如果《募集说明书》存在虚假记载、误导性陈述或重大遗漏，不应"一刀切"地排除通过交易市场受让从而持有债券的投资者依据《募集说明书》的约定追究相关民事赔偿责任主体民事责任的权利。

（三）在公司债券虚假陈述中违约责任适用的合理性和必要性

首先，从文义上来看，《若干规定》并未否定证券虚假陈述案件中违约责任的适用。如上所述，《若干规定》第 1 条即开宗明义地表明，本规定所称证券市场因虚假陈述引发的民事赔偿案件，是指证券市场投资人以信息披露义务人违反法律规定，进行虚假陈述并致使其遭受损失为由，向人民法院提起诉讼的民事赔偿案件。从上述条文中可知，《若干规定》适用的前提是"违反法定义务"，即"投资者以信息披露义务人违反法律规定，进行虚假陈述并致使其遭受损失为由"起诉的情形，而投资者以相关主体违反合同义务进行虚假陈述并使其遭受损失为由起诉的案件则未必适用《若干规定》。

其次，从《若干规定》制定的目的上来看，也不应当将违约责任排除在外。《若干规定》将符合条件的证券虚假陈述民事责任认定为侵权责任，目的在于保护投资者利益，使投资者能够突破合同责任严格的相对性，将与投资者之间不存在合同义务的部分信息披露义务主体纳入责任主体范围，给予投资者通过侵权责任进行救济的途径。而不排除违约责任的适用则能为投资者提供更全面的法律救济，使投资者可以灵活选择其诉讼策略。笔者认为,对于《若干规定》的出台可以作此理解:《若干规定》为投资者维权开辟了侵权救济的新路径,但并未将违约救济的路径给堵死,在证券虚假陈述领域,违约与侵权从来就不是非此即彼的关系。

最高人民法院在广东粤财信托有限公司、丹东欣泰电气股份有限公司证券虚假陈述责任纠纷二审民事判决书中也认为,上市公司基于发行欺诈行为可能导致对特定投资人的违约赔偿责任,同时也可能因其在证券市场的虚假陈述行为导致对符合条件的证券投资人侵权赔偿责任。上述两种责任在特定情形下针对特定主体可能产生权利竞合。①

笔者认为,无论是基于对现有法律规范进行分析的角度,还是基于为债券投资者提供更加全面的法律救济途径的角度,在公司债券虚假陈述纠纷中违约责任适用存在其合理性和必要性。

二、公司债券虚假陈述纠纷违约责任的适用范围

(一)公司债券虚假陈述纠纷违约责任成立的场合

笔者认为,公司债券虚假陈述的违约责任既存在于发行市场,也存在于交易市场。违约责任成立的前提是当事人之间存在合同关系,在债券发行市场中,参与认购的投资者与发行人等主体之间存在着缔约行为,而通过债券交易市场买入并持有债券的投资者,实际上是承接了其上家投资者在《募集说明书》等发行文件项下的权利义务,包括但不限于在债券到期时依据《募集说明书》等相关债券发行文件要求发行人还本付息的权利等。如不对该等投资者可依据《募集说明书》的约定享有的追究相关民事赔偿责任主体民事责任的权利进行保护,则无法解释在债券到期时该等投资者要求发行人还本付息的权利基础。

(二)公司债券虚假陈述纠纷违约责任的主要适用对象

理论上,违约责任可以发生在所有存在合同关系的当事人之间。在发行市场上,发行人与投资者之间存在合同关系,自无疑问。而会计师事务所、律师事务所

① 案号:(2019)最高法民终1941号。

等专业机构与投资者之间不存在任何合同关系，而只是与发行人存在委托合同关系。[①] 需要讨论的是，主承销商与投资者之间是否存在合同关系。有观点认为，主承销商与投资者之间是否存在合同关系，需要视主承销商的承销方式而定。若主承销商采用的承销方式为代销或余额包销，则主承销商与投资者之间不存在任何法律关系；若主承销商采用全额包销的方式，则在主承销商与投资者之间形成了证券买卖的合同关系。[②] 笔者认为，承销方式并非确定债券主承销商与投资者之间是否存在合同关系的决定因素，而是要看当事人之间是否存在具体的合同约定，在债券代销或余额包销发行的证券中，也有合同成立的空间。

虽然债券发行人、主承销商可能与投资者之间均存在合同关系，不过在司法实践中，虚假陈述的违约救济在债券市场的主要适用对象是主承销商。原因在于发行人对投资者本就负有到期偿付本息的合同义务，也有进行真实的信息披露的合同义务，但对于违反信息披露义务时发行人承担何种责任、责任数额如何认定则一般不存在明确的约定。在当前司法实践中，大多数债券虚假陈述纠纷是由于债券届期发行人未能按约偿付引发的，此时发行人既违反了约定的信息披露义务，又违反了到期偿付本息的义务。就投资者的角度而言，在诉讼利益相同的情况下，直接请求发行人履行本息偿付的义务显然是一种更优的选择，因而追究发行人虚假陈述的违约责任对于投资者来说现实意义并不大。而主承销商对投资者并不负有无条件的还本付息的义务，故虚假陈述的违约责任成为投资者考虑的向主承销商索赔以弥补损失的主要救济路径之一，因而本文中对于公司债券虚假陈述的违约救济的分析主要是围绕主承销商责任展开。

三、公司债券虚假陈述纠纷主承销商违约责任的成立要件

（一）主承销商与投资者之间存在合同关系

1.《募集说明书》中的内容。在《募集说明书》开篇的“声明”部分，往往记载了如下内容或与如下内容类似的内容：“主承销商已对募集说明书进行了核查，确认

① 参见程啸：《证券市场虚假陈述侵权损害赔偿责任》，人民法院出版社2004年版，第70页。

② 同上书，第70～71页。

不存在虚假记载、误导性陈述或重大遗漏,并对其真实性、准确性和完整性承担相应的法律责任。主承销商承诺本募集说明书因存在虚假记载、误导性陈述或者重大遗漏,致使投资者在证券交易中遭受损失的,与发行人承担连带赔偿责任,但是能够证明自己没有过错的除外。”在《募集说明书》中,往往还有一专节——“发行人、中介机构及相关人员声明”,在该专节中附有“主承销商声明”,该声明内容基本和上述《募集说明书》开篇的“声明”部分的内容相同,且主承销商予以签字、盖章。

2. 主承销商声明和承诺的性质。有观点认为,《募集说明书》中的上述内容不构成主承销商和投资者之间的合同关系,其理由为:作为主承销商出具的确认和承诺,只是相关法律法规和监管部门对于主承销商履行承销商责任的原则性要求的重述,除此之外,没有任何更具体的内容;主承销商在债券发行阶段承担的是基于法律和监管部门规定的主承销商义务的法定责任;主承销商履行义务的具体内容要看相应的法律法规规定,因此是侵权责任。笔者对该观点实难认同,笔者认为,《募集说明书》中的上述内容构成主承销商和投资者之间的合同关系。

(1)上述《募集说明书》专节中附有的“主承销商声明”和上述《募集说明书》开篇的“声明”部分均属于《募集说明书》的一部分,均是《募集说明书》中的内容,并非和《募集说明书》是不同的、独立的存在。因此,《募集说明书》中的相关内容系主承销商作出的确认和承诺,对主承销商应具有约束力。

(2)如上文所述,在《募集说明书》中,往往记载了如下内容或与如下内容类似的内容:“投资者认购或持有本期公司债券视作同意《债券受托管理协议》、《债券持有人会议规则》及债券募集说明书中其他有关发行人、债券持有人、债券受托管理人等主体权利义务的相关约定。”鉴于投资者认购或持有了债券,因此,《募集说明书》构成约定主承销商和投资者权利与义务之载体,构成主承销商和投资者之间的有效合同内容。

(3)理论界和实务界对于《募集说明书》是要约还是要约邀请存在不同的观点,《民法典》第473条似乎对这一问题进行了盖棺定论,在《合同法》列举的几种要约邀请的情形中增加规定了“债券募集办法”亦为要约邀请。笔者认为,无论《募集说明书》是要约邀请还是要约,主承销商与投资者之间均可成立以此为内容的合同。即使认为《募集说明书》是要约邀请,合同成立的过程也无非要约邀请—要约—承诺的过程。从债券交易的步骤来看,若认为募集说明书是要约邀请,投资者的认购或受让行为则可视为要约,最终确认投资者认购或受让成功成为债券持有人的行为则构成承诺。问题是,投资者并不会将主承销商声明和承诺写入要约,则主承销商承诺的内容是如何“进入”主承销商与投资者的合同之中的呢?隋彭生教授提出过“容纳规则”的概念,该规则的含义是,要约邀请的内容如果不被要约所否定,则自动进入要约之中。[①] 投资者在认购或受让债券时,并未对募集说明书中主承销商声明和承诺的内容进行否定,则该内容自动成为投资者要约内容的一部分,同时根据要约和承诺的镜像规则,主承销商又对此进行了承诺,最终以主承销商声明和承诺为内容的合同在两者之间成立。在司法实践中,多个判决也采用了上述观点,认为募集说明书为要约邀请,构成了合同双方要约及承诺的核心内容,对双方当事人均有约束力。[②]

(4)不能因为存在明确的法定责任,就不构成合同责任,就不能要求违约方承担合同责任。在金融产品的相关合同中的一些条款是源于相关法律法规和监管部门对相关合同当事人的要求,这也是一种常见的金融监管手段。不能因为存在监管要求就完全否定主承销商意思表示的效力。主承销商在进行上述表示时存在意思自治的空间,尽管未进行规定的记载可能面临承销项目无法通过监管审核的后果,但是否将上述文句记载于募集说明书之上完全是由主承销商自行决定的,其对承诺的内容与法律意义也是了解的。更何况,即使主承销商暗地在内心保留不愿受其表示所拘束的真意,但关于合同成立,合同法原则上采“表示主义”,[③]此内心保留并不影响意思表示的效力。另外,主承销商声明和承诺的内容是明确的,主承销商的合同责任是明确的,主承销商的声明和承诺中明确了责任承担的相对人(投资者)、责任发生的具体条件(存在虚假陈述、投资者遭受损失且主承销商无法证明自己不存在过错)以及责任形式(连带责任),应当认为包含了订立合同的主观意愿。

(二)主承销商负有合同义务

1. 主承销商的合同义务

在《募集说明书》中,主承销商声明和承诺的内容是明确的,其合同义务是明确的,即一旦募集说明书中的虚假记载、误导性陈述或重大遗漏致使投资者发生损

① 参见隋彭生:《论要约邀请的效力及容纳规则》,载《政法论坛》2004 年第 1 期。
② 案号:(2019)浙 07 民初 166 号、(2018)鄂民初 36 号、(2018)鄂民初 62 号、(2019)京 03 民初 308 号。
③ 韩世远:《合同法总论》(第 2 版),法律出版社 2008 年版,第 66 页。

失,且主承销商无法证明自己没有过错时,主承销商即负有向投资者赔偿投资损失的合同义务。当前述约定的条件成就,投资者请求主承销商履行上述义务而主承销商拒绝履行时,即产生主承销商的违约责任。

2. 请求权基础

请求权基础,是指支持一方当事人向他方当事人有所主张的法律规范。[①] 此处主张主承销商承担违约责任的请求权基础为《合同法》第107条的规定,即"当事人一方不履行合同义务或者履行合同义务不符合约定的,应当承担继续履行、采取补救措施或者赔偿损失等违约责任"。

债券投资者有权选择提起诉讼请求的请求权基础是违约还是侵权,亦符合新《证券法》的立法本意。保护投资者的合法权益是新《证券法》的一大核心内容,新《证券法》更是设专章即第6章投资者保护的规定对投资者保护制度进行规定。就保护投资者的角度而言,在侵权责任和合同责任存在竞合时,也应维护投资者依据《合同法》已享有的在提起诉讼时对请求权基础的选择权,而不应剥夺投资者这一选择权。

四、公司债券虚假陈述纠纷违约救济的法定管辖

《债券纪要》第11条规定了债券虚假陈述案件的管辖,基本延续了《若干规定》中对管辖的规定。不过,《债券纪要》的该条款是在认定债券持有人、债券投资者以发行人、债券承销机构、债券服务机构等为被告提起的要求承担虚假陈述民事责任的纠纷案件系属侵权纠纷案件的前提下进行规定的,对于债券持有人、债券投资者如选择以债券承销机构为被告并要求其承担虚假陈述违约责任的案件的管辖没有进行讨论。笔者认为,对债券纠纷案件实施相对集中管辖,的确有利于统一案件的裁判尺度,但是对于司法实践中某些债券纠纷集中管辖案件已然出现的地方保护、案件久拖不决等问题,显然也不利于及时和有效化解债券纠纷、保护债券持有人的合法权益。对于公司债券虚假陈述纠纷违约救济的法定管辖,笔者认为可通过诉讼法中对于合同纠纷管辖的一般规则进行确定。

---

① 参见王泽鉴:《民法思维:请求权基础理论体系》,北京大学出版社2009年版,第46页。

（一）关于合同纠纷管辖的法律规定

《民事诉讼法》第23条对于因合同纠纷提起的诉讼规定了由被告住所地或者合同履行地人民法院管辖。在司法实践中，对于被告住所地并无争议，而对于合同履行地的认定却往往成为争议焦点。因此，《最高人民法院关于适用〈中华人民共和国民事诉讼法〉的解释》第18条对合同履行地作出了更为详细的规定：合同对履行地点没有约定或者约定不明确，争议标的为给付货币的，接收货币一方所在地为合同履行地……其他标的，履行义务一方所在地为合同履行地。

（二）要求主承销商承担违约责任时的合同履行地

对于债券虚假陈述要求主承销商承担违约责任的合同履行地如何认定有两种观点。第一种观点认为，虚假陈述发生，主承销商承诺中的赔偿条件成就，主承销商依据承诺向投资者履行给付货币的义务，因而适用“争议标的为给付货币”的情形确定合同履行地为接收货币一方所在地；第二种观点认为，主承销商违反的是信息披露义务，仅仅是在诉讼请求中包含给付货币的内容，因而应当适用“其他标的”的情形确定合同履行地为履行义务一方所在地。笔者认为，应当以接收货币一方所在地为合同履行地为宜。

（三）“争议标的为给付货币”并非指诉讼请求中包含货币给付的内容

在沈德咏法官主编的《最高人民法院民事诉讼法司法解释理解与适用》（上）中对于“争议标的为给付货币”的情形作出了界定：这里的“给付货币”的义务，是指实体内容的合同义务，而非诉讼请求中简单的给付金钱请求，“不能以给付金钱这种责任承担的形式来确定合同履行地，应当根据当事人起诉时的请求结合合同履行义务的内容，确定合同履行地”。[①]

（四）对争议标的的理解

如何理解争议标的是确定合同履行地从而确定管辖法院的关键。“争议标的”应理解为原告起诉主张被告不履行或违约履行的合同义务，或者说是指当事人诉讼请求所指向的合同义务内容（涉诉债务）。[②] 合同履行地不能按照诉讼请求种类

① 沈德咏主编：《最高人民法院民事诉讼法司法解释理解与适用》（上），人民法院出版社2015年版，第154页。

② 参见王秀玲：《基于合同履行地的审判管辖权解析》，载《山东农机化》2017年第1期。

来确定,只能依照争议的合同义务来确定,也即诉讼请求所指向的合同义务。[①] 以给付货币为例,“争议标的为给付货币”,是指争议的合同义务是以给付货币为内容。[②] 在违约之诉中,既包括因履行金钱债务导致的违约之诉,又包括因履行非金钱义务产生的违约之诉。对于后者,当事人发生的争议并不是针对合同中“给付货币”义务,而是针对其他义务。[③] 而前者就属于“争议标的为给付货币”的情形。此外,争议标的应当理解为原告起诉主张的合同义务,而无论该义务产生的条件是否成就。判断争议标的时不应要求被告的义务已经确实存在,起诉主张的合同义务是否存在履行争议,以及当事人之间是否还存在其他义务履行争议,上述内容属于实体审理范围,并非确定管辖的审查对象,只要被告可能存在给付金钱的义务,即应当认为符合争议标的为给付货币的情形。

根据上文中对主承销商合同义务的理解,主承销商的合同义务正是以给付货币为内容的义务,是在《募集说明书》约定的条件“本募集说明书因存在虚假记载、误导性陈述或者重大遗漏”成就时,主承销商应继续履行的《募集说明书》约定的其应向投资者赔偿损失即支付相应金额的合同义务。故投资者基于该合同义务请求主承销商支付货币,应当以接收货币一方所在地,即投资者所在地为合同履行地确定管辖。

结　论

综上所述,主承销商与投资者之间可成立以《募集说明书》中的约定为内容的合同,在公司债券虚假陈述纠纷中,违约责任不仅有成立的空间,而且有存在的必要。就保护投资者的角度而言,在侵权责任和合同责任存在竞合时,亦应维护投资者依据《合同法》已享有的在提起诉讼时对请求权基础的选择权。

---

① 参见高民智:《关于民诉法解释中有关管辖若干问题的理解与适用》,载《人民法院报》2015年8月27日,第5版。

② 参见王秀玲:《基于合同履行地的审判管辖权解析》,载《山东农机化》2017年第1期。

③ 参见陈莉:《对合同履行地中的“接收货币一方”的解析——重庆荣昌法院裁定刁某诉卢某等合同纠纷管辖权异议案》,载《人民法院报》2015年5月14日,第6版。

Cases
Review of
Dispute
Mediation

第七篇

投资咨询专题

案例：证券投资咨询行业之问题

郑　冬*

我国资本市场目前仍处于“新兴加转轨”的初级发展阶段，其主要特征是中小投资者众多且高度分散。而广大中小散户投资者自身行权、维权能力薄弱，对证券市场存在的风险因素缺乏足够认识。因此，在纷繁复杂、多变的证券市场中一些中小投资者的利益受到损害的现象时有发生，证券投资咨询纠纷案件有增无减。如何有效地避免或减少纠纷案件的出现，找出纠纷案件发生的社会原因，并有效解决目前投资咨询行业出现的一些问题，是每位从业人员义不容辞的责任。

为此，笔者从近几年受理的百余件证券投资咨询案件中筛选了 7 个案例，拟通过对案例的解析，谈谈笔者对一些问题的思考和感悟。

一、案 例 追 踪

案例一：客户李某于 2017 年 7 月 18 日在“12386”中国证监会热线系统投诉：该投资者李某称每天都能收到某咨询公司业务员的荐股信息，经其观察发现该公司推荐的股票均在次日走势良好，便认可该公司的服务，并于 2017 年 4 月 17 日给该投资咨询公司支付了 6800 元荐股服务费，服务期 3 个月，未签任何服务协议。随后该公司向其推荐的股票连连下跌导致亏损，李某认为这与之前公司发送股票盈利信息的情况完全不符，要求该公司退还服务费并赔偿损失 4.5 万元，但该公司业务员告知称“你不属于公司客户，公司不负有任何责任”后就不再接电话了。由此引

* 中证黑龙江调解工作站公益调解员。

起李某强烈不满,故而投诉,并且言辞激烈。

工作站受理此案后,经调解员与案件双方沟通了解,本案争议有两点:一是该投诉人李某是否为该公司的正式客户;二是如何确定股票投资损失的承担方及赔付金额。

调解员根据争议焦点,分析双方提供的主张依据,深入调研,了解到李某先期交付的6800元,是拟购买该公司19,800元软件产品的定金,试用期3个月。3个月后李某拒绝交纳后续余款,并要求该公司继续为其推荐股票,以弥补期间的亏损。该公司认为李某未与公司签署正式服务协议,同时认为责任应该由买者自负,要求赔付没有道理,仅同意退还李某先期交付的6800元定金。双方各持己见,争执不休,李某情绪进一步激化,在东方财经等网站的股吧上发帖来发泄对该公司的不满情绪,该公司看到这些帖子后也极度不满,认为李某恐吓、威胁、诋毁公司,使公司的声誉严重受损,于是提出终止与李某的调解工作,欲通过司法诉讼解决纠纷。对此,工作站调解员再次与双方反复沟通。一方面,让该咨询公司明确其在展业过程中存在着与客户未签订服务协议但为其提供了一定的信息服务的事实,到法院起诉固然可以解决问题,但诉讼时间漫长,既影响正常经营,也会给公司带来不良影响;另一方面,积极安抚投诉人李某的激动情绪,耐心解释只有通过正常途径才能解决问题,遇事应保持冷静和理智的态度,否则不仅延长了解决纠纷的时间,也影响其个人的正常工作和生活,并劝告其删除在网站发的帖子。最终该公司出于人道和理解,同意以个人名义给投诉人李某3万元的补偿金,李某认可此结果。此案终于得到圆满解决。

案例二:某投资咨询公司客户王某投诉:称于2017年8月购买了某投资咨询公司的荐股服务,并缴纳23,000元的服务费,服务期限两年。投资者通过实际操作发现该公司未按照合同提供荐股服务,要求退回荐股服务费22,000元,与该公司协商未果便投诉。

工作站受理王某投诉后,了解到,某投资咨询公司员工尹某通过微信与该投诉人取得了联系并动员其缴纳了会员费23,000元。投诉人自述:“缴费一周后自己没再接到过任何相关投资讯息及操作指导服务,导致个人损失一万多元,因此要求该公司退费,金额不低于22,000元。然而该咨询公司告知只能退回5000元。”对此该投诉人不能接受,多次与该公司沟通未果,有意通过媒体曝光等方式处理此事。

工作站根据投资者提供的依据与诉求与该咨询机构进行协调，提示该公司应依照双方签署的合同依法履行其职责，应通过更加专业的分析方法指导投资者理性投资。该公司认识到自身的问题，退费金额由原来的5000元增至16,100元，工作站再次与该咨询公司沟通，为避免激化矛盾，从降低对公司不良影响角度、避免影响其正常经营等方面继续做工作。最终，该咨询公司同意退还客户20,000元服务费，客户认同，调解成功。

案例三：投资人关某于2017年9月电话投诉，说某投资咨询公司业务员通过电话与其联系，介绍其公司以往业绩，证明其公司的实力，说目前公司与某机构合作可以操纵某支股票，无论大盘上涨还是下跌，该股票的价格都会上涨。因此关某向该公司缴纳了3800元服务费，成为该公司的会员，但后来该公司向其推荐的股票都是亏损的。关某提出异议，该公司业务员解释说服务客户数量较多，难以顾及每个客户，如果成为该公司的VIP客户，就可以享受专人指导的服务，并借机让关某追加服务费，则可以升级为更高级别的会员。关某听信劝说，随后又陆续追加了几次服务费用，合计87,500元。该公司为其服务了半年，不仅一直没有盈利，反而亏损了几十万元。关某认为该公司违规荐股不合理，要求该公司退还服务费并赔偿其几十万元损失。

工作站受理关某投诉后，分别向双方调取相关证据，该公司否认了可以操纵股票的说法，并认为客户自愿签署了咨询服务合同，公司按规定履行合同，并无违规，不同意赔偿，但承认投资指导有失误，对此可以适当延长服务期或者退还一定比例的服务费。但关某不同意，坚持要求赔偿损失，否则欲通过司法途径起诉解决纠纷。

经调解员进一步深入了解，该咨询公司通过风险揭示书、后续回访等形式向其揭示投资风险，投资者关某也没有该公司业务员当初向其承诺收益的相关证据，因此要求该公司赔偿其全部损失缺乏法律依据。同时向关某说明了在缺乏相关法律依据的情况下通过司法程序起诉，不仅需要缴纳诉讼费、耗时长，而且胜诉的概率极小……最终，关某接受了咨询公司退还一定比例服务费的方案，双方签订了调解协议。

案例四：某投资咨询公司客户王某投诉：客户称于2018年5月因购买了某投资咨询公司的荐股服务，并缴纳12,800元的荐股服务费，服务期限半年。投资者通过实际操作发现该公司宣传承诺的收益与实际收益不符,要求退回荐股服务费 12,800 元,与该公司协商未果便投诉。

工作站受理投诉后,进一步了解到该公司当时向投资者宣传时称“我们公司的实力很强,推荐的股票有很大的成功率”。投资者便缴纳 12,800 元的荐股服务费,并买入该公司推荐的股票,但实际情况是,该公司推荐的股票未涨反跌,投资者对该公司的实力很失望,欲退款,但对方以未签订正式荐股服务合同为由拒绝退款。工作站及时与该咨询公司进行了沟通,对方承认客户所诉基本属实,工作站向该咨询公司强调了合规开展业务的重要意义,同时客户也应加强投资的风险意识,树立正确的投资理念。最终该咨询公司同意退还服务费,取得了投资者谅解,双方达成和解。

案例五:姜某称自己在股票市场亏损 10 余万元,某投资咨询公司向其承诺“使用该公司的荐股软件可让其东山再起,将其之前亏损的资金赚回来,这个软件可以提高他的炒股能力,帮助他选好的股票”。姜某便于 2018 年 12 月与该投资咨询公司签署了服务协议,并交付荐股软件费用 19,800 元。但姜某使用该公司的软件后,并没有将其亏损的资金赚回来,反而再次亏损 10 余万元。姜某认为该公司违反承诺并造成新的损失,要求该公司退还其软件费用 19,800 元并赔偿损失 10 万元,被该公司拒绝后投诉。

工作站针对姜某的投诉情况与该投资咨询公司联系后,该公司提供了公司与姜某签订投顾服务协议与风险揭示书及公司客户回访记录,姜某确认已了解公司服务原则(不推荐股票、不指导买卖、不代客操作)。公司营销人员与姜某沟通时表明了软件作为投资工具能够给其带来帮助,会为其提供系统性的教学服务以提升投资能力,但并未作帮助其“东山再起”等任何承诺。在服务期间姜某对公司也没有提出过任何异议,由于股市异常波动导致其再次亏损 10 余万元(其间公司员工根据软件信号向其提示了风险)。对此调解员多次与姜某沟通,如果无法提供该公司导致其损失的相关证据,要求该公司赔偿理由不充分,希望其能够理性处理。通过工作站调解员多次沟通,最终姜某表示愿意继续使用软件接受服务。

案例六:某投资咨询公司客户梁某投诉:称于 2019 年 3 月与某投资咨询公司合作,在投顾指导下操作股票,但截至 2019 年 9 月股票亏损近 25%,其间曾多次与该投资咨询公司联系,但亏损不断扩大,最终导致亏损达 36%,梁某要求退回服务费并赔偿股票损失，与该公司协商未果投诉。

工作站接到该投资者投诉后，进一步了解到该公司当时向投资者宣传时称“我们公司的实力很强，推荐的股票有很大的成功率”。投资者便于 2019 年 3 月与其合作，并买入该公司推荐的股票，但实际情况是，该公司推荐的股票未涨反跌，投资者对该公司的实力很失望，多次与该公司的业务员沟通，但业务员每次都是要求投资者持股等待，并让投资者继续追加资金和服务费，几个月过去了，亏损不断扩大，从 25% 逐步上升到 36%。对此，工作站及时安抚投诉人，并向投资者介绍正确的投资的理念和方式；同时与该咨询公司进行了多次沟通，明确指出该公司业务员在介绍公司业务时存在不适之词，对投资者有一定的误导作用，公司应坚守行业应有的谨慎、诚实和勤勉尽责的态度为投资人和客户提供相关投资咨询服务。经工作站与双方反复沟通，该咨询公司重新对梁某进行了投资方向的认真评估，另行安排资深投顾人员为梁某提供专业咨询服务，最终得到了投资者的谅解，双方达成和解。

案例七：2019 年 5 月投资者黄某在股吧看到一个帖子，介绍了某投资咨询公司资金实力雄厚，公司高管有机会获取较多“内幕信息”，经常与实力机构一起坐庄，可以带着客户一起发财，其公司网站公布了以往操盘“战绩”，并提供了相关链接。黄某随即浏览了该公司网站，看见网站上有大量股票研究报告和行情分析，觉得该公司很“专业”。随后黄某免费注册为该公司会员，并通过短信获得荐股信息。黄某连续跟踪几日，看到推荐的股票“屡荐屡中”，便同意接受该公司的咨询服务，缴纳了 6800 元服务费，服务期 3 个月。之后，该公司推荐给黄某的股票却少有上涨，多数套牢。黄某遂与该公司联系人沟通，多次被要求继续追缴服务费成为核心客户后，则可以得到“一对一”的咨询服务，在扭亏心切的促使下，黄某又续缴服务费近两万元。可是亏损情况依然没有扭转，损失惨重，黄某再次要求公司退还服务费，均无果，最后联系人拒接电话，黄某投诉。

工作站受理黄某投诉案后，及时与该投资咨询公司联系沟通，经该公司核实，黄某不是该公司的客户，也从未与该公司签署过任何服务协议，该公司未曾有业务员为其荐股，黄某所提供的缴费收据是个人账户，非该公司员工。工作站将此沟通结果反馈给黄某时，黄某恍悟上当受骗，后悔不已。工作站建议黄某通过司法程序解决。

二、案例综合简评

以上 7 个案例共性的问题包括:投资者没有树立正确的投资理念、缺乏风险意识、法律法规知识欠缺;案件涉及的证券投资咨询公司在业务管理、制度规范执行、员工业务素质等方面都存在不同程度的问题和不足。

另外,社会上一些不法分子借用公司名义声称有“内幕消息”,通过所谓的历史业绩吸引投资者注意,骗取投资者信任,冒名公司吸引他们成为会员或客户,以收取会员费、咨询费或服务费等形式行骗是不容忽视的问题。

我国资本市场自然人投资占比在 99% 以上,呈现以个人投资者占绝对多数的特征。大部分个人投资者抗风险能力和自我保护能力较弱,合法权益易受侵害。同时,我国资本市场存在一些非理性投资行为,如频繁交易、盲目追涨杀跌、热衷于打听轻信所谓“内部消息”等,这些非理性投资行为最终往往损害的是中小投资者的利益。

三、透视案例的调查与分析

上述列举案例仅仅是工作站受理此类案件中具有代表性的极小一部分,透过上述案例,结合日常证券投资咨询纠纷案件的调解过程中的认识和调查,笔者对中小投资者的基本特点分析如下:

(1)中小投资者的资金实力、投资能力、信息渠道、专业知识、法律意识、风险控制能力总体都比较薄弱;

(2)投资者的年龄、学历、工作背景差异巨大,投诉人中学历较低、年龄偏大者占比较高;

(3)大多数个人投资者在投资知识、投资经验等方面千差万别,多元化需求性很强;

(4)中小投资者大多以追求利差为目的,更多关注的是股市行情,以谋求股票交易的差价,缺乏长期投资、理性投资、价值投资的理念。

(5)中小投资者难以辨别正规和非法投资咨询机构,实践中通常表现为漠视了解风险揭示信息，忽视阅读相关业务风险揭示条款等，上当受骗后缺乏法律依据，自身行权、维权能力薄弱。

基于上述中小投资者的基本特性，某些投资咨询机构及一些非法投资咨询机构的不法分子则乘虚而入，抓住普通投资者对公众媒体和股票信息依赖的心理，大肆通过公众媒体向投资者进行推介、招揽会员收取高额会员费，其常用基本手法归纳如下。

一是形象包装。有些公司规模较大，基本地处高档写字楼，有功能强大的公司网站，内容覆盖股票、基金、期货等主要投资领域，可以免费由公司的“名牌分析师”提供股票诊断服务。

二是“话术”诱惑。这类公司专门培训了一批巧舌如簧的员工，以极富煽动性的语言，信誓旦旦地保证等多种“话术”手段招揽客户。他们往往以高收益为诱饵，通过跟着“老师”做，就可“收益翻番”“投资小、收益大”等谎言诱导投资者。

三是协议解虑。公司通过与客户签订《投资咨询服务协议书》、《产品销售及服务协议书》、《风险揭示协议书》或《资产管理协议书》等诸多协议的形式，骗取客户的信任，通过将客户划分为普通、核心等不同层级客户类别的手段以骗取更高数额的服务费（少则数千元，多则数十万元）。

四是利用网络平台非法荐股。非法机构或个人通过开办网站、炒股博客、QQ群、UC视频聊天室等，以荐股诊股、保证收益等为名公开招揽客户，诈取投资者的费用。

五是推销炒股软件。以推销炒股软件为由，实为客户荐股，变相从事投资咨询业务。一旦造成亏损，客户要求退款和赔偿时，其不法机构或个人往往以各种理由推托，最后“失踪”。

六是虚假承诺高收益。非法机构或个人通过媒体发布广告，以高额回报为诱饵，通过荐股和股评，向投资者收取高额咨询费或会员费，变相从事委托理财、坐庄和炒作股票。

七是分析师无证券执业资格。一些不具有相关证券业务资格的机构或所谓的分析师，以专家、老师自称可以提供“一对一”指导、免费诊股、免费提供金股，以获取高额投资收益、保证本金安全为诱饵，诱骗投资者入会，骗取会员费、服务费。

八是假冒知名金融机构。非法机构或个人冒充知名的证券公司或证券投资咨询机构,假借与证监会或交易所工作联系之便获取内部信息为由,诱使投资者上当,接受其证券投资咨询服务,招揽投资咨询业务。

九是以涨停股为诱饵,以有内幕消息可推荐涨停股引诱投资者,吸收投资者入会,借此向投资者收取“坐庄费”或咨询费,投资者接盘后往往被套、亏损。

这些问题的存在严重扰乱了整个投资咨询行业的秩序,引发了众多的纠纷。

作为中小投资者,很难辨识证券投资咨询行业存在的这些乱象,本文列举的 7 个案例就是在这样的外部环境下发生的。

四、关于投资咨询纠纷案件成因的思考

从以上列举的现象中我们不难看出,证券投资咨询纠纷案件频频发生,绝不是偶然的。与此同时,投资者盲目轻信机构荐股也会导致问题发生。

正规投资咨询机构和个人,应是取得证券监管部门颁发的证券投资咨询资格后,运用基本分析、技术分析等专业手段,针对投资者所作的证券市场环境、市场走势、市场演变、市场预测和市场投资机会的分析。其分析报告一般通过报刊、电视、广播、网络等媒体或讲座等公开渠道向公众投资者发布,或通过特定渠道向特定投资者提供。对于一些缺乏专业投资知识、入市经验的投资者,没有时间或能力关注市场、上市公司的运作情况及从事技术或市场分析,他们往往喜欢听取证券投资咨询机构或个人的观点,甚至将证券投资咨询分析报告作为投资决策的唯一依据。作为投资者,必须知道,这些分析报告本身是存在局限性和时效性的。投资者必须了解以下因素。

1. 分析动机多元性问题。证券投资咨询机构或个人发布的分析报告、表明的观点,会存在动机多元化的问题:(1)有的可能是出于表现其证券投资咨询专业能力、忠于职业操守、为广大中小投资者提供专业服务的考虑,此类投资咨询分析报告的水准可能比较高,结论可能比较客观,对投资者投资决策可能有一定参考价值。(2)有的可能是基于扩大证券投资咨询机构或个人知名度的考虑,在不同的媒体广泛发布内容相同的投资咨询分析报告,追求的是曝光率、上镜率、转载率,强调的是市场轰动效应。此类投资咨询分析极富诱惑力和煽动性,是鼓动中小投资者盲目入市的强大工具,极有可能误导投资者甚至直接损害投资者的利益。(3)有的

是基于某些机构上市承销业务的需要,故意渲染上市公司的投资价值;或直接为庄家打压吸筹、拉高出货等市场操纵服务,蒙骗广大中小投资者。此类投资咨询分析对中小投资者危害极大。

2. 分析依据局限性问题。证券市场是一个信息市场,证券投资咨询分析的结论需要全面的、充分的依据作支撑。然而,受客观条件和专业能力的限制,许多机构或个人的证券投资咨询存在明显的分析依据局限性问题:(1)证券市场是一个众多因素影响的市场,并且各影响因素处在变化难测之中,市场走势存在极大的不确定性,任何一个证券咨询机构或个人都不可能掌握所有的分析依据,证券投资咨询分析必然存在分析依据的局限性;(2)一些证券投资咨询机构或个人在较少调研、缺乏原始或一手资料的情况下,大量使用二手的、衍生的资料甚至市场传闻作为证券投资咨询分析的依据,这些二手的、衍生的资料和市场传闻可能本身就是错误的,据此形成的分析结论必然是错误的,完全不能作为证券投资咨询分析的依据;(3)一些证券投资咨询机构或个人经常利用局部的、片面的甚至单一的资料对整个市场或个股作出"以偏概全"的分析,分析结论缺乏说服力和可信度;(4)一些证券投资咨询机构或个人基于特定分析目的需要,有可能捏造事实依据,歪曲事实真相。

3. 分析信息披露选择性问题。投资咨询机构所代表的利益主体往往是多元的。当与自身利益发生冲突时,缺乏职业操守的投资咨询机构或个人往往牺牲中小投资者的利益。为此,一些投资咨询机构或个人便存在明显的选择性信息披露问题:(1)违背信息隔离制度的有关规定,将有价值的投资咨询报告提前提供给相关利益者然后再公开发布,为主力打压吸筹、拉高出货服务;(2)为了优先考虑某些客户利益而损害公众投资者的利益,在不同时段为不同级别的会员投资者提供相同的投资咨询报告,或为不同的投资者提供结论截然不同的投资分析报告。对于这些获得了时间不等、内容不全的咨询信息的投资者来说不仅没有参考价值甚至会有极大危害。

4. 分析结论模糊性问题。准确预测证券市场或个股的走势是非常困难的事情。很多证券投资咨询机构或个人没有把主要精力投在对证券市场、行业、上市公司的系统分析、综合分析、比较分析方面,而是对荐股、诊股兴致极高。虽然他们明确这种缺乏依据的预测准确性极低,但为了业绩和短期效应也会常常用一些股评

"术语"来迷惑投资者,比如,"低吸高抛""逢低吸纳、逢高出货""牛市久盘必涨,熊市久盘必跌""久涨必跌、久跌必涨"等,这些"术语"没有界定、模棱两可、任其解释,未来市场或推荐个股涨跌其对此都不承担任何责任。

5. 分析预测准确性和可信度问题。有些证券投资咨询机构或个人的市场分析报告针对性差、质量不高、独立性不强、公正性不足;其所传递的信息原始、重复的居多,或夸大其实,有的甚至含有虚假成分,直接给投资者造成误导,这些因素都降低了证券投资咨询分析的准确性和可信度。

6. 分析报告风险性问题。根据投资咨询的应用效果,投资咨询的现状大致可概括为:大多数中小投资者既对证券投资咨询信息存在较大程度的依赖性,又对其可信度持怀疑态度。导致这个行业既具有较大影响力又缺乏公信力且社会评价也相对较低的基本原因如下:(1)较多低质量的投资咨询信息泛滥,个人投资者难辨真假,不仅投资参考价值不大,反而混淆视听,增加了投资者决策成本和不确定性;(2)较多投资咨询机构或个人观点高度趋同,直接影响市场资金的流向,容易成为市场助长助跌的影响因素;(3)很多夸张不实的评论信息造势性强、渲染性高,往往营造非理性乐观或过度恐慌的舆论氛围,对股市波动推波助澜,影响了市场的稳定性;(4)许多中小投资者都有过盲从、听信劣质股评上当受骗、蒙受亏损的经历。例如,在银广厦案件中,由于股评人士推荐而蒙受损失的投资者占29%。

综上所述,特殊的投资者结构,使广大中小投资者在证券市场中时刻面临风险。相对缺乏经济实力的现状让他们往往经受不住市场波动的考验,有限的信息获取渠道致使其投资决策常常滞后于市场反应,相对感性的投资情绪与判断能力容易使其跟风冒进,不足的专业知识和较弱的风险意识使之盲目追涨杀跌。面对起伏不定的资本市场,他们只能被动地跟着证券市场波动,更易成为某些机构投资者操纵市场的推手,因此一些中小投资者往往成为资本市场的最终受害者。

尽管《证券法》中对通过媒体进行股评等传播证券信息的行为进行了明确规范,明令禁止证券交易服务机构、社会中介机构在证券交易活动中作出虚假陈述或信息误导,禁止利用传播媒介或者通过其他方式提供、传播虚假或者误导投资者的信息,并规定由此给投资者造成损害的,必须追究刑事责任,依法承担赔偿责任。但不容忽视的是,这些投资咨询机构误导投资者的行为往往很少能留下证据,这给认定投资者损失和咨询机构的赔偿责任带来难度,导致很多情况下即便是违规行为,也难以受到追究。

五、防止证券投资咨询案件发生要有具体实际的举措

中小投资者作为资本市场的弱势群体,面临着被大量潜在违规违法行为损害的风险,以及不对称的信息渠道、涉及自身利益的相关政策出台时的被动接受,包括维权、行权时间长,成本高、执行难、效果不理想等现状,都说明了规范行业发展,保护中小投资者权益的工作非常艰巨。如何防止证券投资咨询案件发生,是一项涉及多方面的系统工程,笔者在纠纷案件调解工作的实践中体会到,应切实加强以下几方面工作。

1. 充分发挥价值发掘者和价值创造者的应有作用。证券投资咨询机构的研究业务是一个包括价值发掘、价值培育、价值创造和价值提升的完整过程,否则就难以充分体现证券研究业务的价值所在。证券投资咨询机构的研究人员通过深入、细致的上市公司实地调研,撰写有深度的上市公司投资价值分析报告,努力发掘上市公司的内在投资价值,以尽量消除上市公司与投资者之间、机构投资者与中小投资者之间的信息不完全、不对称现象;在资本市场的服务中,正常开展合规、有序的公平竞争,通过高效优质的研究服务,带来新的利润增长点,实现所负责的资产管理产品保值增值,达到创造新的价值目的,也使服务对象的利益得到有效保障。

2. 坚持客户至上的基本原则,秉承以客户为中心的研究服务观念,努力追求客户价值最大化。尤其是不能只偏重对机构客户的服务,而忽略了对中小投资者的服务,更不能以牺牲中小投资者的利益为代价来保全机构客户和投资咨询公司自身的利益。要及时听取客户的反馈意见和建议,切实增强服务意识,以客户需求为导向,改善研究产品质量,提高研究服务水平,提升研究服务品质,以满足不同类型、不同层次客户多样化的投资需求,促使客户资产价值最大化。

与此同时,加强对中小投资的保护工作,提高投资者对非法证券投资咨询的防范意识和辨识能力。指导投资者学会从以下五个角度辨识非法投资咨询活动。

(1)辨识主体资格。开展证券投资咨询业务需要经中国证监会核准,取得相应业务资格,否则即为非法机构。投资者可以登录中国证监会网站、中国证券业协会网站查询合法投资咨询经营机构及人员名录,中国证券业协会网站设有非法仿冒

咨询机构信息公示专栏,投资者可以予以关注。

(2)辨识营销方式。一些不法分子喜欢以"老师""股神"自居,常常发出只要跟着他做,就能赚大钱等只强调收益而不关注风险的犀利言辞。投资者需要了解,包括股票在内的任何金融产品投资都是遵循"高收益必然伴随高风险"的基本原则,没有"天上掉馅饼"的好产品。合法的证券经营机构和投资咨询机构"以适当性制度"为指引,"把合适的产品卖给适合的投资者",不得进行此类虚假夸大宣传。投资者遇到这种夸张的宣传手法,请务必提高警惕。

(3)辨识互联网网址。非法投资咨询机构的网站网址往往采用无特殊意义的字母和数字构成,或采用仿冒方法,在合法投资咨询经营机构网址的基础上变换或增加字母和数字。投资者可通过中国证监会网站或中国证券业协会网站查询合法投资咨询经营机构的网址,识别非法投资咨询机构网站。投资者请勿登录非法投资咨询机构网站,以免误入陷阱,上当受骗。

(4)辨识收款账号。合法投资咨询经营机构只能以公司名义对外开展业务,也只能以公司的名义开立银行账户,而非法机构往往以个人的名义开立收款账户。如果有人要求投资者把钱打入以个人名义开立的账户,投资者应果断拒绝。

(5)辨识合同真伪。证券投资咨询机构接受投资者或者客户委托,提供证券投资咨询等服务时,必须与投资者或者客户签订投资咨询等服务合同,约定当事人双方的权利、义务及违约责任。非法证券投资咨询机构一般不会与投资者签订证券投资咨询或委托理财服务合同,有的会以虚假软件销售合同或资讯服务合同代替正规服务合同,还有的以虚假的机构名义与投资者签署相关服务合同,以规避监管。因此,不签订正规合同或者以其他合同代替证券投资咨询等服务合同都是违法的,也不利于维护投资者合法权益。

总之,投资者在投资咨询过程中一定要时刻保持警惕,提高风险防范意识。自觉远离以高收益为诱惑的非法投资咨询机构,摒弃一夜暴富的观念,切勿被非法分子高收益高回报的虚假信息蒙蔽双眼,牢固树立正确的投资理念,时刻保持理性投资心态。

证券投资咨询行业是一个有生命力、有前途的行业,但必须依法合规经营,加强诚信体系建设,严守道德底线,建立诚信、专业、敬业、开拓、进取的企业文化,为客户提供高品质的研究产品,切实提高服务质量、维护行业信誉,才是行业持续发展的根本所在。同时,要加强引导中小投资者的权利意识,帮助他们充分了解自身权益,逐步形成主动行权习惯和自觉维权意识;对投资产品有比较清晰的了解认知和评估,提高风险防范意识;自觉远离各种非法证券活动,从源头上限制非法证券活动的生存空间,共建良性投资环境。

Cases Review of Dispute Mediation

第八篇

理论研究

设立专事证券投资者保护的基金势在必行

姚常宇*

证券投资者保护工作已经成为监管的重中之重,但是如何落实,尤其是对因虚假陈述等证券欺诈遭受损失却赔偿无望的中小投资者值得关注。新《证券法》实施后矛盾可能更突出。笔者探讨了设立上市公司投资者保护基金,用于保障证券市场中最弱势群体的意义,可能的资金筹集、使用、偿付限额等。

一、投资者的证券欺诈索赔困境

本文所说的投资者,系指因上市公司证券虚假陈述、内幕交易和操纵市场(以下统称证券欺诈)遭受损失的投资者,与《证券投资者保护基金管理办法》中所说的投资者概念不一致。因上述三种证券欺诈行为遭受损失,投资者可以向实施欺诈的责任主体索赔,以维护自己的合法权益,这是法律赋予的一项权利,也是惩治欺诈的"利剑",客观上对净化证券市场意义重大。

(一)投资者权益维护的重要性怎么强调都不过分

我国证券市场,长期以来一直因为"牛短熊长"饱受诟病。原因虽然是多方面的,但和监管思路把证券市场当作企业(尤其是国有企业)融资脱困的工具有很大关系。工具论的一个后果就是对投资者保护重视程度极其不够。无论虚假陈述还是内幕交易、操纵市场,都是责任主体利用优势地位,对普通投资者进行欺诈获利。如果因为证券市场波动或投资的证券价值下降导致损失,投资者自行负担,谁都无

* 山东文康律师事务所合伙人、律师。

话可说。但是,如果因为欺诈遭受损失却得不到应有的法律救济,《证券法》提倡的三公原则只能沦为空谈,证券市场势必成为大鳄横行、弱肉强食的资本原始森林,普通投资者只有加快逃离。

随着监管思路的转变,保护投资者特别是中小投资者的合法权益越发受到重视。投保工作的标志性事件之一就是2014年投服中心的成立。投服中心系专门为中小投资者服务的公益性机构,自成立以来做了大量工作,如持股行权、提起证券支持索赔诉讼等,均取得一定效果。最高人民法院也针对投资者维权出台了支持性文件。一些地方法院积极实践,推出了证券纠纷示范判决机制、代表人诉讼机制等规定,对投资者维权提供极大的支持和便利。

证券欺诈三类案件中,如果不算光大证券"8·16"乌龙指案,目前进入司法审判的,内幕交易只有恒康医疗案,操纵证券交易市场只有徐翔案,都在相对初级阶段。证券虚假陈述责任纠纷则不同:从最早期的大庆联谊、东方电子被法院受理算起,已经十七八年,其间积累了大量的判例。在推出注册制之际,打击上市公司虚假陈述意义尤其重要。注册制以信息披露为核心,强调在充分信批情况下,投资者责任自负。对于信批违规的企业,除加大行政处罚力度、刑事追责之外,民事赔偿责任更加重要。只有造假者付出沉重的经济代价才可能阻断违规。对投资者而言,只有合法权益得到切实维护,才能对证券市场有信心,才会敢于投资。如此则证券市场长期走牛可以期待,投资者财富稳定增长可以期待。所以投资者权益维护的重要性怎么强调都不过分。

(二)证券投资者索赔困难重重

但是投资者维权之路依然艰难。除某些地方明目张胆的地方司法保护外,维权难的一个重要原因是实施欺诈的主体丧失赔偿能力。以已经退市的华泽钴镍为例,这家企业被控股股东严重掏空,2017年三季报显示账上仅有货币资金178元,被称为"最穷上市公司"。投资者即便拿到胜诉判决,面对巨债累累,资产已经被严重掏空的退市公司,如何实现权益呢?类似的例子还可以举出许多。遇到这种情况,笔者建议追究中介机构和有责任的董监高的责任。华泽钴镍的投资者在某种程度上是幸运的,因为保荐券商和会计师事务所同样受到监管处罚,被法院判令在一定范围内承担连带赔偿责任,这两家中介机构中,至少券商的赔偿能力毫无问题。但是其他的投资者就未必这么幸运了。毕竟监管机构一年对券商、会所、律所等作出的行政处罚屈指可数,多数虚假陈述案件中介机构并未受到处罚,而没有监管机构背书,即便投资者主张中介机构有责任,追责难度非常大。因为涉及证券市场违规的认定,传统上属于行政监管职权范围,法院很慎重,除刑事案件外鲜有介入。至于说董监高的赔偿能力,和动辄几千万的赔偿金额相比,还是太弱。在完全实行注册制之前,上市公司的壳还有一定价值,一旦退市,壳价值也化为乌有。

(三)新证券法下投资者权益实现或许更难

由于胜诉难、执行难、周期长等原因,过去投资者提起证券欺诈诉讼的比例很低,但是2020年3月1日起新《证券法》施行后情况就大不相同了。该法第95条第3款规定:投资者保护机构受50名以上投资者委托,可以作为代表人参加诉讼,并为经证券登记结算机构确认的权利人依照前款规定向人民法院登记,但投资者明确表示不愿意参加该诉讼的除外。

2020年3月24日上海金融法院率先推出《关于证券纠纷代表人诉讼机制的规定(试行)》,明确了代表人诉讼机制的操作细节。具体而言,有两点需要特别强调的:(1)法院经审查后发布案件受理公告,投资者保护机构可以依据公告确定的权利登记范围向证券登记结算机构调取权利人名单,并据此向本院申请登记(第42条);(2)法院与证券登记结算机构建立电子交易数据对接机制,为损失赔偿数额计算以及适格投资者范围核验提供支持(第5条)。据此操作的结果可以想象:所有符合条件的投资者将自动获得胜诉判决,无须再履行原先所需的诉讼程序。这无疑极大方便了投资者。但是由此产生的一个直接后果不得不考虑:上市公司及负有责任的控股股东等的赔偿能力是有限的,证券欺诈导致的债务却几何级增加,生效的判决要得到执行,势必更加困难。

(四)由于预期权益实现困难,投资者对违法退市、财务指标退市强烈抵触

以康德新案为例。根据行政处罚事先告知书,康德新2015~2018年连续4年虚增净利润100多亿元,虚增银行存款100多亿元。按照规定,一旦处罚落地,深交所即可以重大违法强制康德新退市,或者等2019年年度报告出台,以不再符合上市财务指标为由强制退市。但是无论采用哪种形式,投资者的反应都非常强烈。据媒体、自媒体报道,一些投资者多次到北京、南京的监管部门反映情况,表达对退市的担忧和强烈不满。因为投资者担心:一旦退市,投资者权益实现的希望只会更渺茫。交易所在作退市决定时,不可避免要顾虑社会反应,毕竟关系广大投资者切身

利益。如果只追求效率,强制上市公司退市,却忽视了投资者保护,置证券市场追求的公平公正原则于何地呢?是否有舍本逐末之嫌呢?如果要兼顾公平公正,又该如何兼顾呢?似乎无从下手。

二、证券投资者保护基金针对的并非证券投资者

2005 年《证券法》首次规定国家设立证券投资者保护基金。这个名称有很强的迷惑性,容易被误解成是用于保护证券投资者的。其实该基金只是赔偿因证券公司违规而遭受损失的投资者。《证券法》(2005 年)规定,国家设立证券投资者保护基金,基金由证券公司缴纳的资金及其他依法筹集的资金组成,其筹集、管理和使用的具体办法由国务院规定。2005 年 6 月,国务院批准中国证监会、财政部、中国人民银行发布《证券投资者保护基金管理办法》。该办法规定证券投资者保护基金"在防范和处置证券公司风险中用于保护证券投资者利益"。后来《证券法》几经修改,《证券投资者保护基金管理办法》也作了修改,但是基金用途却始终保持不变。

是否能将上市公司投资者纳入证券投资者保护基金保护范围呢?答案是有一定障碍。理由如下。

1. 证券投资者保护基金设立的目的是赔偿证券公司违规遭受损失的投资者;

2. 由于上面第 1 条的原因,所以基金的一个重要来源是证券公司缴纳的资金;

3. 有关证券投资者保护基金的法律条款并未放在《证券法》"投资者保护"一章,而是放在"证券公司"一章(2005 年《证券法》也放在此章)。如果要将上市公司投资者纳入证券投资者保护基金保护范围,证券法要作相应调整。

三、设立专事证券投资者保护的基金意义重大

虽然证券投资者保护基金针对的并非证券投资者,却给证券投资者保护提供了一个思路:是否可以设立专事投资者保护的基金呢?为了区别于证券投资者保护基金,我们可以将其称为上市公司投资者保护基金(以下简称投保基金)。

其实除证券公司风险处置有证券投资者保护基金外,银行存款有《存款保险条例》保障,保单持有人有《保险保障基金管理办法》保障,期货投资者保证金有《期货

投资者保障基金管理办法》保障，信托业有《信托业保障基金管理办法》保障。唯独上市公司投资者合法权益受损的，没有任何基金提供保障。如前文所述，投资者保护是证券市场工作的重中之重，已经成为共识，其权益维护的重要性怎么强调都不过分，尤其是风险承受能力较弱的中小投资者的权益维护。但是投资者真的遇到严重财务造假遭受损失的情形，却往往维权无门。如果建立了投保基金，满足一定条件的投资者可以获得一定赔偿，则交易所再作出上市公司退市决定时，无须顾虑重重，完全依法依规即可，既能保证市场效率的实现，在一定程度上也实现了证券市场的公平公正。

接下来笔者就试着对投保基金有关事宜进行探析，提出初步意见。

四、投保基金的资金筹集

基金的钱从哪儿出，无疑是最根本的问题。投保基金可能的资金来源包括以下方面。

1. 上市公司交纳的投资者保护专项基金，具体比例可以参考证券公司的做法，实行差别化费率，按照营业收入的一定比例缴纳（证券公司按照营业收入的0.5% ~5%），经营管理或运作水平较差、风险较高的上市公司，按较高比例缴纳基金，反之则按较低比例缴纳。但是为了少增加上市公司负担，缴费比例整体上要大幅降低，如降至证券公司缴费标准的10%，是否可行？或者在上市公司IPO时按照一定比例缴纳。

2. 交易所交易收入的一部分，这是期货投资者保障基金、证券投资者保护基金等共同的收入来源。

3. 发行股票、可转债等证券时，申购冻结资金的利息收入；这本来是《证券投资者保护基金管理办法》规定的证券投保基金收入的一个来源，但是笔者认为，这笔收入归入上市公司投保基金更合适，因为其本身就源于上市公司，现在无非物归原主，当然，如果是证券公司发行股票、可转债的可以例外。

4. 因上市公司、中介机构违反《证券法》等收缴的罚款和没收的收入（违法所得）。即便按照旧的《证券法》，这也是一大笔收入。例如，在青岛东海恒信操纵上证180ETF案中，没收的违法所得1.3亿元（并处以同等金额的罚款），证监会对厦门北八道集团和林某某等操纵证券市场案的罚没更是达到惊人的56亿元。

5. 内幕交易和操纵证券市场等刑事案件中没收的非法所得和罚金。这同样可以是一大笔收入。例如,在徐翔案中,收缴的违法所得为93亿元,罚金更是达到110亿元。

需指出的是,上述罚没收入、罚金按照规定需要全部上缴国库,但是《证券法》又规定,违反该法规定的,应当同时承担民事赔偿责任和缴纳罚款、罚金、违法所得,违法行为人的财产不足以全部支付的,优先用于承担民事赔偿责任(第220条)。《侵权责任法》也规定,因同一行为应当承担侵权责任和行政责任、刑事责任,侵权人的财产不足以支付的,先承担侵权责任(第4条第2款)。所以上述罚没收入、罚金要进入投保基金,还需要满足一个条件:案件受害人得到民事赔偿后,有剩余的。上述两项收入进入投保基金,可谓"取之于证券市场,用之于证券市场",具有深远意义。

6. 投保基金管理机构运用基金获得的收益。

7. 其他适当的收入。

五、投保基金的使用范围、使用前置条件、偿付限额和受偿权等

(一)使用范围

投保基金专款专用,只能用于赔付投资者因上市公司虚假陈述、内幕交易和操纵市场三项证券欺诈行为遭受的损失,至于上市公司债权人的其他债权,不在赔偿范围之内。

(二)使用的前置条件

考虑投保基金设立的初衷是保护中小投资者,加之赔偿能力有限,恐怕难以满足巨量索赔,所以即便因证券欺诈形成的债权,也不必然全部获得投保基金赔偿,可以设置一定的前置条件,比如,只有上市公司进入破产程序才适用。如果上市公司正常经营,原则上投资者仍应向上市公司主张。

(三)偿付限额

另外,可以参考存款保险的限额偿付制度(最高偿付限额为人民币50万元),投保基金设置赔偿限额,在最高偿付限额以内,全额偿付;超出最高偿付限额的部

分，基金不予偿付，需要向上市公司主张。对小投资者来说，限额或许会完全覆盖其损失；对中型投资者，则是很好的补充；至于大的投资者，并非基金考虑的重点，只是一个补充而已。

参考存款保险的做法，50 万元或许是个比较合理的限额。如果参考期货的做法（对个人投资者的保证金损失在 10 万元以下的部分全额补偿，超过 10 万元的部分按 90% 补偿），即上不封顶，有失投保基金的初衷——维护风险承受能力较弱的中小投资者的利益。如果参照证券投保基金的做法（由证监会根据不同情况制定风险处置方案，基金公司制定基金使用方案，报经国务院批准后实施），单是证监会、国务院层面，就不太现实。因为证券公司数量只有一两百家，需要动用基金偿付的更是屈指可数，跟上市公司数量、发生风险的数量完全不可同日而语。如果权限下放，难免会有地方保护之类的顾虑。

（四）受偿权

投保机构赔偿后，即在偿付金额范围内取得对上市公司的受偿权。至于受偿权的优先顺序，可以跟其他投资者完全一样，也可以顺位在中小投资者之后，跟大的投资者一样。

（五）其他

至于是否需要设立专门的上市公司投保基金管理公司，还是委托现有机构如投服中心、中证资本市场法律服务中心管理基金，综合考虑管理成本和效率等因素，务必使投保基金最大限度用在投资者身上。

六、结　束　语

证券市场的重要性不言而喻，投保工作的重要性也无须多言，剩下的工作就是落实。笔者认为，设立上市公司投资者保护基金，主要用于保障证券市场中最弱势的群体遭受侵害救济无门的情况，不仅关系证券市场公平公正，也事关社会正义，意义重大，势在必行。

加快推进证券期货纠纷多元化解机制建设的建议

姚彬彬*

随着资本市场的快速发展,证券期货纠纷数量也随之不断上升,这给我国资本市场的健康、持续、快速发展带来挑战。为此我国相继出台了一系列的法规完善证券期货纠纷调解机制,用以应对我国证券期货行业纠纷多发、投融资矛盾突出的形势。

2011 年以来,中国证券业协会先后成立了证券调解专业委员会和证券期货纠纷调解中心,积极与法院、仲裁、信访等机构建立协作关系,不断完善对接机制,为调解协议的司法确认、申请执行等提供支持。2013 年,国务院办公厅发布了《关于进一步加强资本市场中小投资者合法权益保护工作的意见》,逐步构建了法律保护、监管保护、自律保护、市场保护和自我保护五位一体的投资者保护体系。2014 年 12 月,中国证监会直接管理的证券金融类公益机构中证中小投资者服务中心有限责任公司成立。主要职责就是为中小投资者自主维权提供教育、法律、信息、技术等服务。2015 年 12 月,中央办公厅、国务院办公厅印发了《关于完善矛盾纠纷多元化解机制的意见》,从制度层面对多元化纠纷化解机制作出了顶层设计。2016 年中国证监会积极落实中央精神,与最高人民法院联合下发了《关于在全国部分地区开展证券期货纠纷多元化解机制试点工作的通知》,规定了试点调解组织的基本条件和认可管理、建立健全诉调对接工作机制、强化纠纷多元化解机制保障落实等内容。2018 年 11 月,最高人民法院和中国证监会联合发布了《关于全面推进证券期

* 山西省证券业协会副秘书长,中证山西调解工作站主任。

货纠纷多元化解机制建设的意见》，这标志着自 2016 年开始的证券期货纠纷多元化解机制试点工作取得了成功，依法保护投资者的合法权益，维护公开、公平、公正的资本市场秩序，促进资本市场的和谐健康发展，为我国全面推进证券期货纠纷多元化解机制积累了经验。2019 年 12 月，经全国人民代表大会常务委员会审议通过的新《证券法》明确增设"投资者保护"专章，进一步强化了资本市场投资者保护工作。整体而言，当前我国证券期货纠纷调解机制建设已经取得一些成果，架构已搭建，但相关的法律法规和具体制度还不完善，本文即围绕目前存在的问题，对推进证券期货纠纷多元化解机制建设提出建议。

一、立法供给和司法解释不足

新《证券法》规定，投资者保护机构受 50 名投资者委托，就可以作为代表人参加诉讼，更为重要的是，在法院公告登记的情况下，可以为经证券登记结算机构确认的权利人直接在法院登记，除非投资者明确表示不愿意参加该诉讼也即"默示加入、明示退出"。首先，该条设计的诉讼方式并没有突破《民事诉讼法》的规定，而只是借用了人数不确定的代表人诉讼的"躯壳"；其次，由投资者保护机构代替律师来主导诉讼，在很大程度上减少了滥诉和过早和解的可能。但是，这样做也有一些限制，包括该机制的启动依赖法院发出公告，以及投资者保护机构的激励机制可能出现问题等。这都需要今后在落实该条款中进一步完善相关规则。

《证券法》修订的另一个重大变化，就是加大了对违法行为的惩罚力度。惩罚的主要功能在于遏制，没有有力的惩罚措施，就很难阻遏未来的违法行为。《证券法》大幅度提高对违法行为的惩罚力度，显然有其必要性，特别是考虑注册制全面推行之后，证券市场将采取"宽进严管"的政策，没有有力的惩罚措施，显然很难实现严管的政策目标。

证券刑事责任早就规定在《刑法》中，众多证券欺诈行为，虚假陈述、内幕交易和操纵市场等，都可能构成了刑事犯罪。但在现实中，尽管此类证券欺诈行为频发，追究相应刑事责任的案例却并不多见。问题到底出在哪儿？恐怕不是修法能够解决的，关键还在于落实。没有能够落实的，还有民事赔偿优先的条款。"违反本法规定，应当承担民事赔偿责任和缴纳罚款、罚金、违法所得，违法行为人的财产不足以支付的,优先用于承担民事赔偿责任”(新《证券法》第220条),是《证券法》一直就有的规定。但在实践中,行政处罚往往率先发生,而罚款在处罚作出后15日内直接上缴国库。如何实现民事赔偿优先?迄今没有先例,也没有具体可操作的规程。期待财政部能够执行《证券法》的相关规定。

从保护投资者的角度出发,应该尽量扩大《证券法》的范围,将所有直接融资活动都纳入《证券法》的监管视野,为所有投资者提供《证券法》的保护。证券定义应当采用概括定性的方式,辅之以列举和豁免的安排。同时,还需要明确廓清另一个广泛存在的误解:并不是所有《证券法》规定的证券,都必须交给证监会来监管。扩大证券定义,并不是为证监会扩权。实际上,符合证券定义的金融产品,既可以通过“存在其他金融监管”的条件豁免证券监管,也可以在分业监管模式下只要求统一监管标准。

二、纠纷化解对接机制尚不完善

《关于全面推进证券期货纠纷多元化解机制建设的意见》中较为突出的内容,如调解协议司法确认制度、委派调解或者委托调解机制、调解范围的确定、调解前置程序的探索等都属于对纠纷解决机制对接的规定。但这些对接机制都局限于“诉讼—调解”方面。在实践中,对于纠纷化解主要有两方面难题:一是诉讼机制难以承受所有纠纷之重;二是投资者依赖向监管部门信访投诉。第一个方面通过发展诉讼外纠纷化解机制来解决,第二个方面则需要重视建立信访与纠纷化解机制的对接机制,信访是以纠纷解决为目的的向有关信访工作机构和人员反映情况的一种途径,其本质上并非纠纷的解决机制,但鉴于信访与纠纷的联系紧密且对社会治理意义重大,在纠纷解决机制中需考虑信访与诉讼、调解等纠纷解决途径的对接。

三、调解救济资源供给不足

我国证券市场近年来得到高速发展,证券纠纷案件量自2015年起开始激增,全国的调解救济方式需要发挥更大的承担作用,2016年证券期货纠纷多元化解机制试点以来，我国证券纠纷解决中心主要集中于北京、上海、深圳等经济发达地区，从调解中心发挥的功能以及调解效果来看，深圳仲裁调解中心率先作为试点的调解中心发展较好，在全国资本市场的知名度和影响力都得到了扩大。但从全国范围来看，调解能力好、调解质量高的调解中心数量仍然很少，调解救济资源呈集中化发展趋势，这不仅不利于便民原则的实现，更导致救济资源供给不足。目前，我国证券期货纠纷调解主要是以行业调解为主，除证券、基金、期货三家行业协会各自负责其行业内的纠纷调解外，证券交易所、上市公司协会等组织也对其会员之间的纠纷履行调解职能。同时，深圳证券期货业纠纷调解中心、中证资本市场法律服务中心也履行调解职能。但各调解机构目前都是单兵作战，不同调解机构直接协同力度不足，协同效应有限。随着未来资本市场改革的不断深化，因资本市场各领域交叉持牌、综合经营而产生的跨行业纠纷势必增多，现有的各自为政、分散运行的行业主导调解模式将更加难以为继。

四、调解机构权威性不足

《证券法》授予证券业协会组织证券纠纷调解工作的职能，但是作为自律性组织，其作出的决定效力偏弱，没有强制执行力，因而导致调解的权威性不足。具体表现如下：经调解机构签字盖章的调解协议效力仅相当于民事合同，调解机构缺乏强制手段保障调解协议的执行。证券业协会作为自律性组织，应当发挥更多的监督指导功能，通过违法信息披露等手段督促违法证券金融机构履行调解协议。长期来看，证券业协会的相关调解中心应当转变为证券纠纷的专门调解组织，通过立法赋予其强制手段，加强对证券金融机构的约束。比如，要求证券公司承担更多的义务，自觉认可并履行调解不成之后作出的决定等。

五、调解机构公信力不足

就证券纠纷调解的各方参与主体来说，包括证券业协会调解中心、投资者、证券公司、证券交易所、证券登记结算机构等。除投资者外，其他主体均为证券协会的会员。从案件形成来看，往往存在证券公司利用信息优势侵害投资者的现象。

在参与调解的能力方面,证券公司又明显高于投资者。在调解机构未对投资者作出倾斜性保护政策的情况下,投资者容易对调解机构公信力存疑。从调解员的组成构成来看,其来源缺乏广泛性,在中国证券业协会公布的调解员中 70% 的调解员来自证券公司,而来自律师事务所、高校、科研机构等领域的调解员不足 10%。在人员构成的选择上,投资者并无太大选择权,造成纠纷当事人对调解机构缺乏信任,最终导致调解机构公信力下降,调解机制功能受限。

六、调解协议效力不足

《证券纠纷调解工作管理办法》规定,调解协议经各方当事人签字盖章后具有民事合同性质。作为合同,它不具备强制执行的效力,自然也就存在履行不虞的风险,当事人也可能无法实现合同赋予的权利。调解协议本身不具有司法上的强制执行,客观上造成了协议效力不足。就目前实现调解协议效力的途径来看,当事人主要采用以下方式:一是申请公证机关依法赋予强制执行效力。《最高人民法院关于建立健全诉讼与非诉讼相衔接的矛盾纠纷解决机制的若干意见》(以下简称《若干意见》)规定,经行政机关、人民调解组织、商事调解组织、行业调解组织或者其他具有调解职能的组织,对民事纠纷调解后达成的具有给付内容的协议,当事人可以按照《公证法》的规定申请公证机关依法赋予强制执行效力。二是申请人民法院确认调解协议效力。《若干意见》还规定,当事人达成的具有民事合同性质的协议,经调解组织和调解员签字盖章后,当事人可以申请有管辖权的人民法院确认其效力。三是申请人民法院强制执行被依法公正或者被依法确认效力的调解协议。无论是公证机关对证券纠纷调解协议进行公证,还是人民法院依法确认证券纠纷调解协议的效力,二者都具备强制执行的效力。另外,上述程序虽在一定程度上有助于调解协议增强效力,但也存在相关现实问题妨碍调解协议的履行。其一,调解协议效力确认程序复杂,不利于发挥效力,当事人达成调解协议需人民法院确立其效力,进而实现调解协议的可强制执行力。因此,证券纠纷解决通过调解达成协议,协议被确认效力到最终强制执行,这一复杂程序大大增加了当事人成本。除此之外,由于证券市场行情稍纵即逝,对于程序的效率性要求很高,因此,复杂的程序设计还可能剥夺投资者的交易机会,背离纠纷解决机制、保护投资者的初衷。其二,调解协议效力确认程序需要双方当事人提出申请,这一设计容易导致调解协议效力确认陷入僵局。调解协议双方当事人是否需要同时向人民法院提出确认协议效力申请,对此立法并无明确规定。其三,调解协议达成以后,当事人仍然可以寻找其他纠纷解决途径,这导致调解协议缺乏权威性,进而破坏证券纠纷调解机制的功能。根据《人民调解法》第32条的规定,即便达成调解协议,当事人就协议内容或协议履行往往存在争议,亦可向人民法院提起诉讼。如此一来,证券纠纷调解协议面临较大的不确定性,其效率也存在较大的不稳定性,这也是导致当事人偏向于选择诉讼方式自行解决自身证券纠纷的原因之一。

七、投资者合法维权理念缺失

证券业属于商事领域,与传统民事活动相区别的是进入证券业的参与者需要有一定的商事思维及金融专业基础,证券业的投资门槛不高且形式化严重,证券投资的散户数量庞大,由于我国无法对每个投资者进行实质性审查,因此,我国证券市场自然人投资者多呈现风险意识欠缺、抗风险能力差、盲目追求短期逐利等特点。这类投资主体维权意识也相应较薄弱,在证券纠纷出现时要么不知为自身维权,要么维权方式不合理,如过度依靠证券监管部门,向其进行投诉或信访,不利于纠纷的缓和化解,也有碍证券市场秩序的稳定。

对此,笔者提出一些完善建议。

(一)促进诉访分离,进一步加强各纠纷化解途径对接

对于与证券纠纷有关的信访案件,可借助大数据、人工智能技术,运用于信访案件的处置管理和全流程监控。建立面向信访群众的跨部门处置平台,实现信访群体信息在不同部门之间的互联互通,督促当事人合法合理地行使诉求,最大限度地获得司法救济。除此之外,还可以建立信访与诉调对接机制,引导信访人快速向相关调解中心申请调解,打造绿色调解通道。信访与诉讼、调解等纠纷解决途径的及时对接有利于实现案结事了、息讼罢访,从源头上化解社会矛盾,促进社会和谐稳定和国家长治久安。

(二)增加多元化调解主体,提高纠纷调解能力,是健全证券纠纷体系的重要工作

从投服中心给出的信息了解到,目前中心普通调解成功的案例和投资者获赔

金额已达全国半数以上。全国35 个辖区已经与投服中心签订了调解工作合作备忘录,小额速调机制的确立提高了辖区内纠纷解决的效率,降低了投资者维权成本,这对于辖区内投资者保护具有极大的积极意义。但现有调解体系仍不能有效满足投资者需求。结合我国目前实际,两类市场主体有望加入证券纠纷调解主体。第一类市场主体是证券交易所,作为重要的行业自律组织,证券交易所与上市公司、证券机构、证券监督管理机构以及投资者关系密切,且交易所具备法律金融等方面的专业人才,赋予证券交易所证券纠纷调解职能,有利于充分调动稀缺的证券纠纷调解资源。此外,交易所长期担任证券纠纷仲裁者角色,也不乏调解交易所会员纠纷的先例。这些都将成为交易所调解证券纠纷得天独厚的优势。第二类市场机构是中国证券投资者保护基金公司(以下简称投保基金),投保基金成立的目的是保障投资者权益,而调解纠纷则是其中关键一环。事实上,早在 2016 年 12 月,投保基金就已成立纠纷调解中心,制定纠纷调解工作制度,聘用纠纷调解员,开展“当事人一对一”和“当事人一对多”两种模式调解工作。然而交易所、投保基金面临的共同核心问题是缺乏法律明确授权,这也是直接造成了当前局面的原因。交易所证券纠纷调解工作涉及范围狭窄,投保基金更关注“投资者先行赔偿”制度建设,而证券纠纷调解职能发挥不多。为改变当前困境,未来可以从以下两方面着手改变:一是以法律法规形式明确赋予交易所和投保基金证券纠纷调解职能;二是在加快多元化解调解体系建设的同时,还应注意各调解主体间的协调工作。应当由一家机构统一负责调解体系的顶层设计,结合各调解主体特点,合理划分不同主体调解范围。

(三)赋予调解协议“单方强制执行力”

既增强调解组织的权威性,又加强调解协议的执行保障。目前,经证券业协会及调解组织达成的协议仅为民事合同性质,并无强制执行力,这也是造成证券纠纷调解机制实践困难的主要原因。但贸然赋予调解协议同法院判决一样的效力,也背离了现行司法体制的框架。在证券调解纠纷协议效力的设计上,国外相关立法确立的“单方强制执行力”,有一定的借鉴意义。英国金融申诉专员制度规定,如金融机构未履行与投资者自愿缔结的调解协议,则有权向金融监管部门通报该情况,金融监管部门则通过取消营业执照等强制措施约束金融机构履行调解协议。如果金融机构因无力支付调解协议约定的对价,则会将案件转交“金融服务补偿计划”

处理,以保障投资者权利。新加坡金融业争议调解中心作出的调解协议,对金融机构具有单方约束力,金融消费者如不认同调解协议,仍可向其他纠纷解决途径寻求救济,金融机构则不具有这一权利。同时,为保证金融消费者意思自由,新加坡金融业争议调解中心不能向金融消费者提出是否接受金融机构和解条件的建议。在我国,赋予证券业协会作出的调解协议"单方强制执行力"也具备一定的基础,《证券法》赋予证券业协会对会员单位一定的监督处罚权力,同时,证券业协会的活动还接受证监会的支持、指导和监督。因而证券业协会可在章程中规定,调解协议对会员证券机构的单方执行力。若违反该章程规定,证券机构将遭受不利法律后果。如此,证券纠纷调解协议的效力将大大增强,证券投资者的权益也将得到有效保障。

(四)持续完善诉调对接机制

目前,调解机构大多建立起了委托调解机制。在证券纠纷案件的处理过程中,试点法院应充分行使释明权,经双方当事人同意可采取立案前委派、立案后委托、诉中邀请等方式引导当事人通过试点调解组织解决纠纷。与人民法院协调工作机制,证券纠纷调解机构可与人民法院建立联席工作会议,证券纠纷调解机构可与人民法院就某类证券纠纷案件进行沟通,请求法院在案件的受理范围、法律责任、赔偿标准等方面作出相对统一的解释,从而为证券纠纷调解创造结案条件。同时,人民法院应当对证券纠纷调解机构业务进行指导、规范程序、明确法律适用,对于重大疑难案件加强沟通、调解、协调。

(五)加强投资者保护,培育投资者合理维权理念

证券业协会于 2013 年协调了万福生科案和解,补偿金额达 1.79 亿元,这是行业协会促进证券纠纷化解的一大里程碑。后又主导了欣泰电器的先行赔付工作,尤显行业协会在证券纠纷中的调解作用。证券业协会在协调纠纷解决工作中积累了一定的经验,在证券纠纷多元化解机制建设全面推进的背景下,可以以投资者保护为目标,将经验理论化,进一步指导未来证券纠纷的化解途径。证券业协会可引导各证券经营机构定期进行投资者教育,树立理性投资、长期投资、价值投资的投资理念,提高投资者风险承受能力。监管部门可在其官网中设置维权知识的普及专栏,向投资者讲解相关维权途径,引导投资者理性维权,促进证券纠纷平稳化解。

证券期货纠纷诉调对接机制与完善路径

——以中证资本市场法律服务中心①诉调对接实践为视角

胡海平[*]　李仕婷[**]

在建设法治社会的大背景下，诉讼解决纠纷机制在日趋完善的同时，也暴露出如“诉讼爆炸”、纠纷解决成本高、周期长等诸多问题。而调解具有解决纠纷效率高、成本低、周期短等优势，在纠纷解决中有着不可替代的作用，它作为一种柔性的救济手段，在一定程度上弥补了诉讼这一刚性手段的不足。② 为应对不断增长的纠纷解决需求，缓解诉讼压力，最高人民法院提出了诉调对接这一司法政策，并于2009年7月发布了《关于建立健全诉讼与非诉讼相衔接的矛盾纠纷解决机制的若干意见》，并明确将诉调对接表述为“诉讼与非诉讼相衔接的矛盾纠纷解决机制”。从广义上来说，诉调对接是为了提高社会纠纷解决效率，充分发挥诉讼与社会大调解机制各自的优势，将纠纷分流到与案件有特定关系的调解组织进行调解，以最大效益解决纠纷的一种功能互补和程序衔接的综合协调解纷机制，是将诉讼纠纷解决机制与调解机制结合起来的替代性纠纷解决方式。

近年来，随着多层次资本市场的快速发展，证券期货新产品和新业务愈加复杂，中小投资者的风险识别和自我保护能力相对较弱，合法权益受损现象时有发生，矛盾纠纷数量呈现不断上升的趋势。因此，完善资本市场证券期货纠纷诉调对

---

① 中证资本市场法律服务中心，是经中国证监会批准设立的、我国唯一跨区域跨市场的全国性证券期货纠纷公益调解机构，由投服中心全额出资，于2020年1月17日在上海注册设立。中证资本市场法律服务中心成立后，全面承接投服中心纠纷调解工作，本文所引调解数据包括前期投服中心开展调解的数据。

* 中证资本市场法律服务中心纠纷调解部高级经理。

** 中证资本市场法律服务中心纠纷调解部经理。

② 陈婷：《论“诉调对接”下调解的困境与出路》，扬州大学法学院2013年硕士学位论文，第4页。

接机制对于妥善化解资本市场纠纷，推动资本市场健康发展具有重要意义。中国证监会高度重视资本市场纠纷多元化解工作，2014 年年底批准设立了专司中小投资者权益保护的投服中心，投服中心的核心职责之一就是接受中小投资者委托提供纠纷调解等服务。早在 2015 年投服中心就逐步与各地法院开展对接，截至 2020 年 10 月，已与全国 42 家中高级人民法院建立了诉调对接机制，开展诉调对接合作，解决了大量的证券期货纠纷。为更好地保护广大中小投资者合法权益，完善资本市场纠纷多元化解机制，中国证监会一直在推动建立符合国情的全国性证券期货纠纷调解组织，并于 2020 年 1 月批准以投服中心下设子公司的方式成立全国性调解组织——中证资本市场法律服务中心，全面承接投服中心纠纷调解职能。本文即以中证资本市场法律服务中心诉调对接实践为视角，对诉调对接机制提出思考和建议，以期推动完善证券期货纠纷领域诉调对接机制，从而推动资本市场纠纷妥善化解。

一、证券期货纠纷诉调对接机制含义及发展历程

（一）证券期货纠纷诉调对接机制含义

关于证券期货纠纷领域诉调对接机制具体含义，目前无论是在实务界或是理论界，都没有统一的定义。根据中证资本市场法律服务中心实践，证券期货纠纷诉调对接机制可概括为人民法院和证券期货领域调解组织共同发挥司法审判与专业调解的优势，依法、中立、专业、便捷地化解证券期货纠纷的机制。具体包括：人民法院和调解组织通过共享场地、网络、资源、人员培训加强合作，人民法院通过立案前委派、立案后委托、诉中邀请等方式将案件转给调解组织进行调解，同时对调解组织主持达成的调解协议进行司法确认及强制执行，双方共同推动纠纷多元化解的机制。

（二）证券期货纠纷诉调对接机制发展历程

为贯彻落实党的十八届四中全会审议通过的《中共中央关于全面推进依法治国若干重大问题的决定》①以及中共中央办公厅、国务院办公厅印发的《关于完善矛

① 《中共中央关于全面推进依法治国若干重大问题的决定》于 2014 年 10 月 23 日发布。

盾纠纷多元化解机制的意见》中提出的健全依法维权和纠纷化解机制，建立健全社会矛盾预警机制、利益表达机制、协商沟通机制、救济救助机制，畅通群众利益协调、权益保障法律渠道等意见精神，最高人民法院于 2016 年 6 月出台了《关于人民法院进一步深化多元化纠纷解决机制改革的意见》，明确了进一步深化多元化纠纷解决机制的指导思想、主要目标和基本原则，对完善诉调对接平台建设、健全诉调对接制度、创新诉调对接程序、促进多元化纠纷解决机制发展等提出了系统性指导意见。

在上述文件精神的指引下，中国证监会于 2016 年 7 月联合最高人民法院共同印发了《关于在全国部分地区开展证券期货纠纷多元化解机制试点工作的通知》(以下简称《通知》)，提出探索开展纠纷多元化解机制试点并建立健全诉调对接工作机制。2018 年 11 月，中国证监会又联合最高人民法院印发了《关于全面推进证券期货纠纷多元化解机制建设的意见》(以下简称《意见》)，这是《通知》发布以来针对开展证券期货纠纷多元化解工作的又一份纲领性文件，明确了证券期货纠纷多元化解机制由试点转为全面实施，为进一步健全证券期货纠纷诉调对接工作机制指明了方向。

二、中证资本市场法律服务中心诉调对接的实践与探索

(一)建成覆盖全国的诉调对接合作网络

截至 2020 年 11 月，中证资本市场法律服务中心共与全国 35 个辖区的 42 家中高级人民法院签署了诉调对接合作协议，被纳入特邀调解组织名册，明确了诉调对接流程，广泛开展案件的纠纷调解工作。同时，为就近承接法院转办的案件，中证资本市场法律服务中心在各地证监局的大力支持下，与当地行业协会或纠纷调解中心开展合作，在全国 35 个辖区建立了调解工作站。通过调解工作站，为法院移转案件卷宗、当事人就近参与调解等提供便利，形成了覆盖全国的诉调对接工作网络。此外，还在北京、上海和宁波等地法院设立了调解工作室，联合杭州市中级人民法院设立了证券期货纠纷巡回法庭，进一步加大证券期货纠纷多元化解力度。截至 2020 年 10 月底，中证资本市场法律服务中心共接受法院系统委托(委派)调解案件 3232 件，约占系统内诉调对接案件总量的 80%，调解成功 1719 件，投资者获

赔金额约8567万元。

（二）推动"示范判决+纠纷调解"机制落地

随着证券监管部门对证券虚假陈述、内幕交易、操纵市场等违法行为的处罚力度不断加大，投资者维权意识增强，群体性证券侵权损害民事赔偿诉讼案件持续增长。这些案件涉及投资者人数众多，社会关注度高、影响大，且投资者通过诉讼维权一般面临周期较长、举证难、适用规则不一等困境。为此，《意见》专门提出"建立示范判决机制。通过示范判决所确立的事实认定和法律适用标准，引导其他当事人通过证券期货纠纷多元化解机制解决纠纷，降低投资者维权成本，提高矛盾化解效率"。为推动示范判决机制尽快落地，一是开展扎实的研究和准备。2018年，投服中心与上海市第一中级人民法院合作课题《支持诉讼示范判决机制研究》①，并多次组织协调各级人民法院、全国人大代表、政协委员及权威专家等，商讨"示范判决+纠纷调解"运行模式。二是积极推动人民法院等各方出台示范判决制度规则。在各方努力下，上海金融法院、北京市高级人民法院、杭州市中级人民法院于2019年陆续发布示范判决机制的相关制度。三是积极推动"示范判决+纠纷调解"模式落地。在证监会投保局、最高人民法院民二庭的指导下，中证资本市场法律服务中心成功调解517起全国首例证券纠纷示范判决案件——方正科技案的平行案件。"示范判决+纠纷调解"机制能降低投资者维权成本，提高维权效率，节约司法资源，对于妥善化解资本市场群体性纠纷具有重要意义。四是破解损失计算难题。损失计算一直是证券虚假陈述纠纷审理工作的难点，现行法律、司法解释未规定系统风险和非系统风险扣除方法，买入均价的计算方法也没有统一定论。中证资本市场法律服务中心大胆创新，开发的损失计算软件不仅具备多种买入均价算法，还创新性开发了以"3+X"组合参考指数②为基础的"同步指数对比法"及"区间端点对比法"两种系统风险扣除方法，未来还具备非系统风险扣除功能。中证资本市场法律服务中心证券虚假陈述损失计算软件，是我国资本市场首个功能相对完善，并大规模应用于司法实践的证券投资者损失核算系统。可同时将数万人的证券交易

① 上海市第一中级人民法院课题组：《支持诉讼示范判决机制研究》，载郭文英、徐明主编：《支持诉讼维权案例评析（2018年）》，法律出版社2018年版，第151页。

② "3+X"组合参考指数的具体含义详见投服中心：《证券虚假陈述案投资者损失计算软件的运行逻辑》，载《证券日报》2018年11月21日，第B4版。

数据导入系统,根据投资者交易实况同时扣除证券市场系统风险和非系统风险,批量完成损失计算。中证资本市场法律服务中心损失核定业务在资本市场司法实践中已形成一定影响力,截至 2020 年 10 月底累计接受全国 13 家法院 19 起虚假陈述案件损失核定委托,累计核定近 9000 人次,核定总金额近 15 亿元,市场应用广泛,社会效益突出,解决了长期困扰证券纠纷司法实践的计算损失困难、计算方法不统一问题,提高了司法效率,降低了投资者维权成本。从 2019 年全国首例示范判决方正科技案开始,“损失核定 + 示范判决 + 纠纷调解”的证券群体性纠纷解决模式在全国多地法院得到推广,示范意义突出。未来损失计算软件也将为“默示加入、明示退出”的中国特色证券集体诉讼提供关键支持、为普通投资者免费提供损失试算服务,推动设立司法认可的专业损失鉴定机构。

(三)探索开展司法确认实践,丰富调解效力保障机制

通过调解方式解决证券期货纠纷,具有申请便捷、程序简便、方式灵活、成本低等优势,但调解协议本身不具有强制执行力。在实践中,很多纠纷案件因为当事人害怕反复、反悔的情况发生,双方难以达成和解。为此,我国《民事诉讼法》第 194 条专门规定了调解协议的司法确认制度。《意见》也明确提出“经试点调解组织主持调解达成的调解协议,具有民事合同性质。经调解员和调解组织签字盖章后,当事人可以申请有管辖权的人民法院确认其效力”。不过,此前关于司法确认实施的具体规定主要见于人民调解和民事诉讼相关司法解释,专业调解的司法确认缺乏有针对性的操作依据。

针对某投资者与证券公司融资融券业务纠纷调解协议,中证资本市场法律服务中心通过加强与法院的协调,明确了司法确认的管辖法院,探索专业调解司法确认的程序,成功推动完成了资本市场首单调解协议的司法确认。此外,中证资本市场法律服务中心还协助当事人申请强制执行,丰富了调解协议效力保障机制。

(四)优化诉调对接流程,加大诉调对接宣传

为进一步提高诉调对接效率,提高公众对诉调对接机制的认知,中证资本市场法律服务中心一是明确了和法院合作案件的范围、委托委派的流程、调解协议司法确认程序以及日常沟通协作机制等,出台上市公司虚假陈述同意/不同意调解统一承诺函等一系列文件,便利实际操作。二是探索开展在线诉调对接,构建了中国投资者网在线调解平台,与杭州市中级人民法院等建立案件在线转办系统,提高诉调

对接信息化程度。三是构建覆盖全国的诉调对接网点，在全国35个辖区建立了调解工作站，为法院移转案件卷宗、当事人就近参与调解等提供便利。四是大力开展诉调对接机制宣传，通过微信公众号、中心官网、中国投资者网、中国证券报等媒体以及“股东来了”大型投教活动、纠纷多元化解改革经验交流座谈会等多种途径大力宣传诉调对接机制，引导当事人选择专业调解化解纠纷。五是共同开展人员培训，与法院系统共建调解员队伍，通过互派人员组织培训、开展联席会议等多种形式提高调解工作专业性。

（五）大力开展调解创新机制

为更好地保护中小投资者合法权益，中证资本市场法律服务中心积极推动纠纷多元化解方式创新。一方面，推动立法层面建立普通投资者与证券公司的强制调解制度。为了降低投资者维权门槛，2016年年初，中心与部分证券公司等经营机构签署合作协议，建立了证券期货纠纷单方承诺调解机制，即投资者提出调解申请的，证券经营机构不得拒绝，这是后来强制调解制度的实践雏形，此后中心也联合法学专家等社会各界人士呼吁立法层面针对部分证券期货纠纷建立强制调解制度。2020年3月，这一新型调解制度得到立法支持，新《证券法》明确建立了普通投资者与证券公司纠纷的强制调解制度。另一方面，探索“公益诉讼＋纠纷调解”机制。2019年，投服中心接受因上市公司虚假陈述受损的中小投资者委托，对某上市公司提起公益支持诉讼，并获得法院胜诉判决。公益诉讼胜诉后，300多名投资者到法院提起民事赔偿诉讼。为节约司法资源，中证资本市场法律服务中心和法院密切合作，通过诉前委派调解机制，受理了这300多起案件的调解，通过组织专业调解员进行调解，参照公益诉讼的判决标准，仅用时一个月就快速调解了该起纠纷。

三、存在的问题及完善路径

经过近几年的发展，中证资本市场法律服务中心与法院诉调对接机制取得了一定的成绩，但也存在一些问题与不足，为此我们提出完善路径如下。

（一）诉调对接合作仍需进一步深化

一是加大诉调对接机制运用。在与中证资本市场法律服务中心建立诉调对接合作的42家法院中，实际开展过具体案件诉调对接实践的法院仍较少，诉调对接机制运用还有很大的空间。因此,建议加大诉调对接机制运用力度,推动诉调对接机制在更多法院落地,充分发挥诉调对接机制减轻司法审判压力的作用。二是进一步加强对当事人选择调解解决纠纷的引导。有些当事人通过调解化解纠纷的意愿较低,有些甚至不了解证券期货纠纷多元化解的渠道。建议加强对当事人选择调解解决纠纷的正向引导,如充分运用减免诉讼费等经济杠杆方式激励当事人积极选择调解方式解决纠纷。上海、北京等法院已经出台相关政策,例如,"调解结案案件受理费减半收取""拒绝调解多承担相关费用"等规定,大大提高了当事人选择调解解纷的意愿,颇具借鉴意义。三是加强诉调对接的经费保障。诉调对接工作的顺利开展离不开经费的保障,当下除人民调解和行政调解规定由国家财政保障外,其他形式的调解无法得到充分的经费保障。以中证资本市场法律服务中心为例,调解员补贴、调解案件相关费用等都是由中证资本市场法律服务中心承担,但由于中证资本市场法律服务中心并无收入来源,长此以往,难以为继。建议落实《最高人民法院关于人民法院进一步深化多元化纠纷解决机制改革的意见》的要求,将纠纷解决经费纳入财政专项预算,积极探索以购买服务等方式将纠纷调解委托给中证资本市场法律服务中心等社会力量承担,①给予公益性调解组织更多物质支持,给予调解员适当的物质补贴,推动诉调对接机制可持续发展。

(二)示范判决机制及规则仍需进一步推广完善

实践表明,示范判决机制能较为高效解决群体性纠纷,为进一步推动示范判决机制落到实处,建议:一是加大示范判决机制推广力度。目前只有上海、北京、杭州等地法院发布了与示范判决机制相关的审判规则,为进一步发挥示范判决机制的作用,仍需在全国其他法院进一步加强示范判决机制推广力度,推动示范判决机制在全国落地。二是统一示范判决制度规则。为确保审判制度的全国统一性,建议在前期各地法院实践的基础上,最终由最高人民法院将示范判决审判指导规则上升到司法解释的高度,推动示范判决机制的规范化、有序化发展。三是探索建立交易数据调取协查机制。损失计算是证券虚假陈述类纠纷的争议焦点之一,而交易数据的调取工作是损失计算的前提。在实践中,法院大多采用向当事人代理律师

---

① 《最高人民法院关于人民法院进一步深化多元化纠纷解决机制改革的意见》(法发〔2016〕14号)第37条规定:"加强经费保障。各级人民法院要主动争取党委和政府的支持,将纠纷解决经费纳入财政专项预算,积极探索以购买服务等方式将纠纷解决委托给社会力量承担。"

签发调查令的方式间接调取权威交易数据，但同一批次案件当事人涉及多个代理律师，各方提供的数据存在格式不统一、账户遗漏、原始数据错误等多种问题，降低了计算效率。2020 年 7 月，上海金融法院与中国证券登记结算公司上海分公司签署合作备忘录，就建立新型司法协助机制达成合作协议，在权威交易数据的调取问题上率先获得突破。上海金融法院启用的“中小投资者保护舱”，实现了将投资者身份信息与中国证券登记结算系统内的证券账户信息、证券交易信息大数据进行快速匹配的功能。建议：一是上海金融法院的成功试点经验在全国法院系统推广，利用科技手段，实现数据高效对接；二是在示范判决相关的纠纷调解中探索建立信息协查机制，在证监会统筹安排下，调解组织依据示范判决确定的权利人范围直接向证券登记结算机构调取确有必要的交易数据等信息，提高工作效率及调解成功率。

（三）调解协议履行保障机制需完善

1. 立法层面统一司法确认管辖规定

根据《民事诉讼法》第 194 条的规定，司法确认的管辖法院是调解组织所在地的基层人民法院。依照此规定，由中证资本市场法律服务中心调解后作出的调解协议应由注册地浦东新区法院管辖。中证资本市场法律服务中心作为全国性的证券期货纠纷调解组织，纠纷调解工作覆盖全国各地区，但是司法确认管辖权在浦东新区人民法院，造成了司法确认案件过于集中，对于法院也是不小的挑战。

2020 年 1 月，最高人民法院印发了《民事诉讼程序繁简分流改革试点实施办法》（以下简称《实施办法》），根据《实施办法》第 4 条的规定，司法确认案件按照以下规定依次确定管辖：(1)委派调解的，由作出委派的人民法院管辖；(2)当事人选择由人民调解委员会或者特邀调解组织调解的，由调解组织所在地基层人民法院管辖；当事人选择由特邀调解员调解的，由调解协议签订地基层人民法院管辖。案件符合级别管辖或者专门管辖标准的，由对应的中级人民法院或者专门人民法院管辖。2020 年 10 月，最高人民法院研究编写了《民事诉讼程序繁简分流改革试点问答口径（二）》（以下简称《问答口径二》），明确“当事人自行选择由特邀调解组织调解，达成调解协议后向人民法院申请司法确认的，按照以下规则确定管辖法院：（一）调解组织所在地人民法院与名册所属人民法院一致的，由调解组织所在地人民法院管辖；（二）调解组织所在地人民法院与名册所属人民法院不一致的，由名册所属人民法院管辖。(三)调解组织同属多个人民法院名册的,各人民法院均有管辖权,由最先立案的人民法院管辖,但申请由中级人民法院或者专门人民法院确认的,应当符合级别管辖或者专门管辖标准。”《实施办法》及相应问答口径的出台统一了试点政策口径,确实解决了实践中司法确认管辖的部分共性问题,但从法律层级上来讲,《实施办法》及相应问答口径只是司法解释性质的文件,且仅针对部分法院进行试点,《民事诉讼法》是上位法,实际操作过程中难免有法律冲突的地方,建议推动《民事诉讼法》的修改,从立法层面保障司法确认管辖规则统一并贴合实际需求。

2. 在线司法确认模式有待破冰

《问答口径二》明确规定了司法确认案件书面审查的适用情形,简化了司法确认程序,为当事人提供了便利,降低了维权成本,但在实践中,中证资本市场法律服务中心在协助群体性纠纷案件当事人办理司法确认过程中发现,即便是可以书面审查,囿于法院系统物理隔离要求,海量的案件数据仍旧需要主办法院人工录入,耗时长、效率低,且大部分案件信息均已在中国投资者网录入存档,属于重复劳动。为及时保障调解协议效力,进一步落实《意见》“充分运用在线纠纷解决方式开展工作……各级人民法院要借助互联网等现代科技手段,探索开展在线委托或委派调解、调解协议在线司法确认,通过接受相关申请、远程审查和确认、快捷专业服务渠道、电子督促、电子送达等方法方便当事人参与多元化解工作,提高工作质量和效率”的要求,建议加强人民法院调解平台与中国投资者网的在线对接力度,基于实践需求,深度开发平台功能,探索开展在线司法确认,实现快立快办,进一步提高司法确认效率。

(四)诉调对接程序及规范仍需进统一完善

目前,各地法院在开展诉调对接工作中都形成了自己的一套程序规范,取得了不错的成效。但每个法院遵守的都是自己的程序规范,关于诉调对接的启动方式、是否征询当事人意见、案件移交证据材料等规定都不一致,这也势必影响诉调对接工作的顺利开展。因此建议:一是规范诉调对接流程,对诉调对接启动方式、案件材料移交的内容和形式进行固化;二是法院在委托委派调解案件前,完成好双方当事人调解意愿的书面征询工作,提高案件转办效率。

根据《特邀调解规定》的规定,人民法院委派调解的案件,调解期限是 30 日;人民法院委托调解的案件,适用普通程序的调解期限是15日,适用简易程序的调解期限为7日。在实践中,法院委派委托调解的多为群体性、复杂的纠纷案件,此类案件调解难度大、耗时长,经常需要延长调解期限。因此,建议修改诉调对接调解期限的规定,延长调解期限,为诉调对接案件提供时间保障。

(五)加大纠纷多元化解方式创新

为进一步推动纠纷多元化解取得实效,仍需进一步加大纠纷多元化解方式创新,主要包括:一是推动无争议事实记载机制的落地。《意见》提出要探索建立无争议事实记载机制,这一机制可充分发挥调解减轻诉讼压力的作用,但目前尚无相关实践。建议进一步推动无争议事实记载机制的落地,形成诉讼与调解化解纠纷的合力。二是建立调解中财产保全制度。目前,我国并未对调解中的财产保全作出规定,调解一方当事人也存在利用调解拖延时间并转移财产的风险,也会使对方事人对调解心存顾虑。因此,建议建立调解中财产保全制度,允许当事人在调解过程中向法院申请财产保全。三是探索建立资金赔付保障机制。调解协议是否能得到履行关乎纠纷化解的实际效果。因此,建议探索建立资金赔付保障机制,主要包括:(1)调解保证金制度,即由当事人一方或双方向调解组织交纳保证金,若无正当理由拒绝参加调解的,调解组织可以扣除保证金,若根据调解协议需承担赔偿责任的,调解组织将保证金作为和解赔偿金的一部分划付对方。(2)建立共管账户及预付损失赔偿金制度。借鉴2019年4月北京市高级人民法院发布的《北京市高级人民法院关于依法公正高效处理群体性证券纠纷的意见(试行)》提出的"相关专业机构在调解期间,可与被告共同设立共管账户,由被告先行存入预付损失赔偿金,用于调解协议生效后,被告向投资人支付损失赔偿金",通过预付损失赔偿金以及建立共管账户的方式,既为当事人之间架设了诚意调解的桥梁,也保障了调解协议的执行力。(3)第三方资金监管制度,对于调解协议达成后,双方互付履行义务的,可由调解组织提供第三方资金监管服务。

资本市场群体性纠纷化解的实证分析

——以中证资本市场法律服务中心①调解数据为样本

连　环*　魏亭玮**

引　言

据不完全统计,2016 年 1 月至 2019 年 6 月,②资本市场各调解组织共受理纠纷 10,144 件(人次),纠纷金额 110.04 亿元,成功调解 7434 件(人次),投资者获赔金额 58.14 亿元,调解成功率为 73.28%。而同期中证资本市场法律服务中心受理纠纷 6881 件(人次),纠纷金额为 55.25 亿元,成功调解 4887 件(人次),投资者获赔金额 10.01 亿元,调解成功率为 71.02%。通过全市场和中证资本市场法律服务中心纠纷调解的数据对比,我们可以发现,中证资本市场法律服务中心的纠纷调解数量已经占了全市场的 67.83%,成功调解纠纷占比达到 65.74%,中证资本市场法律服务中心已成为资本市场纠纷调解的主渠道。因此,本文以中证资本市场法律服务中心的调解数据为基础进行分析研究,以期为资本市场纠纷化解提供借鉴参考。

对中证资本市场法律服务中心自 2016 年 1 月至 2019 年 6 月的调解数据分析

① 中证资本市场法律服务中心是经中国证监会批准设立的、我国唯一跨区域跨市场的全国性证券期货纠纷公益调解机构,由中证中小投资者服务中心全额出资,于 2020 年 1 月 17 日在上海注册设立。中证资本市场法律服务中心成立后,全面承接中证中小投资者服务中心纠纷调解工作,本文所引调解数据包括前期中证中小投资者服务中心开展调解的数据。

* 中证资本市场法律服务中心纠纷调解部副总监。

** 中证资本市场法律服务中心维权事务部高级经理。

② 为方便数据分析,本文引言及第一部分以 2016 年 1 月至 2019 年 6 月的调解数据作为比较期间,第二、三部分数据更新到 2020 年 10 月底。

发现,登记的9074件(人次)纠纷中,4197件(人次)涉及群体性纠纷,①占比接近50%;总纠纷金额55.25亿元,群体性纠纷金额40.43亿元,占比达73.18%,可见群体性纠纷是资本市场纠纷的主要矛盾。中证资本市场法律服务中心在调解实践基础上,对群体性纠纷化解现状特点、存在问题进行实证分析,并提出相关对策建议。

一、群体性纠纷的现状和特点

(一)投资者人数和纠纷金额占比高

如图8-1所示,群体性纠纷共涉及4197名投资者,占总登记投资者的比重接近50%;纠纷金额40.43亿元,占比达73.18%(见图8-1、图8-2、表8-1);如此庞大的投资者人数和纠纷金额,只涉及75家上市公司、私募机构、证券公司及"新三板"公司。由此可见,群体性纠纷虽然涉案机构数量少,但涉及投资者众多、纠纷金额巨大。

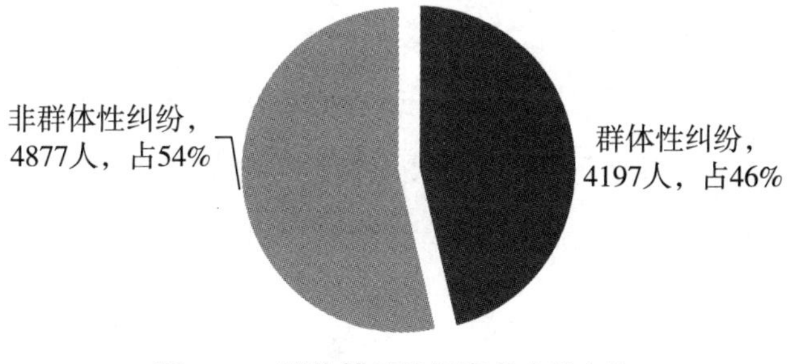

图8-1　群体性纠纷投资者人数占比

① 群体性纠纷:我国目前在法律上尚未对证券期货群体性纠纷作一个准确的界定。根据《最高人民法院关于适用〈中华人民共和国民事诉讼法〉的解释》(法释〔2015〕5号)第75条"民事诉讼法第五十三条、第五十四条和第一百九十九条规定的人数众多,一般指十人以上"、《上海金融法院关于证券纠纷示范判决机制的规定》第2条"群体性证券纠纷是指诉讼标的为同一种类且同一方当事人累计人数为10人以上的证券纠纷",群体性纠纷一般是指10人以上纠纷。根据此定义,本文的研究对象本应是10人以上的投资者因同一事由向调解组织提出调解申请的纠纷。但中证资本市场法律服务中心在实践中发现,当因同一个事由向中证资本市场法律服务中心申请调解的投资者人数达到2人及以上,该纠纷往往事实上存在多个潜在的受损投资者,即其在本质上已属于群体性纠纷的范畴。因此,为了全面、真实地反映群体性纠纷实际,本文将研究对象界定为中证资本市场法律服务中心调解数据样本中2人以上的纠纷。

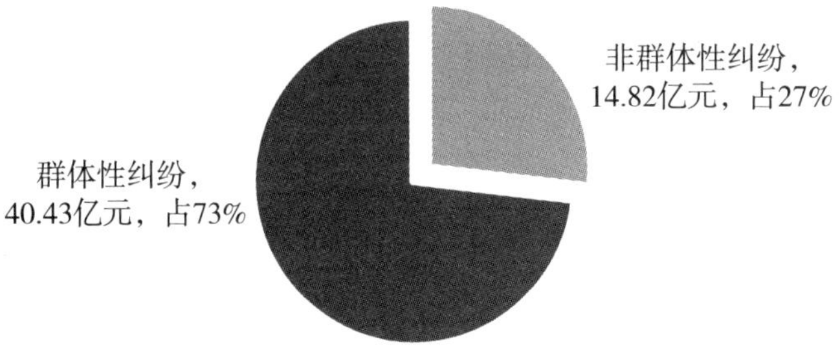

图8－2 群体性纠纷纠纷金额占比

表8－1 总纠纷金额和群体性纠纷金额

时间	总纠纷金额(亿元)	群体性纠纷金额(亿元)	占比(%)
2016年	1.87	0.55	29.41
2017年	15.66	5.33	34.03
2018年	35.07	32.90	93.81
2019年1～6月	2.65	1.65	62.26
总计	55.25	40.43	73.18

(二)地域分布比较集中

从地域上来看,群体性纠纷地域分布较为集中,与各区域投资者人数、经营机构和上市公司数量等呈高度正相关(见图8－3)。经济发达地区上市公司、私募基金基数大,容易引发群体性纠纷,上海投资者数量最多,达832人,江苏为696人、浙江为435人、北京为428人。

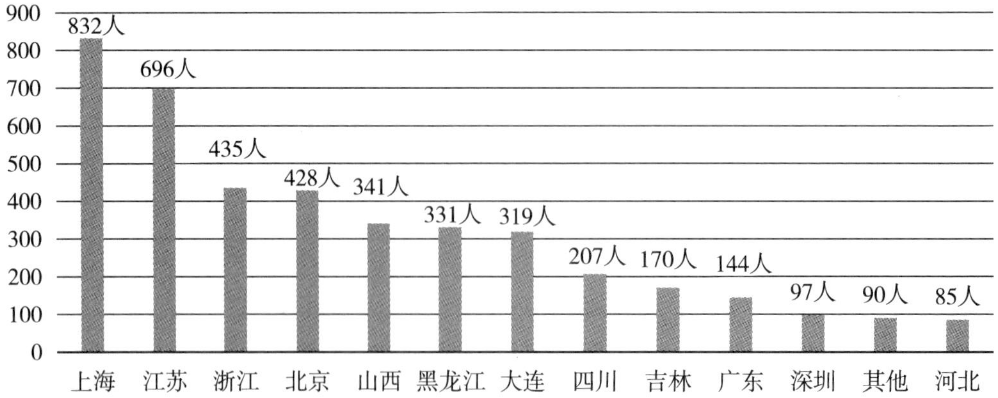

图8－3 群体性纠纷投资者人数地域分布

(三)案件绝大部分来源于外部转办

从案件来源上来看,法院、股转系统、中基协、"12386"热线等转办案件数量占比达87%(见图8-4),充分凸显了中证资本市场法律服务中心同各单位多元对接机制的作用。由于虚假陈述案件是群体性纠纷最主要的纠纷类型,所以法院转办成为最主要的案件来源,占比达68%。

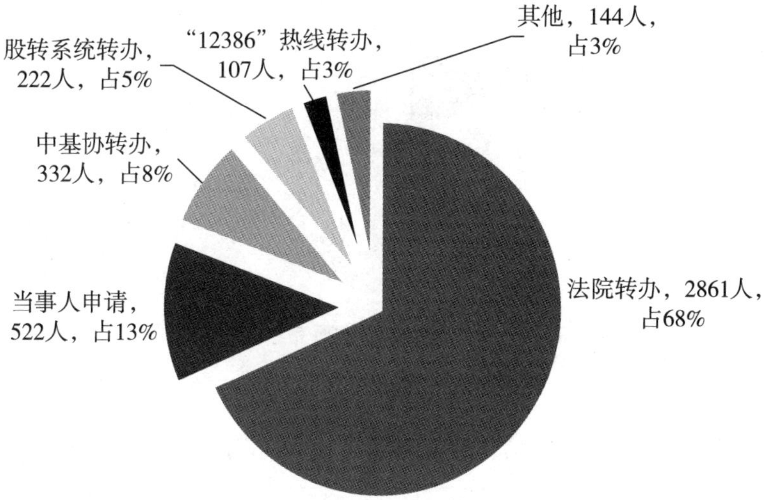

图8-4　群体性纠纷案件来源统计

(四)调解难度大、耗时长

通过对比分析,群体性纠纷普遍存在机构调解意愿低,调解难度大、耗时长,机构赔偿金额大等特点。在统计期间内,群体性纠纷机构不同意调解的比例达46%,非群体性纠纷机构不同意调解的比例仅为6%;群体性纠纷调解成功率仅为69%,非群体性纠纷调解成功率为84%(见图8-5、图8-6);群体性纠纷中平均每件案件调解耗时多达128天,而非群体性纠纷的案件在双方选定调解员后一般在30天内能结案。从赔偿金额来看,每年半数以上的赔偿金额来自群体性纠纷(见表8-2);调解成功的案件中,38家机构共赔偿15.53亿元,平均每家机构赔偿4086万元。

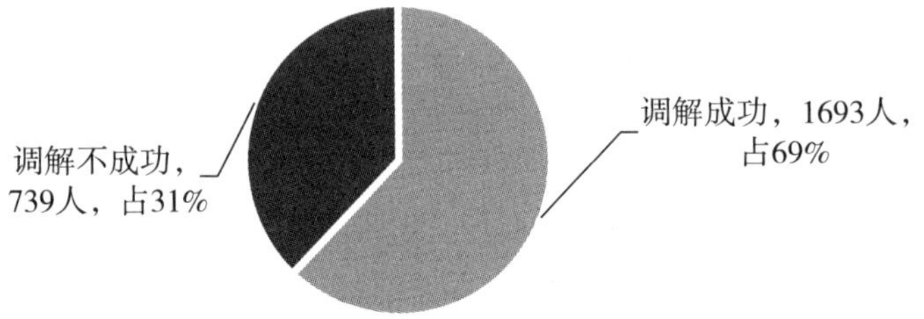

图8-5 群体性纠纷调解完结情况分析

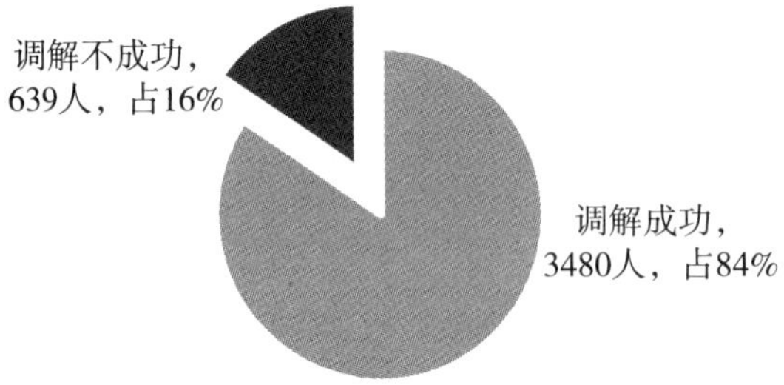

图8-6 非群体性纠纷调解完结情况分析

表8-2 赔偿金额年度统计

时间	总赔偿金额(亿元)	群体性纠纷的赔偿金额(亿元)	占比(%)
2016年	0.22	0.11	50
2017年	2.6	1.8	69.23
2018年	5.4	2.8	51.85
2019年1~6月	11.52	10.82	93.92
总计	19.74	15.53	78.67

(五)案件敏感性高、社会关注度与影响力大

中证资本市场法律服务中心受理的群体性纠纷,经过信访、投诉的案件占比高,有的甚至出现维稳事件。这些案件敏感性高,社会关注度与影响力都很大。比较期间中证资本市场法律服务中心成功调解了69%的群体性纠纷,帮助1693名投资者拿到了15.5亿元的赔偿(见表8-3),有效维护了投资者的合法权益,减轻了监管、信访和法院等单位的工作压力,促进了社会的和谐稳定。

表8-3 群体性纠纷调解统计

群体性纠纷调解成功率(%)	投资者人数(人)	获赔金额(亿元)
69	1693	15.5

二、群体性纠纷调解的实践

(一)专业的调解员队伍

建立专业权威的调解员队伍。中证资本市场法律服务中心共聘请退休法官、监管系统专业人士、仲裁员、资深律师、高校教授等500余名兼职调解员和50名专职调解员,形成了覆盖全国、全市场、全领域的专家调解员库。并从中挑选50名调解员专门从事群体性纠纷化解工作,为群体性纠纷化解提供了充足的人才保障。

以专门人做专门事,对群体性纠纷的难点痛点进行专门研究。针对上市公司虚假陈述、私募理财、“新三板”股权等常见群体性纠纷类型,中证资本市场法律服务中心还分别成立专职调解员小组,对投资者适当性认定、举证责任分配、投资者损失计算与机构方过错的因果关系认定等复杂问题开展专门研究,通过专业调解不断赢得机构和投资者的信任。

(二)覆盖全国的纠纷调解网络

证券期货群体性纠纷投资者人数多、地域分布广,中证资本市场法律服务中心在各地证监局的大力支持下,通过与辖区所在地的行业协会及纠纷调解中心开展合作,目前已在全国35个辖区建立了证券期货纠纷调解工作站,形成了覆盖全国的纠纷调解网络。

对于群体性纠纷,中证资本市场法律服务中心不仅能够依属地原则受理,还能对全国调解工作站进行统筹协调,实现跨区域调解,为全国中小投资者提供了“家门口”的群体性纠纷化解服务。

(三)广泛的诉调对接合作

中证资本市场法律服务中心大力开展与法院的诉调对接工作。截至2020年10月,中证资本市场法律服务中心已经与北京、上海、广东等42个辖区、39家中高级人民法院建立了诉调对接机制,纳入法院特邀调解组织名册。在法院的大力支持下,中证资本市场法律服务中心充分落实诉调对接机制化解群体性纠纷。截至2020年10月,共接收法院委托委派调解案件3232件,争议金额4.48亿元,调解成功1719件,赔偿金额8567万元,约占系统内诉调对接案件总量80%以上。诉调对接合作模式主要有以下三种:一是直接委派、委托调解,法院针对该批案件尚未形成有效判决,直接委派、委托调解组织进行调解,这类调解一般难度较大。二是“先行判决 + 调解”,法院选择有代表性的纠纷先行判决,通过判决明示法律规则,统一法律适用,为后续群体性纠纷调解树立标杆,这也是诉调对接的常见模式,能有效减轻法院审判压力。三是“示范判决 + 调解”,法院可选取在事实认定、法律适用上具有代表性的若干个案作为示范案件进行审理并及时作出判决。通过示范判决所确立的事实认定和法律适用标准,引导其他当事人通过调解解决纠纷,降低投资者维权成本,提高矛盾化解效率。

广泛运用司法确认机制保障调解协议效力。针对群体性纠纷易反复的特点,中证资本市场法律服务中心往往建议纠纷双方通过向法院申请对调解协议进行司法确认,赋予调解协议书强制执行力,提升调解协议的公信力。截至 2020 年 10 月,中证资本市场法律服务中心已经协助 711 名投资者办理了司法确认,约占全市场司法确认数量的 90% 以上,司法确认金额达到 13.68 亿元。

(四)密切的监管协同机制

在案件承接上,中证资本市场法律服务中心同多家系统单位建立了纠纷调解对接合作机制,便利了群体性纠纷的案件承接工作。中证资本市场法律服务中心已与中基协、中国期货业协会、股转系统等系统单位建立了纠纷调解对接合作机制,明确各系统单位受理的纠纷转办流程和日常沟通协作机制。在具体案件调解上,中证资本市场法律服务中心积极同证监会信访办、机构部、私募部以及派出机构、会管单位等密切联系,确保调解工作与行政监管、自律监管和投资者保护的要求一致。

(五)科学的损失计算

针对上市公司虚假陈述纠纷“损失计算难”“系统性风险认定难”等困扰人民法院和诉调对接工作的痛点问题,中证资本市场法律服务中心专门开发了损失计算软件。该损失计算软件具备投资差额损失计算、证券市场系统风险扣除计算和证券市场非系统性风险扣除计算等三大核心功能。自 2017 年以来,最高人民法院民二庭先后三次赴投服中心就损失计算软件开发应用进行调研。经上海市高级人民法院组织专家评估,损失计算软件的计算逻辑得到了专家一致认可。目前,损失计算软件已经运用在上海金融法院委托中证资本市场法律服务中心调解的多件上市公司虚假陈述纠纷中,并陆续接受上海、广州、郑州等地法院委托参与虚假陈述投资者损失核定,极大缓解了法院的审判压力,提高了此类纠纷的化解效率。

(六)灵活的纠纷解决方式

针对群体性纠纷的特点,中证资本市场法律服务中心在调解方案设计上充分发挥调解的灵活性,在合法合规基础上,实现纠纷双方利益的最大化。具体表现为:一是支付主体灵活。一般而言,赔付的主体都是纠纷当事人。但是,中证资本市场法律服务中心充分发挥调解灵活的优势,引导双方约定通过有能力第三方支付的方式,既保持上市公司、机构的持续发展能力,又让投资者得到满意的赔偿。例如,某上市公司虚假陈述纠纷,中证资本市场法律服务中心引导双方约定,通过实际控制人、董监高等第三人支付的方式保证了现有股东的利益。二是支付方式灵活。中证资本市场法律服务中心引导纠纷双方创新了多种支付方式,如公证提存、司法确认强制执行、设立共管账户等多种方式,充分体现了当事人的意思自治。例如,中证资本市场法律服务中心成功调解的“运用公证提存方式解决某证券公司理财纠纷”的案例入选最高人民法院和证监会《证券期货纠纷多元化解十大典型案例》。

三、存在的问题及建议

(一)调解员队伍建设还需加强

调解员的水平对群体性纠纷能否调解成功起着至关重要的作用,是群体性纠纷化解工作的核心。群体性纠纷调解难度大,有效化解群体性纠纷不仅要求调解员有专业的调解技巧,还要对法律、金融、会计甚至心理学、行为学等知识都有熟练的掌握。因此,要做好群体性纠纷化解工作,必须要构建一支素质过硬、本领够强、人数充沛的调解员队伍。因此笔者建议,加强调解员队伍建设:一是针对群体性纠纷举办专门的培训,增强调解员业务能力;二是通过密切联系沟通增强调解员凝聚力,不断完善调解员能力建设和团队建设,提升队伍战斗力;三是加强与律师事务所、会计师事务所的合作,对一些复杂的群体性纠纷引入第三方作为顾问团队等方式,做好群体性纠纷的化解工作。

(二)调解合力有待加强

截至 2020 年 10 月,全国各类证券期货纠纷调解组织已超过 50 家,形成了纠纷多元化解的良好氛围。但也在客观上存在调解力量分散、各调解组织交流不够的局面,同一个纠纷往往经过多个调解组织调解,浪费了大量的人力物力,既提高了投资者的维权成本,又降低了纠纷化解效率。因此,笔者建议结合群体性纠纷调解难度大、投资者地域分布广的特点,集中优势力量,整合现有的调解资源,加强沟通联系,以全国"一盘棋"的高度统筹调解工作,确保调解职责在统一规范的平台上有序、联动运转,提高纠纷化解的质量和效率。

(三)诉调对接合作机制有待进一步完善

首先,法院委派、委托案件前与调解机构沟通不够,有的未作征询就直接进行委派、委托给调解机构,而让调解机构进行相关工作,将会让本不宽裕的调解工作时限进一步缩减,影响调解工作质量。其次,法院参与调解的程度不够,对于群体性纠纷,无论是否有先行判决或示范判决,在调解过程中都需要法院的支持和帮助。最后,现行法律对司法确认的管辖规定不适应目前群体性纠纷化解的需求,导致部分法院承担了遍及全国的调解协议司法确认工作。建议一是法院在委派、委托调解案件前,充分与调解组织进行沟通。二是积极倡导法院参与到调解过程中,对争议焦点等问题进行释疑等。三是推动法院研究出台司法确认管辖权就近选择制度,将司法确认管辖权扩展至调解协议签署地或当事人所在地人民法院,便利投资者就近确权。

(四)调解与监管协调机制有待加强

首先,调解与行政处罚、行政和解衔接机制有待加强。调解成功的民事纠纷,受害人也不再投诉的,属于《行政处罚法》第27条可从轻、减轻或免除处罚的情形,但这类情形鲜见于监管实践。其次,行政监管对调解工作开展有效支持不足。对于当事人无故拒绝调解,或者达成调解协议但又拒绝履行的,调解工作容易陷入困境。最后,缺乏调解与监管系统信息共享机制,导致调解机构在解纷过程中信息掌握不充分,降低工作效率。建议一是进一步加强调解与行政许可、行政处罚的协调联动。如果经营机构已通过调解积极赔偿投资者,建议监管机构根据规定酌情减轻、从轻或免除处罚,并将市场机构配合调解工作情况与行政许可、评级评价、监管约谈等机制挂钩。二是推动监管系统与调解组织的信息共享。调解中涉及证券账户基本情况和相关交易流水数据等重要信息时,建议系统单位给予支持配合,帮助调解机构迅速掌握事实、提高工作效率。

（五）统一的损失计算标准尚需建立

损失计算是虚假陈述类纠纷的争议焦点。鉴于虚假陈述损失计算的专业性及相关司法解释的复杂性，当事人往往选择对自己有利的基础损失计算方法及系统性风险扣除比例，从而很难形成一致的纠纷解决方案。随着示范判决机制的实施，保证损失计算标准的统一性更是海量平行案件调解结案的前提。虽然中证资本市场法律服务中心开发的损失计算软件，通过科学算法以及行业分类指数等组合参考指标体系极大提升了解纷效率，但目前仅在部分法院、部分案件上得到了应用，也未得到全国范围内的认可，全国范围内仍缺乏统一的损失计算标准。建议在现有规则框架下充分实践，逐步统一虚假陈述类纠纷的损失计算标准，不仅确保同一纠纷示范判决与调解等不同解纷方式的计算口径一致性，还要确保不同纠纷之间的计算逻辑统一性。全国各级法院可统一使用权威指定的损失计算软件系统，依托"一站式多元解纷机制"，确保同纠纷的不同解纷方式之间、纠纷与纠纷之间都由该系统运算出损失结果，实现宣示法律规则、统一法律适用的效果，规避监管套利的可能性。

（六）纠纷化解宣传力度不足

调解对于解决群体性纠纷有着先天优势。灵活的方式方法便于调解方案的达成，成本低廉、程序简便的特点帮助专业知识薄弱的中小投资者降低了维权门槛，节省了维权成本；保密高效的特点能有效保障上市公司等机构方的权益。然而现实情况是资本市场上只有极小部分的群体性纠纷通过调解结案，大部分机构和中小投资者对通过调解化解群体性纠纷的优势还不了解、不认同。建议进一步加大调解解纷作用的宣传力度，进一步扩大纠纷调解工作的社会影响力，提高投资者对调解方式化解群体性纠纷的认可度，增强社会对纠纷调解工作的知晓度和关注度，使调解为群体性纠纷的多元化解贡献应有的力量。

图书在版编目(CIP)数据

纠纷调解案例评析. 2020年 / 郭文英主编. -- 北京:法律出版社, 2020

ISBN 978-7-5197-5101-2

Ⅰ. ①纠… Ⅱ. ①郭… Ⅲ. ①证券交易-经济纠纷-案例-中国②期货交易-经济纠纷-案例-中国 Ⅳ. ①D922.287.5

中国版本图书馆CIP数据核字(2020)第216086号

纠纷调解案例评析(2020年)
JIUFEN TIAOJIE ANLI PINGXI (2020 NIAN)

郭文英 主编

策划编辑 陈 妮
责任编辑 陈 妮 黄 筝
装帧设计 李 瞻

出版 法律出版社
总发行 中国法律图书有限公司
经销 新华书店
印刷 固安华明印业有限公司
责任校对 晁明慧
责任印制 吕亚莉

编辑统筹 法治与经济出版分社
开本 787毫米×1092毫米 1/16
印张 16
字数 267千
版本 2020年12月第1版
印次 2020年12月第1次印刷

法律出版社/北京市丰台区莲花池西里7号(100073)
网址/www.lawpress.com.cn
投稿邮箱/info@lawpress.com.cn
举报维权邮箱/jbwq@lawpress.com.cn
销售热线/400-660-8393
咨询电话/010-63939796

中国法律图书有限公司/北京市丰台区莲花池西里7号(100073)
全国各地中法图分、子公司销售电话:
统一销售客服/400-660-8393/6393
第一法律书店/010-83938432/8433 西安分公司/029-85330678 重庆分公司/023-67453036
上海分公司/021-62071639/1636 深圳分公司/0755-83072995

书号:ISBN 978-7-5197-5101-2 **定价**:80.00元
(如有缺页或倒装,中国法律图书有限公司负责退换)